Analysis Report of China's Insurance Industry and Agency Patterns

中国保险行业及中介模式发展分析报告

徐晓华　蒋　铭　编著

2018

中国金融出版社

责任编辑：王效端　王　君
责任校对：刘　明
责任印制：张也男

图书在版编目（CIP）数据

中国保险行业及中介模式发展分析报告 2018（Zhongguo Baoxian Hangye ji Zhongjie Moshi Fazhan Fenxi Baogao 2018）/徐晓华，蒋铭编著．—北京：中国金融出版社，2018.7

ISBN 978－7－5049－9600－8

Ⅰ.①中…　Ⅱ.①徐…②蒋…　Ⅲ.①保险业务—中介服务—研究报告—中国—2018　Ⅳ.①F842.4

中国版本图书馆 CIP 数据核字（2018）第 118269 号

出版发行　中国金融出版社
社址　北京市丰台区益泽路 2 号
市场开发部　(010)63266347，63805472，63439533（传真）
网上书店　http：//www.chinafph.com　(010)63286832，63365686（传真）
读者服务部　(010)66070833，62568380
邮编　100071
经销　新华书店
印刷　保利达印务有限公司
尺寸　185 毫米×260 毫米
印张　15
字数　276 千
版次　2018 年 7 月第 1 版
印次　2018 年 7 月第 1 次印刷
定价　48.00 元
ISBN 978－7－5049－9600－8
如出现印装错误本社负责调换　联系电话（010）63263947
编辑部邮箱：jiaocaiyibu@126.com

序

改革开放四十年以来，我国经济发展进入新时代，习近平总书记在党的十九大报告中指出，我国经济已由高速增长阶段转向高质量发展阶段，要深化金融体制改革，增强金融服务实体经济能力，提高直接融资比重，促进多层次资本市场健康发展。保险业作为以风险管理为基本职能的金融服务行业，肩负着防范、转移、化解、管理风险的重任，有利于缓解人类与自然的矛盾、人类与社会的矛盾，在保障经济社会民生发展方面不断凸显出重要作用。

保险中介是保险市场精细分工的结果，是保险市场的重要组成部分，是保险交易活动的重要桥梁和纽带。经过二十余年市场洗礼，我国保险中介市场从无到有，从小到大，不断发挥专业优势，在推动保险行业健康稳定发展中发挥了不可替代的重要作用。保险中介日益成为保险业增长的“风口”，吸引了包括互联网巨头在内的大量资本涌入，截至2017年末，我国保险专业中介机构已达到2647家，在服务“三农”、“一带一路”以及众多国家重点基础设施建设中都发挥了积极作用，服务经济社会的能力进一步增强。

为促进保险中介的健康发展，保险监管部门不断建立健全监管制度，例如，2018年2月颁布的《保险公估人监管规定》和《保险经纪人监管规定》对保险经纪公司及保险公估人的经营规则、行业自律和监督检查等做出了具体明确的要求。在2018年4月召开的博鳌亚洲论坛上，习近平总书记指出要加大开放力度，加快保险行业开放进程。中国银保监会适时发布《关于放开外资保险经纪公司经营范围的通知（银保监发〔2018〕19号)》，将外资保险经纪公司经营范围放开至与中资一致，进一步扩大了保险业对外开放，成为我国保险经纪行业新的发展机遇。面对“一带一路”带来的全球化市场发展挑战和日新月异的科技创新，保险中介作为高端资源整合、保险科技和服务创新的综合平台，致力于从供给和需求两个方面开拓保险业务，最大化发挥专业分工优势，保护保险消费者权益，搭建行业和谐共赢的新生态，这也成为保险中介行业在新保险时代的行业价值与责任担当。

我国经济转向高质量发展，也对保险中介提出了新的要求。为促进保险中介行业开拓创新，提高专业能力，回归保险保障，实现高质量发展，《中国保险行业及中介模式发展分析报告（2018）》从国际保险市场发展史切入，层层递进，详尽阐述了全球保险市场和中国保险市场发展现状与趋势，深入分析了保险中介模式存在和发展的理论依据，特别是中国保险中介模式的现状与趋势，指出现阶段中国保险业及保险中介行业存在的问题与面临的瓶颈，并从外部政策助推、内部调整创新等角度提出若干可行性建议。《中国保险行业及中介模式发展分析报告（2018）》不仅是全面、详尽了解保险中介行业发展历程和最新动向的宝贵资料，也是相关政府部门、研究机构、保险中介机构等制定发展战略、实现科学发展的专业参考报告。

随着高新科技的广泛应用，经营模式的深度创新，云计算、大数据、人工智能、区块链等新技术手段与保险中介的商业模式及业务形态的多层次融合，我国保险中介在推动保险业高质量发展、通过场景化提升客户消费体验、解决保险市场痛点难点、提高市场运行效率等方面大有可为，从而为加快建设新时代现代保险服务业、推动保险业更好地服务现代化经济体系建设、实现我国由保险大国向保险强国转变做出重要贡献！

中国保险学会会长　姚庆海

2018 年 7 月

Contents 目　录

Figure list 图目录

Table list 表目录

摘 要

近年来，伴随着经济社会的全面转型、新兴技术的快速发展、监管体系的持续健全，我国保险业持续迅猛发展。“十二五”时期，我国保险业综合实力和国际影响力全面迈上新台阶。行业总资产成功实现翻番，保费收入年均增长 13.4%，行业利润增加 2.4 倍。我国保险市场全球排名由第 6 位升至第 3 位，对国际保险市场增长的贡献度高达 26%，居全球首位。2017 年保险市场发展稳中向好，产品保障功能凸显，风险控制与服务实体经济能力增强，全行业实现保费收入 3.66 万亿元，赔付支出 1.12 万亿元，为全社会提供风险保障 4 154 万亿元。

保险业的迅猛发展推动着保险中介市场快速发展。保险中介渠道保费收入稳步增长，2010 年到 2015 年累计增长 81%，达到 2 万亿元。专业中介渠道保费收入逐年提高，年增长率均在 10% 以上。2016 年 8 月，中国保监会发布《中国保险业发展“十三五”规划纲要》，提出要稳步推进保险中介市场发展，建立多层次多成分多形式的保险中介服务体系，培育具有专业特色和国际竞争力的龙头型中介机构。

然而，在迅猛发展的同时，我国保险业出现诸如监管体系不完善、行业声誉不佳、保险公司短视等问题，保险中介市场也存在监管重前端轻后端、中介机构服务模式单一、销售方式同质化等问题。这些问题制约着我国保险市场和保险中介市场的进一步发展。

为推动我国保险业稳步增长，促进保险中介模式创新，本报告在研究保险发展理论的基础上，分析中国保险市场和保险中介模式的现状，探讨制约发展的因素，并提出应对措施。具体内容如下：

第一章，保险行业存在和发展的理论基础。在梳理保险行业的起源、市场条件、存在的理论依据基础上，对保险行业发展的可行性进行分析，并明确保险行业在金融体系中的先进性，包括：发挥风险管理功能，是社会稳定器；保险资金的长期稳定优势；有力服务实体经济，助力资金脱虚向实；参与社会管理，完善社会保障体系建设；促进完善灾害救助体系，提高灾害救助度；推动经济结构调整升级；

支持国家重大战略。

第二章，全球保险市场的发展现状与趋势分析。2010 年到 2017 年，全球经济缓慢复苏，世界保险业发展稳中向好。得益于较快的经济增速，新兴保险市场发展迅速；而发达保险市场增长缓慢，但总体保持稳定。未来，新兴市场潜力巨大，发达市场面临转型。产品创新成为驱动保险业增长的关键因素，互联网、大数据等新兴技术给保险业带来变革。

第三章，中国保险市场的发展现状与趋势分析。在分析我国保险市场发展现状的基础上，从保险市场的主体、保险市场客体和保险监管等方面来探讨保险市场未来的发展趋势，认为我国保险行业将本着“回归保障”的原则，更加注重保险的保障功能，以市场需求为导向进行产品创新，不断扩大保险保障范围，提供更方便快捷高效的服务。

第四章，保险中介模式存在和发展的理论依据。延续第一章的思路，从起源、市场条件、理论依据、先进性等角度分析保险中介模式，以保险专业代理机构为例，探究它的特征、存在和发展的理论依据，并分析其先进性，包括：保持代理业务的独立性，帮助投保人客观选择保险产品；自觉提高专业能力和服务水平，更好发挥保险职能；产销分离模式使保险业向集约化发展，促进保险资源优化配置；借助互联网平台实现转型升级，提升保险服务水平；将保险科技作为新成长点，推动自身走向专业高效等。

第五章，保险中介模式的发展现状与趋势。经过长期发展，欧美发达市场已具有较为成熟稳定的保险中介模式，市场主体业务界定相对清晰，政府监管与行业自律相互配合，典型案例如 LPL 金融集团、劳合社模式等。未来，欧美保险中介可能更加关注细分市场发展，更加注重风险咨询业务，其面临的监管形势也会更加复杂。近年来，我国保险中介市场不断发展，形成多种保险中介模式，同时保险中介的监管模式也在不断革新。未来，我国保险中介市场在强化监管、管控风险的同时，将不断鼓励中介模式创新发展，积极应对互联网带来的冲击，而一些先进的欧美模式也可能成为我国保险中介模式创新的有利参考。

第六章，中国保险行业及中介模式存在的问题与瓶颈。我国保险行业在监管方面存在制度体系有待完善、监管缺位和越位等问题，在市场方面存在产品同质化严重、行业声誉较差等问题，在行业主体方面存在保险公司的利润创造手段单一且短视、营销队伍建设水平亟待提高等问题。供给和需求双端缺口的存在，成为制约我国保险行业平稳协调可持续发展的关键因素。同样的，保险中介模式在监管方面存在监管重前端轻后端、监管定位不准确等问题，在市场方面存在服务模式单一、服务质量良莠不齐等问题，在行业主体方面存在销售方式同质化、长期经营意识薄弱等问题。

第七章，中国保险行业及中介模式发展的应对措施。在对第六章问题研究的基础上，提出中国保险行业和中介模式发展的应对措施。前者包括完善监管制度、提高监管质量，增强市场活力、整治市场乱象，革新保险公司发展模式等；后者包括转变监管思路，建立预测预警机制，培养专业人才，形成品牌优势等。

1 保险行业存在和发展的理论基础

1.1 保险行业的起源和市场条件

1.1.1 古代保险思想与保险的原始形态

人类自古以来就面临着诸如自然灾害与意外事故等多重风险干扰，因而在与大自然作斗争时，逐步产生了古代保险思想，出现了保险的原始形态。保险思想最初起源于巴比伦，后传至腓尼基与希腊。

据记载，古埃及在公元前4500年的石匠行业兴起了通过收取会费来支付死亡后的丧葬费的互助基金组织。在古希腊，一些宗教组织通过收取会费等形成公共基金专门用于意外情况下的救济。公元前2500年的巴比伦，国王曾下令对境内居民征收赋金应用于火灾或天灾等的损失弥补。公元前2250年，《汉谟拉比法典》中也曾出现“商队中如有人马匹货物途中遭受损失经宣誓且无纵容或过失，可免除个人债务，由全队商人补偿”等规定。这种具有互助性质的形式，是保险的早期形态。

我国历代王朝都重视积蓄粮食以备天灾。最古老的保险思想起源可以追溯到公元前2500年，《礼记·礼运大同篇》记载：“大道之行也，天下为公。”我国古代即有互帮互助、设立储备资产以谋求生活安定的理想。在具体实践中，有诸如委积制度（“乡里之委积，以恤民之扼”）、常平仓制度（仓储后备制度）、义仓制度等制度以应对自然灾害等风险。

镖局是我国特有的一种货物运输保险的原始形式，是类似于保险的民间安全保卫组织，其经营主要业务为承运货物。如信镖、粮镖、物镖等商人交由镖局承运的货物相当于保险标的，称为“镖码”。货物经镖局检验按贵贱分级确定相当于保险费率的“镖力”，并据此签发“镖单”。货到目的地，收货人按镖单检验后，加盖印章护送带回。这些手续与现代保险的承保手续大致相同（孙悦，2012）。

因此，为应对生活中的风险我国产生了保险的最原始形态。但是，由于制度缺陷与重农抑商等传统观念的阻碍，我国商品经济发展缓慢，最终未能演变为商业保险。

1.1.2　保险行业起源与发展

（一）全球保险业的产生与发展

现代意义上的商业保险从海上保险开始，逐步发展到火灾保险、人身保险、责任保险等其他保险。

1. 海上保险

海上保险是世界上各类保险中起源最早的保险，其发展得益于海上贸易的兴起，带动了整个保险行业的发展。人类历史的发展伴随着海洋贸易的发展，在航海实践中，为应对海上贸易存在的诸多风险，逐渐形成了共同海损分摊方式。共同海损是海上保险的萌芽，是指在海上为了共同利益而减轻船只载重抛弃货物，其损失由全体受益方共同分担。后随海上贸易的发展逐渐形成了海上保险的雏形——船舶和货物抵押借款契约，即船主以船舶作为抵押品向放款人抵押以取得航海资金借款，若安全完成航行，船主归还贷款，并支付较高利息。如果船舶中途沉没，债券宣告结束，船主不必偿还本金和利息。放款人相当于保险人，借款人相当于被保险人。1468 年威尼斯制定了关于法院如何保证保险单实施及防治欺诈的法令，后随着发现新大陆及英国对外贸易的迅速发展，世界保险中心转移至英国。1720 年，经英国女王特许，按照公司组织形式创立了伦敦保险公司和英国皇家交易保险公司，专营海上保险。18 世纪后期英国成为海上保险中心，制定了海上通用保单，开始编制海上保险法典（张芳洁，2004）。1906 年英国国会通过了《海上保险法》，规定了标准的保单格式和条款，又称为“劳合社船舶与货物标准保单”。

2. 火灾保险

火灾保险起源于 15 世纪的德国，一些城市出现了专门承包火灾意外的相互保险组织，1676 年 46 个相互保险组织合并成了汉堡火灾保险社。

1666 年 9 月伦敦发生一场大火，火灾持续了五天，数万间房屋被烧毁，次年一名牙科医生古拉斯・巴蓬开办了火灾保险营业所，因而其被称为“现代保险之父”。

随着 18 世纪、19 世纪英、法、德等国相继完成了工业革命，物质财富极大发展，对火灾保险的需求也更加迫切。1714 年英国出现了联合保险公司，它是一个相互保险组织。费率计算除了考虑建筑物结构外，还考虑建筑物场所、用途、财产种

类，即采用分类法计算费率，是火灾保险的一大进步（兰虹和孙蓉等，2003）。

随着市场需求的增加，火灾保险承保范围日益扩展，承保责任由原来单一的火灾扩展到地震、洪水等非火灾灾害。火灾保险成为世界各国政府与人民应对火灾事故的重要手段，是社会稳定、经济发展的重要保障。

3. 人身保险

在海上贸易产生和发展的过程中，奴隶曾被当做货物进行投保，后来船员也可投保，这是人身保险的早期形式。

“蒙丹期公债储金办法”是指为应付战争财政困难，政府发行的强制认购公债，政府每年给予一定认购者酬金直至死亡，该办法类似于终身年金保险（兰虹和孙蓉等，2003）。

“冬蒂方案”是联合养老保险，1689 年正式实施。该办法规定每人缴纳一定金额筹集总额 140 万法郎资金，固定每年付 10% 利息，并按照年龄将认购人群分为若干群体，利息支付给集体的生存者，生存者可随集体死亡人数增加而领取增加的利息，相当于联合生存者年金（兰虹和孙蓉等，2003）。

1693 年著名数学家、天文学家哈雷编制了第一张生命表，精确地记录了每个年龄段的人口死亡率。生命表的出现为人身保险的发展提供了更精准的依据，工业革命的产生与发展刺激了人们对于人身保险的需求。

（二）中国保险业产生与发展

我国保险业产生与发展大致经历了外商保险公司垄断时期、民族保险业探索时期、20 世纪初保险业缓慢发展时期、中国现代保险业稳步发展时期等阶段（见图 1.1）。

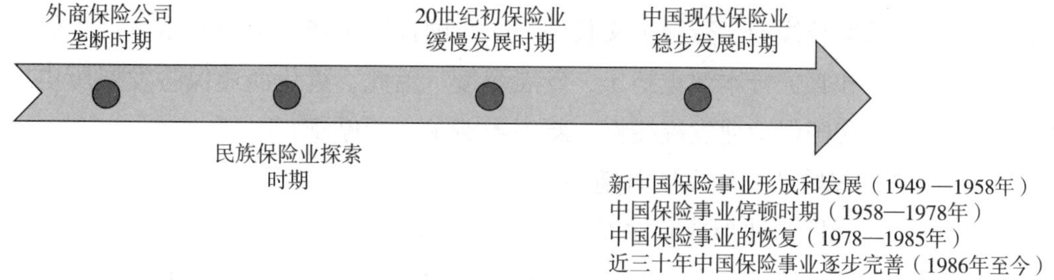

图 1.1　中国保险业产生与发展历程

1. 外商保险公司垄断时期

我国古代保险思想与萌芽并没有发展为真正的商业保险，而近代中国保险业是伴随着帝国主义的入侵而发展的。

1805 年，英国在广州开设了第一家保险机构，名为“谏当保安行”或“广州保险会社”，后以美国为代表的帝国主义国家凭借着一系列不平等条约在我国增设保险机构，扩展业务领域，垄断市场，赚取利润。

2. 民族保险业探索时期

鸦片战争后，外商争相强占我国保险市场，激起了中国有志之士探索民族保险业的热情。魏源、王韬等近代民族资产阶级知识分子积极传播西方保险思想，主张创办民族保险业。1865 年中国人创办的“义和公司保险行”打破了外商保险公司独占我国保险市场的局面。此后相继出现了“安泰保险公司”“万安保险公司”，1865—1911 年，华商保险公司已有 45 家；同时，清政府草拟了《保险业章程草案》《商律草案》等法律草案，虽未颁布实施，但对于民族保险业的兴起起到了促进作用。这一时期民族保险业的规模与市场份额不大，仍处于劣势。

3. 20 世纪初保险业缓慢发展时期

第一次世界大战期间，我国民族资本主义有了较快发展，诸多火灾保险公司与人寿保险公司在沿海城市相继设立。据 1937 年《保险年鉴》统计，全国保险公司已设立 40 家，分支机构 126 家。在民族保险业发展时期，一些规模较大的民族保险公司开始将业务向海外拓展。一战结束后，美、日等多国加强了对我国保险市场的垄断，从中赚取了大量超额利润。七七事变后，经济中心随抗日战争政府迁都重庆而西移。官僚资本支持和操控的保险公司凭借其雄厚财力垄断了当时绝大部分保险业务。二战后，我国民族保险业励精图治，但民族资本保险公司仍受帝国主义和官僚资本的双重控制，发展缓慢。

综上所述，近代我国长期处于半殖民地半封建社会，抑制了商品经济的发展，保险的有效需求增长缓慢。帝国主义长期垄断我国保险市场，掠夺财富，民族保险业受到帝国主义和官僚资本双重挤压，发展缓慢。因此，近代商业保险发展历史虽有一百多年，但我国保险业发展缓慢，新中国前夕几近停滞。

4. 中国现代保险业稳步发展时期

（1）新中国保险事业形成和发展（1949—1958 年）

1949 年 9 月 25 日—10 月 6 日，第一次全国保险工作会议在北京西交民巷举行，会议探讨了一系列方针政策。1949 年 10 月 20 日，中国人民保险公司在北京成立，揭开中国保险事业新篇章。这一时期，保险业配合国家经济建设，促进了国民经济的恢复与发展，但由于缺乏经验与认识，犯了冒进错误，后在“一五”时期进行整顿，保险业稳步发展。

(2) 中国保险事业停顿时期（1958—1978 年）

在这一时期，我国经历了“大跃进”、三年自然灾害、十年“文化大革命”，经济受到严重摧残，保险业偏离轨道，几近崩溃。在“文化大革命”期间，国内保险业务全部停办，各级保险机构陷入瘫痪局面。

(3) 中国保险事业的恢复（1978—1985 年）

党的十一届三中全会将党和国家工作重点转移到社会主义现代化经济建设上来，我国保险业以此为背景得以恢复。1979 年 4 月，国务院批准并转发了中国人民银行全国分行行长会议纪要，做出了逐渐恢复国内保险业务的重大决策。同年 11 月，召开全国保险工作会议。1982 年中国人民保险公司开始恢复办理人身保险和农村保险业务（许谨良，2010）。

(4) 近三十年中国保险事业逐步完善（1986 年至今）

自 1986 年至今，中国保险业进入全面发展时期。保险市场主体增多，形成多元竞争局面。保险业务不断拓展，市场规模持续扩大，市场监管体系日益规范。1995 年 6 月 30 日，《中华人民共和国保险法》正式颁布。近三十年我国保险事业稳步发展，2017 年我国保险资金运用余额达 14.9 万亿元，较年初增长 11.4%。近年来保险总资产呈稳步增长态势，发挥了社会稳定器与经济助推器的功能。

1.1.3 保险行业发展的市场条件

（一）需求侧分析

从需求侧分析，为促进我国保险业的大发展，需要积极创造条件使潜在保险需求向现实有效保险需求转换。保险需求扩大离不开保险业的良性发展，主要受宏观经济环境、社会环境、风险等因素的影响。

1. 宏观经济环境

宏观经济环境包括国内生产总值、国民收入、产业结构等。

经济发展水平是影响保险有效需求最主要的因素。国民经济的发展是保险业发展的基础。据国家统计局初步核算 2017 年国内生产总值达 82.7 万亿元，其中蕴含巨大的保险需求，为保险业的发展提供了良好的宏观经济条件（国家统计局，2018）。

国民收入的稳步提高为居民购买保险提供了物质支持。金融资产持有量的不断增加将促使居民潜在购买力转化为现实购买力，购买力的增强致使居民对保险的需求上升，居民的金融资产投资渠道从银行、证券拓展到保险市场。据统计局公布数据，2017 年全国居民人均可支配收入 25 974 元，同比增长 9.0%，人均可支配收入的增长将刺激保险需求的增长（国家统计局，2018）。

产业结构的优化升级与保险业发展是密不可分的。伴随着经济发展与产业结构的调整与升级，第二、第三产业比重增大。第二、第三产业保险品种多、覆盖广、保额大，催生出大量人身与财产保险需求。

2. 社会环境

社会环境主要包括国民风险意识、社会保障体系、人口因素等。

居民的风险意识将直接影响其保险需求。风险意识受社会结构、文化背景、历史传统、经济体制影响。随着保险公司积极提高服务保障水平并树立正面的形象，居民的风险意识逐渐提升且消费行为趋于理性化。

社会保障体系与商业保险共同为社会提供风险保障，存在相互补充的关系。商业保险是对社会保障的横向和纵向补充，扩大保障范围，并满足更高层次保障需求。因此，社会保障体系的发展状况影响保险需求的总量与结构（叶浩然，2007）。

人口因素是影响保险需求的重要因素。一个国家和地区人口总量越多，保险需求总量越多。同时，人口年龄结构会对保险需求产生影响。人口老龄化加速将刺激人寿保险需求增大。

3. 风险

风险是保险存在的基础。风险总量随经济发展、新技术新产业的出现而增大，风险总量增大会转化为对保险的有效需求。

（二）供给侧分析

保险供给指各保险经济组织一定时期向社会经济生活各个方面所提供的保险服务量。积极推进保险供给侧改革是突破保险行业限制的创新之举，从结构优化、质量提升、体制转变等方面入手，进而逐步实现保险强国战略目标。下面将从保险经营主体、保险产品供给、保险科技方面进行分析。

1. 保险经营主体

保险经营主体包括两类：一类是保险产品供给方即保险人；另一类是为保险交易提供辅助支持的保险中介（保监会，2006）。

2017 年 11 家保险公司获批开业，4 家保险公司获批筹建。新“出生”的保险公司特色鲜明：都重视保险科技的应用，且其股东实力雄厚。保险业对政策敏感性强，相关立法、法律法规都将影响保险的供给端，如财政政策中的税收与转移支付政策，对保险公司盈利、偿付能力与承保能力会产生直接影响（张奎，2004）。

2017 年，保监会密集出台了“1 + 4”系列文件，强化监管、惩治保险市场乱象。据保监会公示，2012—2016 年期间保监会批准筹建的保险公司家数分别为 5 家、7 家、10 家、11 家、22 家，2017 年受强监管影响，随着越来越严格的股东资质与股权结构审查等，牌照获批门槛不断提高，保险牌照发放速度放缓（姚冬琴，2017）。

从保险中介主体方面看，2017 年保险中介机构呈现强劲增长态势，在“2017 中国保险中介发展论坛”上，中国保监会中介监管部副巡视员施强指出 2017 年共核准 25 家保险中介机构的经营业务许可（任国省，2017）。越来越多的主体参与到保险中介行业中，包括房地产公司、互联网巨头如腾讯、阿里、百度等。全国性的中介牌照能够代理多家品牌，提供全方位的保险服务，设立门槛相对偏低，受到多方青睐。大童保险服务董事长蒋铭从行业发展角度对于互联网巨头的加入表示欢迎，认为其加入能够为保险中介行业带来新思维，提升品牌价值，推动行业更加注重客户利益。

保险经营主体数量的增多与服务质量的提升能够丰富市场组织形式，提高保险供给的效率与质量，为我国经济社会发展提供全面的风险保障。

2. 保险产品供给

从保险供给角度分析，深化保险业供给侧改革就是通过改革，调整优化结构，提高产品供给效率，扩大有效的保险供给，满足社会对于保险的多层次多方面的需求。

保险供给应该以需求为导向，找到消费者的痛点，供给回归客户真正需求。随着人民群众收入与风险意识的不断提升，不同层次消费者的保险需求日益多样化，对保险产品的创新提出了更高的要求（赵辉，2016）。

3. 保险科技

保险科技是近年来保险业新现象，是将科技运用于保险领域。以区块链、人工智能、大数据、云计算等为代表的新技术广泛运用于保险中，改变了保险产品的品类、交易速度、交易时间和交易范围（慧保天下，2018），能够满足消费者多元化的保险需求，解决行业痛点，提高服务效率，重塑保险价值链。

1.2 保险行业存在的理论依据

1.2.1 自然基础：风险的普遍性与客观性

风险来自自然灾害、意外事故和人为灾祸。风险的存在具有普遍性与客观性。

无风险不保险。风险存在于生活各方各面，且随着经济与技术的发展，不断产生新的风险。风险的存在是客观的，其存在和发展不以人的意志为转移。风险具有损害性与不确定性，灾害事故对社会财富、人身与社会的发展、人们生活的安定带来巨大损害。为防范风险的发生，减少灾害事故对人们生活带来的影响，人们采取各种方法应对风险所带来的损害。保险业正是在风险客观普遍存在的基础上产生与发展的。

1.2.2　物质条件：生产力的发展

由于风险的客观存在性，任何历史时期保险都有其存在的自然基础，但保险的产生与发展还需要一定的社会经济条件，即生产力的发展能满足剩余产品的提供。剩余产品的存在使得对物质损失的补偿有了实现的可能。当生产力水平较低时，人们仅能维持生计，而无法拥有后备物资抵御风险。后来当人类社会发展到原始社会末期和奴隶社会时，生产力得到了较大发展，人们能够将剩余产品储存起来作为后备（唐金成，2015）。因此，随着生产力的不断发展，能够形成一定的后备物资，为保险制度的产生发展奠定了物质基础。

1.2.3　经济条件：商品经济的发展

商品经济的发展是保险产生与发展的经济条件。商品经济使得社会分工进一步细化，保险得以从商品生产环节独立出来，逐步形成了社会化的现代商业保险。伴随着社会的进步与生产力的发展，商品交换活动频繁，贸易范围与贸易规模逐渐扩大，工业革命的完成与贸易的发展促使商品经济高度繁荣，形成了大量的剩余产品，为保险业的发展注入新的活力（徐爱荣，2006）。

1.2.4　保险的性质与本质

保险即集合具有同类风险的众多单位和个人，以合理计算分担金的形式，实现对少数成员因该风险事故所致经济损失的补偿行为。关于保险性质的学说分为以下三种：损失说（损失赔偿说、损失分担说、危险转嫁说）、二元说（否定人身保险说、择一说）、非损失说（技术说、欲望满足说、财产共同准备说、相互金融机关说）。保险的本质指保险的社会属性，即参与平均分担损失补偿的单位和个人之间形成的一种分配关系（魏华林和林宝清，2011）。人们在物质资料生产与再生产过程中常常联合行动，同时为了应对自然灾害、意外事故与生老病死的威胁，人们不可避免地会互助共济，集合力量形成“人人为我，我为人人”的关系。因而，从保

险的性质与本质角度分析，保险行业的存在与发展具有必然性。

1.3 保险行业发展的可行性分析

1.3.1 保险行业发展具备相应自然基础与社会基础

风险是保险存在的自然基础。随着科学技术的不断进步与人类行为和自然社会相互影响，出现了各种新兴的灾害，这些灾害往往带来更严重的损失。风险的复杂程度日益加深，巨灾风险与人为事故频率与损失程度呈上升趋势，在这种背景下，保险作为风险损失的补偿机制应运而生。

在生产力低下时期，人们劳动所得仅能维持最低限度的生活，人们与自然抗争过程中耗费了大部分精力，因而没有剩余产品，这使得不存在形成后备物资的物质基础。现阶段，商品经济的高度发达，商品生产与交换的充分发展，形成了大量剩余产品。生产力的发展使人们不仅能够满足最基本的生存需要，剩余产品的存在使得人们能够考虑如何应对自然灾害与意外事故，为保险行业发展提供了可行条件。

1.3.2 宏观经济环境持续向好，经济企稳

2017 年，受发达经济体及新兴市场和发展中经济体广泛复苏支撑，全球经济增长大幅提速，预计 2018 年将小幅提速。新兴经济体成为全球经济增长的主要动力，发达经济体对全球经济贡献率约为 30%，金砖国家对世界经济贡献率约占 40%，而中国对世界经济贡献率超过 30%（世界银行，2018）。国内经济增长超过预期，2017 年国内生产总值增长约 6.9%，增速处于世界主要经济体的前列。经济效益持续提升，经济动能加快转换（胡鞍钢、张新，2018）。国内经济呈明显企稳迹象，表现为实体经济回暖，投资增速企稳，消费增长强劲。

经济发展的水平和态势决定了保险业增长的水平和态势。良好的宏观经济环境会刺激保险需求，保险业经营主体也会借助良好的经济环境积极推进供给侧改革，调整优化业务结构，创新产品设计，抢占市场份额，重塑保险价值链。

1.3.3 技术条件日新月异，为行业科学发展奠定基础

在保险中，概率论与大数法则是计算保险费率的基础，合理运用概率论与大数法则能较为精确预测风险，合理科学厘定保险费率。保险科技日益广泛的应用，为行业科学发展奠定技术基础。

2016 年底，中国保监会向全行业发布了我国保险业第三张生命表——《中国人身保险业经验生命表（2010—2013）》。随着近年来人口死亡率的降低，预期寿命的延长，新编制的生命表更能满足产品精细化定价的需要，提升保险业科学定价能力与经营发展水平。

随着互联网浪潮席卷金融业，互联网保险的模式也正逐渐渗透进保险产业链中。互联网技术的发展改变了保险业传统的产品结构与销售渠道。2017 年以来，国内保险业积极应对场景化、规模化、个性化消费需求，纷纷布局以人工智能、云平台、区块链为主的产品。大数据、云计算、移动互联等技术为互联网保险提供强劲支撑，区块链、物联网、人工智能等新兴技术也将改变保险业态，促进保险的转型升级（朱志超、李致鸿和赵萍，2016）。保险科技有序发展，进入发展黄金期。保险科技是促进保险业转型升级的关键，能解决行业痛点，提高保险服务效率，切实落实保险保障功能。传统险企如人保、国寿、平安等大型保险公司纷纷组建数据中心或科技平台，拥抱保险科技；同时专业互联网险企积极利用技术优势拓展业务；互联网巨头如阿里巴巴、京东等结合资深用户流量数据优势通过与保险公司合作布局保险业。保险科技融资热情高涨，2017 年前三季度融资额分别为 2. 8 亿美元、9. 85 亿美元和 3. 12 亿美元（星河研究院，2017）。保险科技是拓展保险业保障功能的根本驱动力，也是保险业转型发展的核心竞争力（周延礼，2017）。

1. 3. 4　政策法律环境日渐规范，利好政策叠加

2018 年召开的全国保险监管工作会议总结了 2017 年保险监管工作情况，并部署了 2018 年监管工作的战略方向。2017 年全行业综合偿付能力充足率达 252%，全年修订完善规章和规范性文件共 26 件，全年保费收入 3. 66 万亿元，同比增长 18. 2%，政策法律环境日渐规范有序。2018 年将坚持“保险业姓保，监管姓监”理念，把落实“1 +4”系列文件作为重要抓手和任务推进（中国保险报，2018）。

2017 年对于保险行业来说是“强监管”年，保险监管部门集中开展了治乱象、防风险、补短板，服务实体经济的相关工作，修订完善规章及规范性文件涉及人身险、商车险、保险资金运用、保险销售行为等方面，切实维护保险业稳定健康发展，引导行业回归保障、走良性发展之路。保险监管部门通过颁布一系列保险新政与规范文件为保险业的规范有序发展提供政策保证，优化市场环境，激发保险行业活力与创造力，使之更好地发挥风险保障功能，服务经济社会发展全局。下文梳理了 2016—2017 年保险行业重要规章及规范性文件（见表 1. 1）。

表 1.1　　2016—2017 年保险业重要规章及规范性文件汇总

时间	文件名称	文件内容
2016.01	《关于正式实施中国风险导向的偿付能力体系有关事项的通知》	保监会决定自 2016 年 1 月 1 日起实施《中国第二代偿付能力监管制度体系建设规划》（简称偿二代），保险监管模式由规模监管升级为风险监管，与欧盟偿付能力监管标准Ⅱ接轨
2016.08	《中国保险业发展“十三五”规划纲要》（保监发〔2016〕74 号）	提出了“十三五”时期国家保险业发展的指导思想、发展目标、重点任务和政策措施，从保险业深化改革、服务经济社会与民生、支持实体经济发展、加强监管等方面指明未来发展趋势
2016.07	《广西辖区保险公司分支机构市场退出管理指引》（保监发〔2016〕53 号）	该《指引》从退出原则与方式、监测及预警机制、市场退出后续处理机制对保险机构市场退出行为进行引导。一是明确退出路径为主动退出、劝导退出和强制退出三种方式；二是监测预警机制方面，要求保险公司省级分公司对分支机构进行日常监测并向广西保监局提交运营报告，推进不良机构进行整改；三是规定市场退出后续处理程序，包括资产清理、人员安置等善后事宜。探索退出机制，使得经营困难的保险公司能够退出市场，维护保险市场的平衡
2016.03	《关于规范中短存续期人身保险产品有关事项通知》（保监发〔2016〕22 号）	规范中短存续期人身保险产品的销售运营，防范资产负债错配等引发的风险。一是对中短存续期产品进行定义，引导行业发展长期业务；二是规定中短存续期产品保费收入应控制在当年投入资本和净资产两倍之内；三是对不同存续期限产品的销售提出要求
2016.09	《进一步完善人身保险精算制度有关事项的通知》（保监发〔2016〕76 号）	提高了人身保险产品的风险保障水平，将保险金额与账户价值比例下限上调；下调了万能保险责任准备金评估利率；对中短存续期业务占比提出比例要求；完善中短存续期产品监管政策
2017.01	《财产保险公司保险产品开发指引》（保监发〔2016〕115 号）	规定了产品开发基本要求、命名规则、保险条款要求、保险费率要求、产品开发组织制度、产品开发流程、评估修订与清理注销等相关事宜，规范财产保险公司产品开发过程，强化产品管控促进产品质量提升与创新，保护消费者合法权益
2017.01	《关于进一步加强保险资金股票投资监管有关事项的通知》	规范了股票投资行为，保监会对保险机构或保险机构与非保险一致行动人投资上市股票实施差别监管，保险公司应遵循财务投资为主的原则。明确了保险机构的披露义务、收购申请义务，并对资产负债管理和风险限额管理等方面提出监管要求

续表

时间	文件名称	文件内容
2017.04	《关于保险业服务“一带一路”建设的指导意见》（保监发〔2017〕38号）	指导意见充分肯定了保险业服务“一带一路”建设的重要意义，强调要积极构建“一带一路”建设保险支持体系，为其提供全方位服务和保障。要加快保险业国际化步伐，推动保险业“一带一路”互联互通
2017.05	《关于保险业支持实体经济发展的指导意见》（保监发〔2017〕42号）	指导意见强调要充分发挥保险风险管理与保障功能，拓宽资金支持实体经济的渠道，促进保险业持续向振兴经济体发力、聚力。强调要积极构筑实体经济的风险管理保障体系，大力引导保险资金服务国家发展战略，不断创新保险业服务实体经济形式，持续改进和加强保险监管与政策引导
2017.06	《关于商业车险费率调整及管理等有关问题的通知》（保监产险〔2017〕145号）	规范了财产保险公司机动车商业保险费率的调整、报送、审批、回溯、监管等环节，进一步扩大保险公司的定价自主权，下调商业车险费率浮动系数下限
2017.07	《保险销售行为可回溯管理暂行办法》（保监发〔2017〕54号）	通过对保险公司、中介机构保险销售行为可回溯管理，记录和保存保险销售过程关键环节，实现销售行为可回放、重要信息可查询、问题责任可确认

1.3.5 保险行业发展环境健康，核心指标向好

2017年以来保险行业稳步发展，行业发展环境健康，主要表现为：产品保障功能凸显，资金运用收益稳步增长，行业风险控制能力持续增强。下面将从保险行业核心指标进行具体分析。一是现阶段现金流较为充足，风险保障水平提升。2017年保险全行业原保费收入36 581.01亿元，同比增长18.16%，保险总资产达16.75万亿元。保险业为社会提供风险保障高达4 154万亿元，同比增长75%（胡达闻，2018）。二是偿付能力充足。全行业综合偿付能力充足率为252%。据保监会公布的2017年SARMRA评估结果显示，保险公司风险管理能力持续上升，保险公司普遍通过完善风险管理组织架构、加强人员配备、健全风险管理体系等方式提升风管能力（任国省，2018）。三是盈利能力提升，投资收益稳步增长。2017年，保险公司资金运用余额149 206.21亿元，较年初增长11.42%（胡达闻，2018）。四是保险科技应用广泛，2017年保险科技投入力度加大，大数据、人工智能、区块链、物联网等技术广泛运用于保险营销、核保、理赔等方面，为保险行业带来颠覆性变革。

1.3.6 保险市场发展有序，带动亚洲市场效用显著

2016年全球保险业直接保费收入实际增长率3.1%，增速较2015年有所放缓。

据瑞再研究院资料显示，中国2016年对全球寿险保费增长率贡献2.4%，亚洲新兴市场除中国外贡献0.4%，中国带动亚洲市场效用显著。寿险方面，中国增长势头强劲，主要归功于保费费率的市场化改革及政府鼓励保障型产品发展。中国经济增长企稳、人口增长、城市化推进、中产阶层壮大为寿险发展提供了积极因素。非寿险方面，中国以20%的增长率引领增长，亚洲除中国外增长率为7.7%。中国在发达国家保费增长放缓背景下，仍稳健增长，带动亚洲新兴市场的发展（瑞再研究院，2017）。

1.4 保险行业在金融体系中的先进性

1.4.1 保险业发挥风险管理功能，是社会稳定器

保险将个人身上的偶发事故所造成的损失通过收取保费的方式平均分摊在所有被保险人身上，从而达到分散危险、补偿损失的目的。保险业是经营管理风险的特殊行业，随着风险源增多、风险影响范围与程度加深，保险的社会稳定器职能也将更显著。国务院于2006年公布的《关于保险业改革发展的若干意见》中将保险功能定义为经济补偿、资金融通和社会管理。魏华林、皮曙初（2008）指出，更加关注“保险的社会效用与代价”将保险业的功能和作用提升到了社会的和宏观的高度。

2014年通过发布保险业“新国十条”明确保险机制能够创新公共服务的提供方式，并且发展责任保险能有力化解矛盾纠纷，从而完善风险管理制度，促进社会治理体系发展。政府可以通过购买保险的方式利用市场化机制推进养老、医疗等服务，提高风险管理效率。诸如食品安全、环境污染、职业责任等与国民切身利益相关的领域，通过政府引导、市场运作、立法保证的责任保险发展方式，发挥保险在风险管理事前、事中、事后的管理优势，促进社会稳定，减少经济与民事纠纷。

保险的保障功能体现在多个方面：大病保险全覆盖彰显保险“风险保障”的立业之本，着力解决因病致贫、因病返贫的问题；保险助力扶贫开发，实现由“输血”到“造血”的转变（陈文辉，2017）。2017年召开的全国金融工作会议也以“防风险”为基调，强调要促进保险业发挥长期稳健风险管理与保障功能。

2017年10月，习近平总书记在中共十九大上作出了“中国特色社会主义进入新时代”的重大判断。在过去的五年中，人民生活不断改善，大批惠民措施落地实施，脱贫攻坚战取得决定性进展，社会大局稳定，国家安全加强。保险业发挥风险

管理的核心功能，回归本源，积极服务实体经济发展，严守风险底线，为经济发展、创新社会治理方式、服务民生大局贡献力量。报告中提出，推动互联网、大数据、人工智能和实体经济融合，在中高端消费、创新引领、绿色低碳、共享经济、现代供应链、人力资本服务等领域培育新增长点，形成新动能。借助互联网发展，保险将成为人们生活的必需品，成为人们美好生活的助推器（陈劲，2017）。

1.4.2 保险资金具有长期性稳定性优势

保险的风险分散职能包含两层含义，即空间分散与时间分散。其中时间分散要求保险具有积蓄基金的职能。保险资金尤其是寿险资金具有长期性和稳定性的特点，因而保险资金为实体经济提供资金融通服务时，资金期限错配与流动性风险远远小于其他金融机构。陈文辉（2017）强调保险行业要把握保险资金运用的内在规律，坚持保险资金运用基本原则：一是坚持稳健审慎投资，以固定收益类产品为主，以非固定收益类产品为辅；以财务投资为主、战略投资为辅，即使进行战略投资也要以参股为主。二是坚持服务主业。三是坚持长期投资、价值投资、多元化投资。四是坚持资产负债匹配管理。发挥保险资金长期性和“逆周期”投资优势，防范风险，从而为调结构稳增长提供长期资金来源，支持“一带一路”和国家重大战略的实施与重大民生工程的建设（周延礼，2016）。

1.4.3 保险业有力服务实体经济，助力资金脱虚向实

习近平总书记在2017年全国金融工作会议中强调金融要把握好原则，将为实体经济服务作为出发点和落脚点。脱离实体经济的金融会产生资产价格泡沫，发生金融危机，引领资金脱虚向实能够促进金融环境的平衡与良性发展。保险业能够发挥资金长期性优势，提高资金配置效率，通过债券投资计划、股权投资计划等，支持基础设施建设等民生工程与新兴产业等的发展，服务实体经济。

2017年中国保监会副主席陈文辉在“保险资产管理业助力实体经济发展研讨会”上指出，截至2017年6月末，保险资金通过债权计划、股权计划等方式直接投资国家重大基础设施建设、养老社区和棚户区改造等民生工程，累计金额超过4万亿元。保险资金积极推进支农支小融资业务试点，利用保险业务协同优势，丰富农户、农业合作社、小微企业和个体经营者的融资来源，降低融资成本。

截至2017年底，保险业定期存款余额超过1.34万亿元，是实体经济中长期贷款重要资金来源；以债券和股票方式为实体经济直接融资超过7万亿元，较年初增长15.00%。其中，支持“一带一路”倡议投资规模达8 568.26亿元；支持长江经

济带和京津冀协同发展战略投资规模分别达 3 652. 48 亿元和 1 567. 99 亿元；支持清洁能源、资源节约与污染防治等绿色产业规模达 6 676. 35 亿元。从支持科技创新来看，科技保险为科技创新提供风险保障金额 1. 19 万亿元；首台（套）重大技术装备保险为技术装备创新提供风险保障金额 821. 71 亿元（仝宗莉、蒋琪，2018）。

2018 年 1 月中国保监会联合财政部印发《关于加强保险资金运用管理支持防范化解地方债务风险》，旨在规范保险资金运用，支持保险机构安全高效地服务实体经济，鼓励保险资金支持关系国计民生的工程、购买地方政府债务、鼓励地方政府和保险机构规范运用政府和社会资本合作（PPP）与政府投资基金等方式支持经济社会发展的重点领域和薄弱环节。

1.4.4 保险业参与社会管理，完善社会保障体系建设

保险业能够助力民生改善参与社会管理。纵观 2015 年、2016 年、2017 年政府工作报告，民生改善与社会保障均占重要地位。医药卫生改革（城乡居民大病保险试点推广、公立医院改革、基本医保全国联网和异地就医结算等）、安居工程的开展、社会救助体系、精准扶贫精准脱贫等与社会民生息息相关的领域，保险业都发挥着重要作用。

“新国十条”强调商业保险是社会保障体系重要支柱，商业保险业逐步成为个人、家庭商业保障计划的主要承担者，企业所需的养老保障计划的重要提供者，社会保险市场化运作的积极参与者。在养老保险方面，开展住房反向抵押养老保险试点、推动个人储蓄性养老保险发展等，保险业积极承担责任。从农业保险看，2017 年，农业保险为 2. 13 亿户次农户提供风险保障金额 2. 79 万亿元，同比增长 29. 24%（仝宗莉、蒋琪，2018）。从大病保险看，覆盖人群超 10 亿人，各省大病支付比例达 50% 以上，逐步形成分级诊疗制度，逾 5 亿人拥有家庭医生（《北京日报》，2017）。

中央引导资金脱虚向实的最终目的是大力推进普惠金融的发展，即发展成果由人民共享（李建成，2017）。通过优化保险产品的供给，大力发展大病保险、农业保险、巨灾保险等，积极创造良好的政策条件鼓励保险参与健康产业与养老服务，为民众提供普惠性服务，推动多层次社会保障体系建设（周延礼，2016）。

党的十九大强调加强社会保障体系建设，按照兜底线、织密网、建机制的要求，全面建成覆盖全民、城乡统筹、权责清晰、保障适度、可持续的多层次社会保障体系。完善养老保险、医疗保险、失业保险、工伤保险制度，建立全国统一的社会保险公共服务平台，统筹城乡社会救助体系，有效通过保险业参与社会管理、解

决与民生密切相关的重大问题，完善社会保障体系建设，以人为本积极促进国民享受发展带来的成果。

1.4.5 保险业促进完善灾害救助体系，提高灾害救助力度

近年来，重大灾害频发，造成了严重的人员伤亡与财产损失。将保险纳入灾害事故防范救助体系，发挥保险的事前风险防范、事中风险管理、事后及时赔付功能，能够保障民生安定，促进灾后恢复能力与突发事件应急处理能力的提升。“新国十条”强调积极发展企业财产保险、工程保险、机动车辆保险等，增强社会抵御风险能力，而巨灾保险制度正式落地实施，建立多层次的保障制度与风险分担机制，从而提高灾害应急与救助能力。

1.4.6 保险业推动经济结构调整升级

随着风险源增多、科学技术不断发展与创新，保险业在推动经济结构升级方面发挥着越来越大的作用。科学技术创新具有较大的风险与不确定性，因而保险业在降低新兴风险、服务国家自主创新战略方面能够发挥较大积极作用：通过创新产品设计与研发，满足多方面的保险需求；发展完善科技保险体系，促进科技成果尽快转化为现实生产力；为小微企业提供信用保险和贷款保证，增强其融资能力；助力物流保险、会展责任保险等业务，促进第三产业发展。

1.4.7 保险业支持国家重大战略

保险资金具有规模大、成本低、稳定性强、长期性等特点，因而保险行业在支持国家重大战略尤其是“一带一路”倡议、京津冀协同发展、长江经济带等重大战略问题方面发挥举足轻重的作用。

以“一带一路”倡议为例，“十三五”时期保险业大发展将为保险业服务“一带一路”倡议提供有力支撑（吉昱华，2016）。一是“一带一路”倡议扩大了保险覆盖面。据中国信保披露的数据显示，自 2001 年 12 月至 2017 年 6 月，中国信保已累计支持国内外贸易和投资 3.1 万亿美元，为数万家出口企业提供信用保险服务，累计支付赔款 100 亿美元，带动 240 余家银行为出口企业提供融资超过 2.8 万亿元人民币。由于“一带一路”倡议辐射地区广泛，地缘政治关系复杂，因而企业在“走出去”的同时将面临政治风险、经济风险、战争风险等多重风险，保险在此背景下积极承担责任、提供风险保障。二是保险业弥补“一带一路”建设所需资金缺口，提供重要资金支持。据亚洲开发银行测算，2010—2020 年，亚洲基础设施投资

需求将达到 8 000 亿美元（亚洲开发银行、亚行学院，2009），目前“一带一路”资金平台不足以支持，需要从更多渠道获得资金支持。据原中国保监会统计数据显示，2017 年保险总资产达 16.75 万亿元，保险资金将为“一带一路”倡议发展提供资金支持。

保险通过债权计划、股权计划等投资于国家重大基础设施建设、养老社区、棚户区改造等民生工程中，累计基金超过 4 万亿元（陈文辉，2017），成为服务实体经济、支持国家战略的重要力量。

1.5 本章小结

从最初古埃及、巴比伦出现保险原始形态，到现在保险业成为风险管理、资金融通、社会管理的重要工具，保险业以其独特的优势成为人们生活中越来越不可或缺的一部分。由于风险具有客观性与普遍性，人们在规避风险的时候，逐步发明了保险，即互助共济、分摊损失的经济关系。现代意义上的商业保险起源于海上保险，后逐渐发展到火灾保险、人身保险、责任保险。持续向好的经济环境与日新月异的技术条件为保险行业不断创新发展提供重要支撑，国家的政策扶持与法律规范使保险市场更加规范有序地发展。

近年来，保险行业发展迅速，凸显出其在金融体系中的重要性。2017 年全国保费收入达 3.66 万亿元，提供风险保障达 4 154 万亿元，保险业在养老、医疗、巨灾等领域提供风险管理与保障功能。同时保险业服务大局、助力实体经济发展，有力促进资金脱虚向实，支持“一带一路”倡议、京津冀协同发展、长江经济带等国家重大战略项目。党的十九大强调保险业参与社会保障体系建设，积极进行社会管理，在社会救助体系、医药卫生改革等与民生息息相关领域发挥重要作用。综上所述，保险业进入国家战略层面，深入到地方社会经济中，未来将迎来发展的黄金期。

2　全球保险市场的发展现状与趋势分析

本章将对全球保险市场和亚洲新兴保险市场当前的发展情况进行介绍，并结合经济运行趋势和金融市场环境分析全球保险市场和亚洲新兴保险市场面临的挑战、机遇以及未来的发展方向。

2.1　全球保险市场的发展现状

作为国民经济的组成部门，保险业可以管理经济活动中存在的风险，是经济运行的助推器和社会发展的稳定器。经济增长会刺激保险需求，拓宽保险市场的广度和深度，带动保险市场扩张。2010—2017 年，全球经济缓慢复苏，新兴保险市场增长迅速，发达保险市场保持稳定。总的来说，全球保险市场的发展稳中向好。

2.1.1　全球经济持续复苏

经历了 2008 年的国际金融危机后，世界经济于 2009 年中旬开始复苏。图 2.1 展示了 2010—2017 年全球 GDP 实际增长率的变动情况，2010—2017 年，全球经济每年都保持小幅增长，尽管 2012 年后增速放缓，世界经济仍然运行在合理区间内。近期，全球经济复苏势头强劲，根据国际货币基金组织的初步估计，2017 年全球 GDP 实际增长率为 3.7%，比 2016 年秋季的预测提高了 0.5%。

2012 年后，发达市场的经济增长开始提速。受巴西和俄罗斯经济低迷的影响，新兴市场的 GDP 增长率逐年走低，中国和中东欧的欧盟成员国宏观经济运行良好，新兴市场的经济增长情况整体好于发达市场。国际货币基金组织预测，2018—2019 年全球经济增长势头会更加强劲，增长率预计将达到 3.9%。

在通货膨胀方面，如图 2.2 所示，全球 CPI 涨幅在 2010—2016 年处于较低水平，在 2.8% ~5.0% 的范围内波动。新兴市场的通货膨胀水平高于发达市场，除了 2011 年通胀水平增幅较大以外，其余各年都保持温和增长。未来一段时间，全球通

货膨胀将依旧维持在较低的水平。

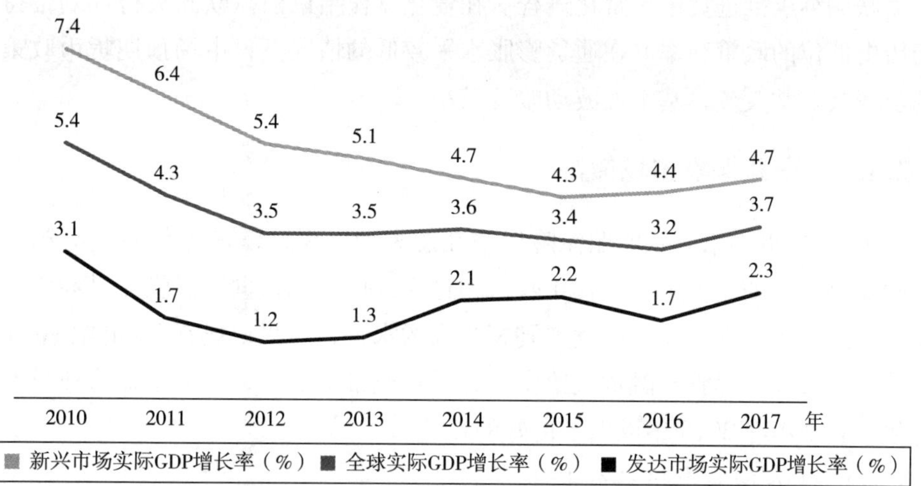

资料来源：国际货币基金组织数据库，根据 IMF 在 2018 年 1 月发布的预测报告对数据进行了调整。

图 2.1 2010—2017 年全球经济实际增长率变动情况

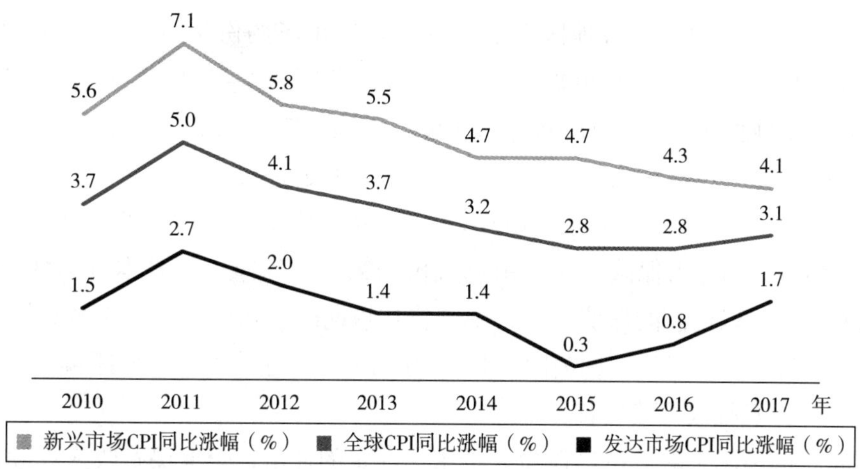

注：CPI 是消费者通货膨胀率（Consumer Price Inflation）的简称，使用平均价格（Average Consumer Price）计算得到。

资料来源：国际货币基金组织数据库，根据 IMF 在 2018 年 1 月发布的预测报告对数据进行了调整。

图 2.2 2010—2017 年消费者价格膨胀率变动情况

2.1.2 金融市场利率较低

2010—2017 年，全球主要金融市场的利率水平都维持在低位，持续影响到保险公司经营状况。政治风险与经济复苏的缓慢进程使得金融市场充满不确定性。2017年，美联储继续推进货币正常化进程。在量化宽松结束前，欧洲央行计划维持目前处于历史低位的政策利率。在通货膨胀水平较低的情况下，市场预期货币政策正常化的步伐会非常缓慢，基本面波动幅度较小。①

2.1.3 全球保险市场概况②

自1384年世界第一张船舶保险保单在意大利出现，1568年伦敦建立第一家皇家保险交易所，如今，全球保费年收入超过4万亿美元，世界保险业已经走过了六百年。发达市场的保险业已经发展到相当高的水平，新兴市场在20世纪90年代进入了快速发展期。尽管金融危机给全球金融行业带来了震荡，但是保险业已经走出了危机，在2010—2016年取得了良好的业绩。

（一）保险总量规模持续扩大

1. 亚洲市场的全球份额超过三成

2016年，全球保险业直接保费收入为47 321.9亿美元③，其中55.3%来自寿险，44.7%来自非寿险。保费收入较上一年增长了3.1%④。

图2.3展示了2016年各地区保费收入占全球市场的份额情况。作为世界两大发达保险市场，北美市场和西欧市场的保费收入分别为1.47万亿美元和1.42万亿美元，各占全球保费收入的31.0%和29.9%。亚洲市场的保费收入超过1.49万亿美元，占全球保险市场总收入的31.6%，份额已经超过三成。

中国2016年的保费收入达到4 661.3亿美元，从21世纪初的世界第16大保险市场跃居为世界第三大保险市场，市场规模与第二大保险市场日本（4 713.0亿美元）相差无几。以当前的保费增速，中国将在短期之内超过日本成为全球第二大保险市场，但与第一大保险市场美国（1.35万亿美元）还有相当一段距离。

2. 全球保费收入持续增长

2008年的国际金融危机给保险业带来了一定的冲击，全球保费收入连续两年缩减。2010年，全球保险业开始走出金融危机，保费收入增长了2.7%，将近43 390

---

① 数据来源：国际货币基金组织全球经济展望2018年1月最新预测。

② 本节（2.1.3）数据来源于瑞士再保险 *Sigma*2011 年至2017年各期。

③ 本章中的保费收入是指当年按照美元计量的保费收入，不含向国家社会保障机构缴纳的保费。数据来源于瑞士再保险公司研究中心出版的 *Sigma* 杂志，均为瑞士再保险公司当年公布的统计数据，遇到数字需要四舍五入的情况下，以 *Sigma* 当年的统计附录为准。因为财年不同等原因当年不能准确获得的数据，瑞再研究中心在假设保费与GDP比率不变的前提下进行了估计。

④ 本章中的所有保费增长率均为经过通胀调整（使用本地消费价格指数测算）后的实际增长率。

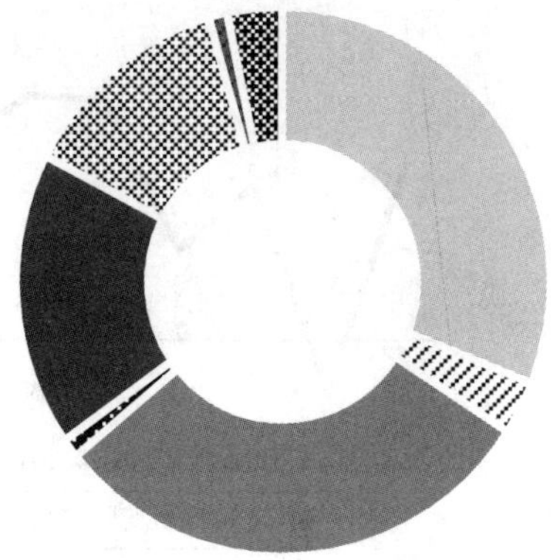

资料来源：瑞士再保险 *Sigma*2017 年第 3 期。

图 2.3 2016 年各地区的保费收入占全球市场份额

亿美元，给 21 世纪的第二个十年创造了良好的开局。

图 2.4 和图 2.5 分别展示了 2010—2016 年全球保费收入情况与保费实际增长率的变动情况。这七年间，全球保费收入逐年增长，寿险保费收入略高于非寿险。由于保费实际增长率是扣除了通货膨胀的影响后计算得出，所以尽管 2015 年的名义保费收入低于 2014 年，但在扣除通货膨胀影响后，保费收入实际增长了 3.8%。

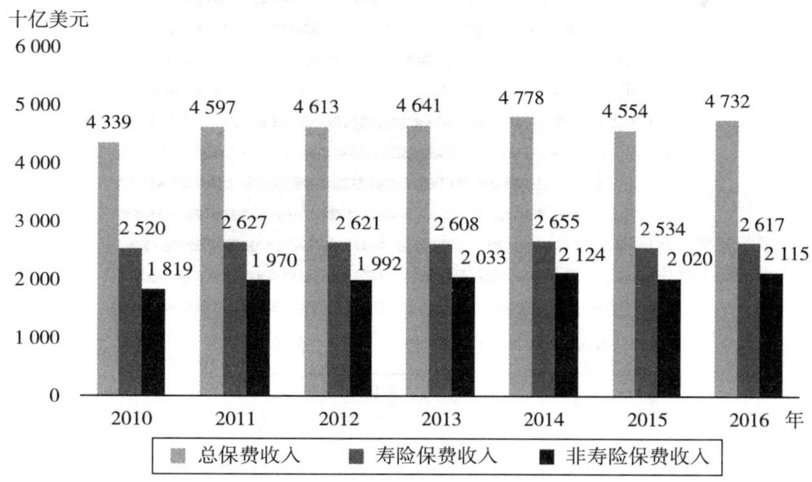

资料来源：根据瑞士再保险 2011 年至 2017 年各期 *Sigma* 整理。

图 2.4 2010—2016 年全球保费收入（分业务）

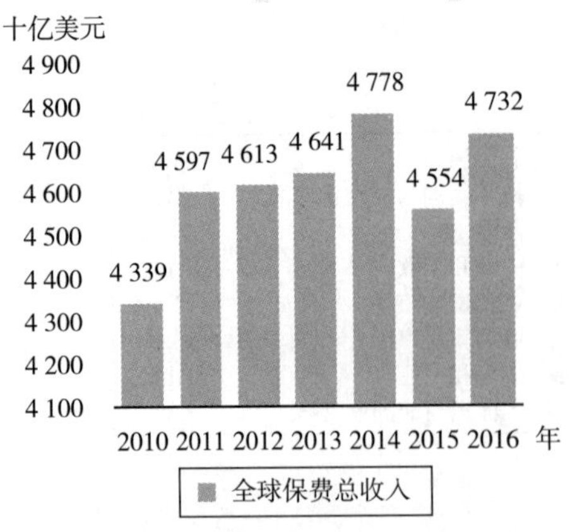

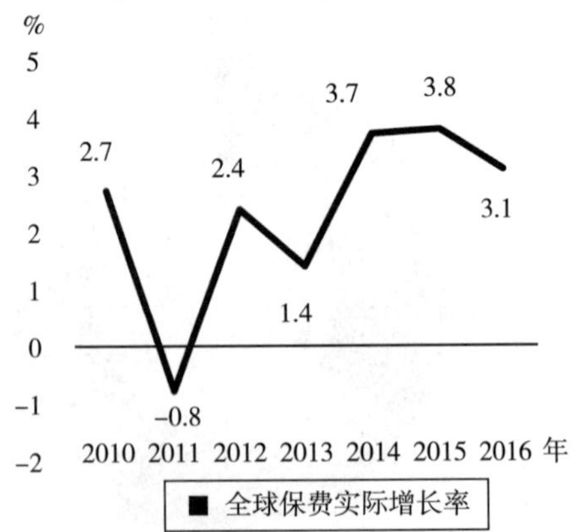

资料来源：根据瑞士再保险 2011 年至 2017 年各期 *Sigma* 整理。

图 2.5　2010—2016 年全球保费收入与实际增长率

（二）寿险平稳发展，非寿险稳步扩张

1. 寿险市场平稳发展

全球寿险市场 2016 年的保费收入为 26 170.1 亿美元①，较上一年增长了 2.5%。发达市场保费收入为 21 105.3 亿美元，下降了 0.5%；新兴市场是全球寿险保费增长的主要动力，保费收入为 5 064.8 亿美元，增长了 16.9%（见图 2.6）。

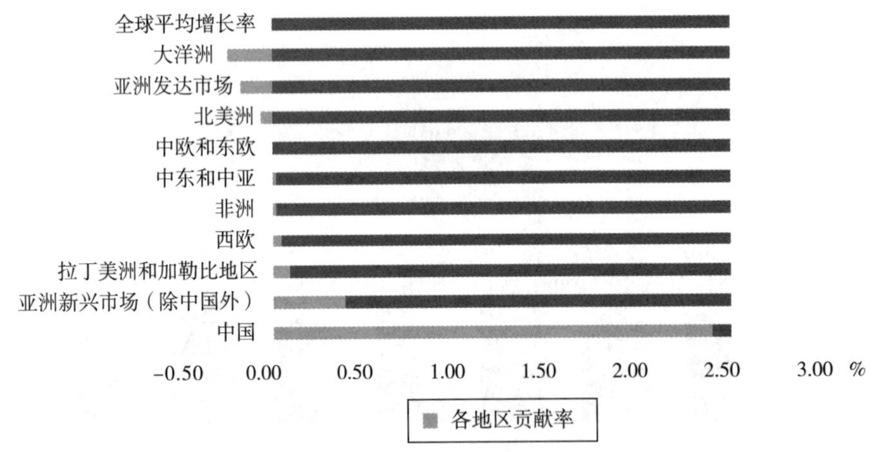

资料来源：瑞士再保险 *Sigma*2017 年第 3 期。

图 2.6　2016 年全球各地区对寿险保费实际增长率的贡献

① 寿险和非寿险业务的分类参照欧盟和经合组织的标准，健康险归为非寿险类。

将寿险保费增长率按地区细分，可以看出，中国成为全球寿险保费增长的引擎。在2016年全球寿险保费2.5%的增长中，中国贡献了2.4个百分点。其余的0.1个百分点为其他所有市场的合计贡献率。除中国外的亚洲新兴市场贡献0.4个百分点，西欧贡献0.05个百分点，非洲、中东和中亚各贡献0.02个百分点。大洋洲、北美洲和亚洲发达市场表现疲软，分别拖累全球增长率下降了0.24个、0.06个和0.17个百分点。

2010—2016年全球寿险保费收入的年平均增长率为2.0%。发达市场增长几乎陷入停滞，在2011年、2013年、2016年三年出现了负增长。新兴市场增长态势良好，除了2011年因为中国和印度加强了寿险业务监管，拖累了新兴市场的寿险保费增速以外，其余年份新兴市场的寿险保费增长率十分可观，并且在2014年后大幅提速（见图2.7）。

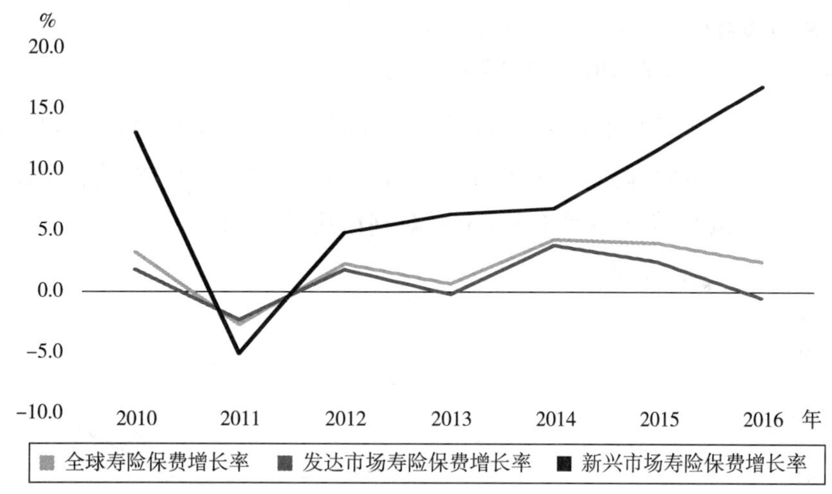

资料来源：根据瑞士再保险2011年至2017年各期*Sigma*整理。

图2.7　2010—2016年全球寿险保费实际增长率

2. 非寿险市场稳步扩张

2016年，全球非寿险保费收入为21 151.7亿美元，较上一年度增长3.7%。新兴市场保费增长了9.6%，发达市场增长了2.3%，从保费增长的实际贡献上来说，发达市场的贡献略高于新兴市场。

中国在2016年的非寿险市场上再度扮演了重要的角色，对全球非寿险保费的增长贡献了1.7个百分点，几乎相当于北美洲和西欧的合计贡献度。除中国外的亚洲新兴市场和中东欧市场也做出了较大贡献，而拉丁美洲和加勒比地区拖累了整体增长0.17个百分点（见图2.8）。

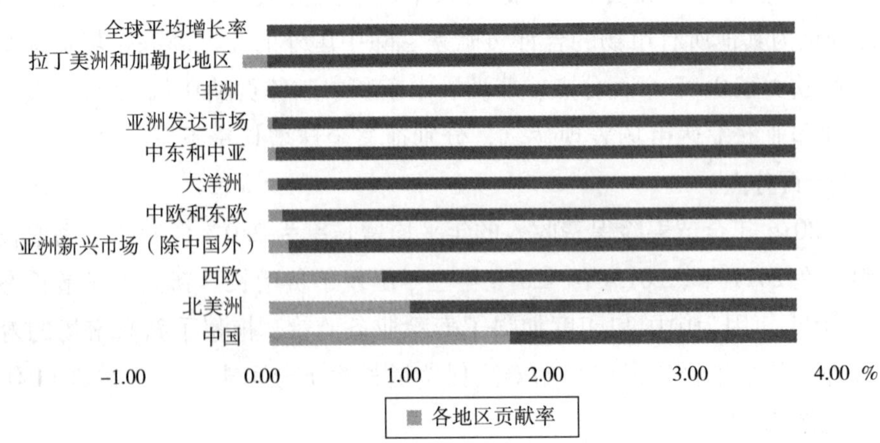

资料来源：根据瑞士再保险2017年第3期*Sigma*整理。

图2.8　2016年各地区对非寿险保费实际增长率的贡献

与寿险相比，非寿险业务受金融危机的影响较小。经历了2008年和2009年的下跌之后，全球非寿险保费在2010年增长了2.1%，将近18 189亿美元。2010—2016年全球非寿险保费年均增长2.7%。新兴市场的年均增长率为8.6%，远高于发达市场年均1.5%的水平（见图2.9）。

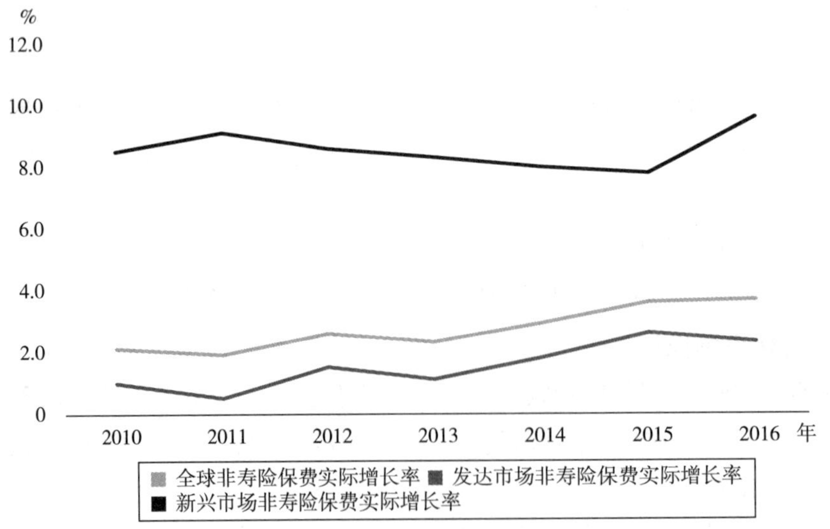

资料来源：根据瑞士再保险2011年至2017年各期*Sigma*整理。

图2.9　2010—2016年全球非寿险保费实际增长率

3. 寿险与非寿险发展情况对比

从保费实际增长率来看，寿险业的保费增速明显慢于非寿险，增长率也缺乏稳定性，这是因为持续的低利率减少了市场对寿险产品的需求，同时挤压了寿险公司的投资收益。在寿险保费增长较少的年份里，整体保费增长也受到拖累（见图 2. 10）。

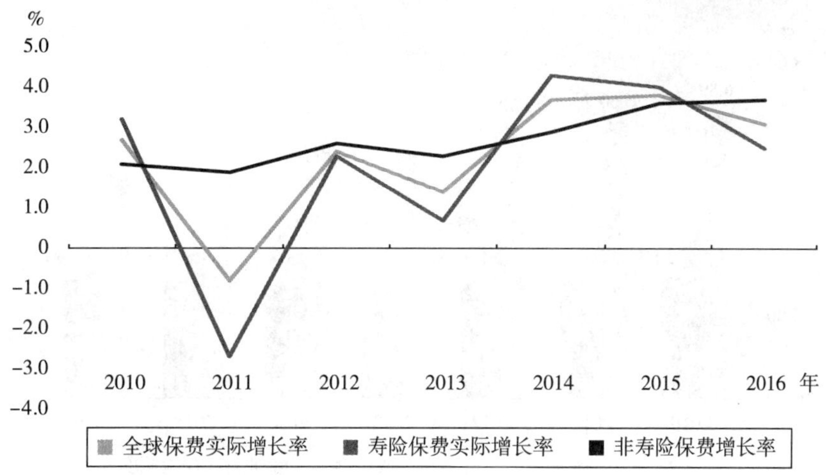

资料来源：根据瑞士再保险 2011 年至 2017 年各期 *Sigma* 整理。

图 2. 10　2010—2016 年全球保费实际增长率（分业务）

保费增长缓慢使得寿险市场占全球保费收入的比率小幅缩减，从 2010 年的 58. 1% 下降到 2016 年的 55. 3%；非寿险的市场份额相应上升，从 2010 年的 41. 9% 上升到 2016 年的 44. 7%（见图 2. 11）。

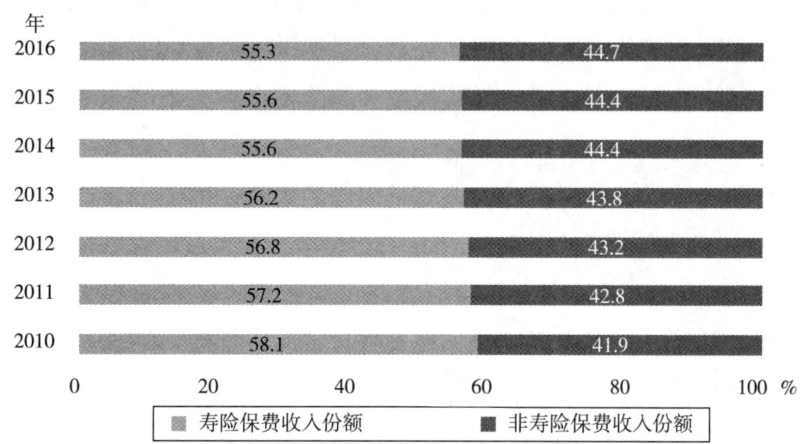

资料来源：根据瑞士再保险 2011 年至 2017 年各期 *Sigma* 整理。

图 2. 11　2010—2016 年全球保费收入构成情况

图 2. 12 展示了 2010—2016 年全球保险深度的变化情况，2010—2013 年全球保险深度小幅下降，2014 年后开始缓慢回升。2016 年全球保险深度为 6. 28%，低于 2010 年 6. 89% 的水平，保险深度的下降是保费增长慢于 GDP 增长所致。寿险保费增速慢于非寿险，使得寿险保险深度的下滑趋势更为明显。

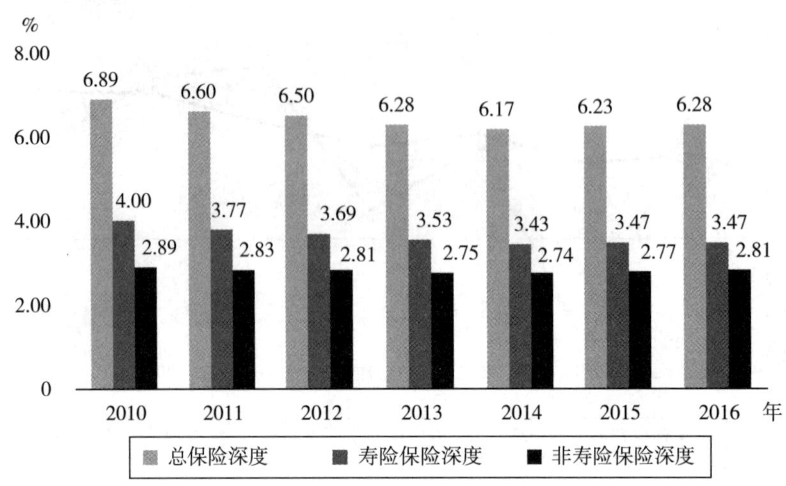

资料来源：根据瑞士再保险 2011 年至 2017 年各期 *Sigma* 整理。

图 2. 12　2010—2016 年保险深度变化（分业务）

2. 1. 4　发达市场与新兴市场发展概况

2010 年以来，发达市场中大多数国家经济增长放缓，保险业表现十分平淡。尽管如此，发达保险市场并没有出现明显衰退，虽然全球份额有所缩减，但保费收入和市场规模依然维持在较高水平，保险深度和保险密度小幅下降也只是经济不景气所带来的周期性表现。

新兴市场的经济增长状况良好，尤其是以中国为代表的亚洲新兴经济体，该地区也由此成为全球保险增长的引擎。2010—2016 年，新兴市场保费增长迅速，保费增长率一直领先于 GDP 增长率，保险深度和保险密度也在不断提高。尽管与发达市场还有较大的差距，新兴市场已经显现出强大的后发优势，潜在的保险需求正在转化成实际的增长。

（一）发达保险市场保持稳定

2016 年发达市场总保费收入增长了 0. 7%，较上一年的 2. 5% 有所放缓。发达市场增长放缓的同时，新兴市场增长强劲，使得发达市场占全球保费收入的份额从

2015 年的 81. 34% 下降至 2016 年的 80. 30%。

2010—2016 年，发达市场总保费收入年均增长 1. 2%，寿险保费年均增长率为 1%，同时增长率的波动较大，7 年中有 3 年出现了负增长。非寿险保费年均增长 1. 5%，波动相对较小，基本上每年都维持了正增长（见图 2. 13）。

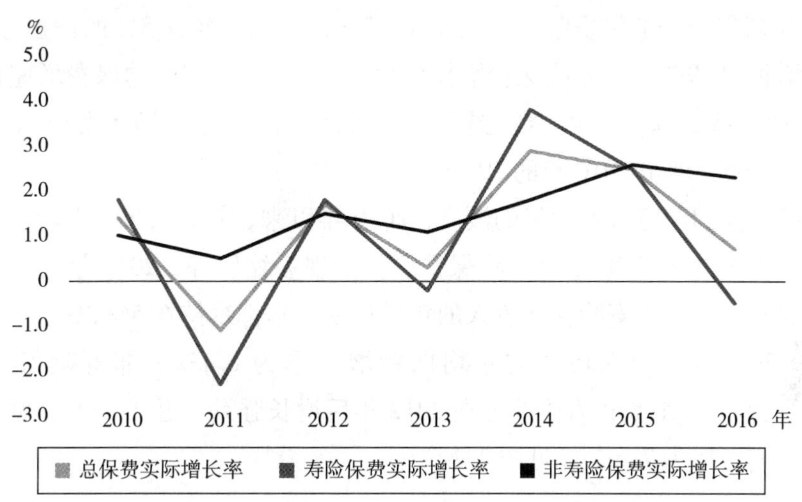

资料来源：根据瑞士再保险 2011 年至 2017 年各期 *Sigma* 整理。

图 2. 13　2010—2016 年发达市场保费收入增长率

1. 寿险市场

国际金融危机之后，几乎所有发达经济体的寿险保费增速都有所放缓。保费收入下降最为明显的是西欧市场，2011 年德国、意大利、葡萄牙及法国的有效业务保费急剧下降，当年西欧市场保费减少 9. 8%，在此之后的 2012 年，西欧市场保费收入继续萎缩，甚至波及到了欧元区的南部外围市场。2013 年后，西欧寿险保费重拾增长，但是增速缓慢。

美国市场的保费增速从 2010 年就开始放缓，除了 2012 年两宗大型的公司团体年金业务提振了保费收入外，其他年份的市场表现都很平淡。

日本市场在度过 2010 年的增长停滞以后，保费增长率开始缓慢回升，寿险市场逐渐活跃。2016 年日本央行执行负利率政策，寿险公司难以吸引新业务，保费收入不佳。

2. 非寿险市场

发达市场的非寿险保费增长在金融危机后明显减速，尤其是西欧市场，2015 年以外的其他年份都处于停滞状态。北美市场的保费平均增长率在危机前后变化不

大。日本在经历了2011年的地震和海啸之后，财产险和车险的费率上浮，非寿险保费增长情况好于危机之前。其他亚洲发达市场维持了稳健增长。总的来说，发达市场非寿险保费增长疲弱，很多国家和很多险种的费率正在走软。

（二）新兴保险市场增长迅速

2016年新兴市场的保费收入增长了13.5%，较上一年9.8%的增速强劲上升。寿险保费增长16.9%，非寿险保费增长9.6%，寿险与非寿险的保费增速都高于当年的GDP增长率，保险深度继续提升。新兴市场占全球市场保费收入的份额从2015年的18.66%增至2016年的19.70%。

尽管同样受到国际金融危机的波及，2010年以来，新兴市场的保险业务维持了良好的增长态势，除了2011年寿险保费增长出现萎缩以外，2012年后，总保费收入、寿险保费收入和非寿险保费收入的年增长率基本都维持在5%以上。

2010—2016年，新兴市场的年均保费增长率为8.1%，非寿险保费以年均8.6%的增长率快速增长；寿险业务在2012年后增长强劲，并带动了总保费收入的上升，年均增长率为7.6%（见图2.14）。

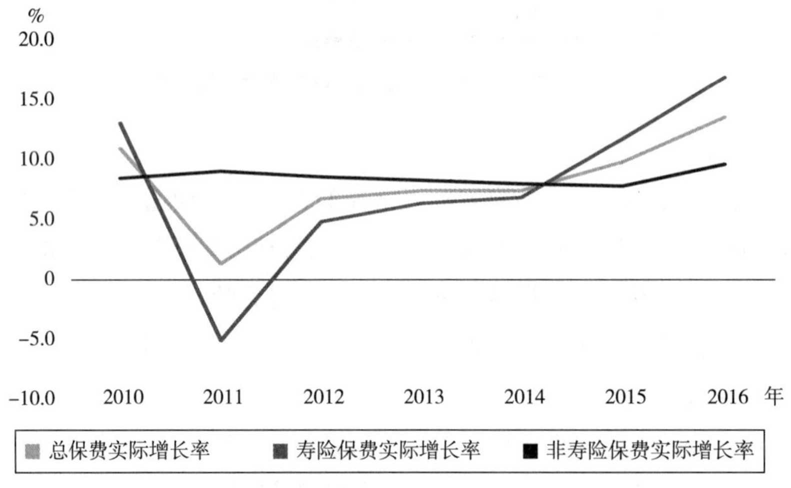

资料来源：根据瑞士再保险2011年至2017年各期*Sigma*整理。

图2.14　2010—2016年新兴市场保费收入增长率

1. 寿险市场

2010—2016年，得益于各个子市场的优秀表现，全球新兴市场的寿险业务发展良好，近年来保费增势更是有所加强。拉丁美洲、中亚、中东以及非洲市场增长稳定，各个新兴市场中表现最为突出的是亚洲新兴市场。中国和印度作为其中规模最

大的两个市场，牵动着亚洲乃至全球新兴市场的增长态势。2011 年中国和印度分别加强了对银行保险产品与投连险产品销售的监管，两国寿险新单保费增速急剧下降，寿险保费收入分别下跌 14.8% 与 8.5%。当年亚洲新兴市场的寿险保费减少了 10.4%。中国的寿险保费在 2012 年恢复增长，而印度受到的不利影响则持续到 2013 年。

中欧和东欧市场在经历了 2009 年的下跌之后，保费回归正增长。2012 年俄罗斯保费收入激增 45.8%，波兰的保费收入也在储蓄业务的强劲带动下增长了 11.2%。2013 年，中东欧最大的两个市场波兰和捷克表现不佳，中东欧市场寿险保费收入连降三年。由于中东欧市场在新兴市场中的份额不大，保费收入的减少对新兴市场的影响相对有限。

2. 非寿险市场

2010—2016 年，全球新兴市场的非寿险业务一直处在快速稳健的增长轨道上。中国极大地推动了新兴市场的非寿险业务增长。中东欧保费收入继 2014 年和 2015 年的下降后，2016 年回升 5.4%。中东和中亚地区的保费增长率在后期有所放缓。

（三）发达市场与新兴市场的情况对比

1. 保费增长速度与市场份额

图 2.15 和图 2.16 分别显示了 2010—2016 年各年全球保费收入和实际增长率的情况。2010—2016 年，全球保费收入基本呈上升趋势，个别年份保费收入有所减少，发达市场保费收入稳定，新兴市场逐年增长。

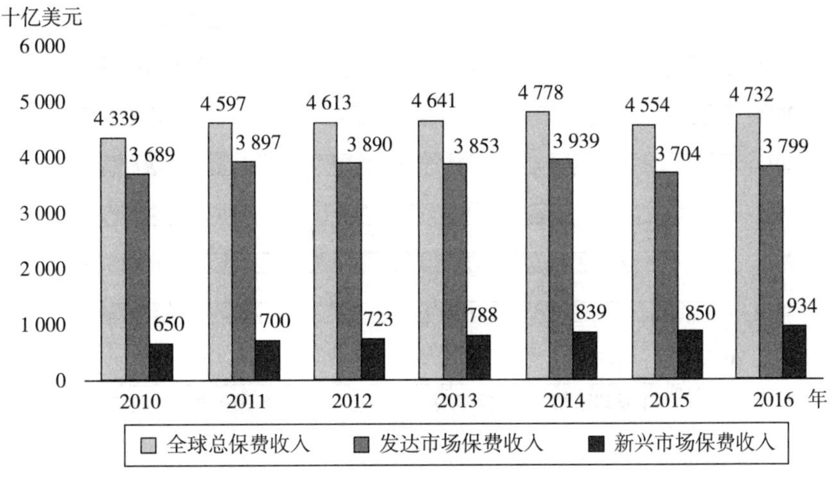

资料来源：根据瑞士再保险 2011 年至 2017 年各期 *Sigma* 整理。

图 2.15 2010—2016 年全球保费收入（分市场）

2010—2016 年，全球保费年均增长率在 2.3% 左右。发达市场年平均增长率为 1.2%。新兴市场为全球保费收入做出了很大贡献，年均增长率达到 8.1%，即使在全球保费增长较少的年份，新兴市场也能维持一定的增长。

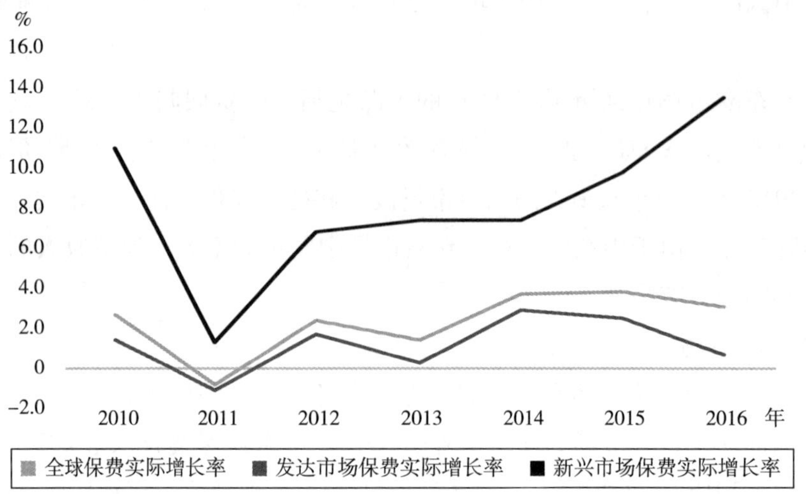

资料来源：根据瑞士再保险 2011 年至 2017 年各期 *Sigma* 整理。

图 2.16　2010—2016 年全球保费增长率（分市场）

保费的快速增长使得新兴市场占全球市场的份额不断扩大，2010 年，新兴市场占全球份额约为 15%，到 2016 年新兴市场的份额已经接近 20%（见图 2.17）。

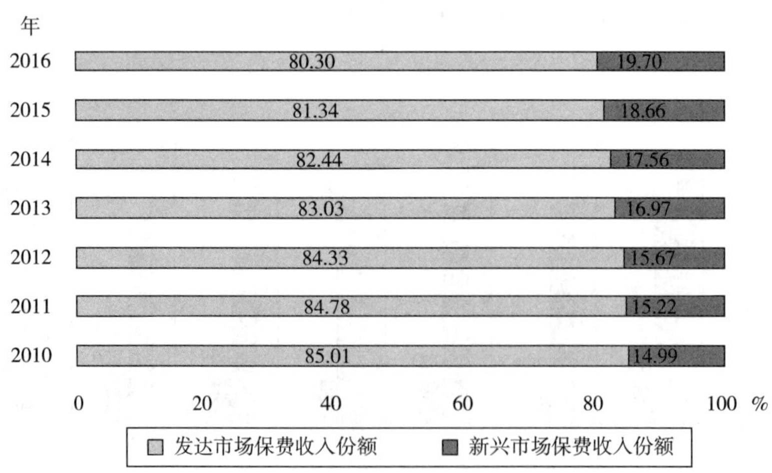

资料来源：根据瑞士再保险 2011 年至 2017 年各期 *Sigma* 整理。

图 2.17　2010—2016 年发达市场与新兴市场保费收入占全球份额

2. 保险深度与保险密度

2010 年后，全球保险深度有所下降，这是因为在大多数年份，保费增速慢于 GDP 增速。

发达市场的保险深度在这几年缓慢下降，从 2010 年的 8.65% 降至 2016 年接近 8% 的水平，七年间保险深度的平均值为 8.34%。实际上，从 2010 年起发达市场的保险深度就已经低于 21 世纪初的水平，寿险业务量下降和非寿险费率走软是导致保险深度走低的主要原因。由于保险普及率已经达到较高水平，在今后一段时间内，发达市场的保险深度可能维持在 8% 左右。

新兴市场的保险深度有所波动，2010—2013 年小幅下降，2014 年后开始缓慢上升。从总的趋势来看，这一地区保险市场前景活跃。保险深度从 2010 年的 2.99% 上升到 2016 年的 3.20%。2000 年以来，新兴市场的经济稳健增长，高于 GDP 增速的保费增长率提升了保险深度，保险业在经济中的重要性逐渐凸显（见图 2.18）。

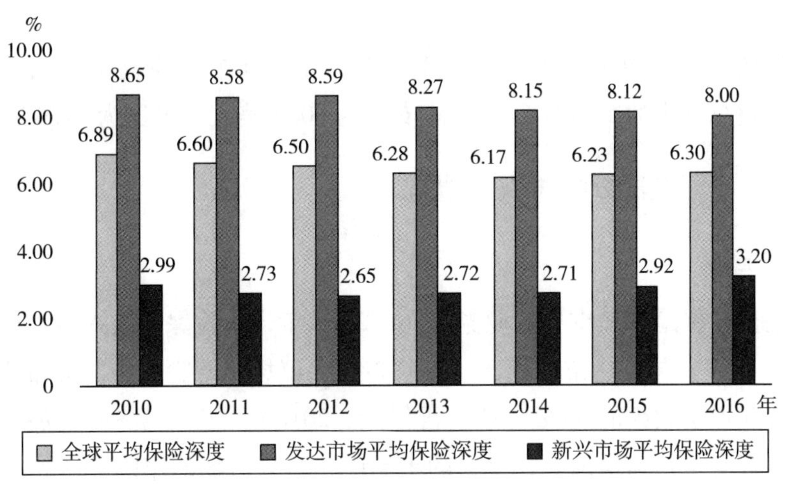

资料来源：根据瑞士再保险 2011 年至 2017 年各期 *Sigma* 整理。

图 2.18　2010—2016 年全球保险深度变化情况（分市场）

保险密度方面，发达市场的保险密度已经达到相当高的水平，新兴市场的保险密度持续增大。尽管新兴市场的保险密度仍与发达市场有相当大的差距，但这也从侧面反映出，新兴市场还有很大的发展潜力，随着保险行业的深入发展，新兴市场的人均保险支出仍有很大的提升空间（见图 2.19）。

2010—2016 年，发达市场的年人均保险支出约为 3 592.5 美元，其中寿险支出

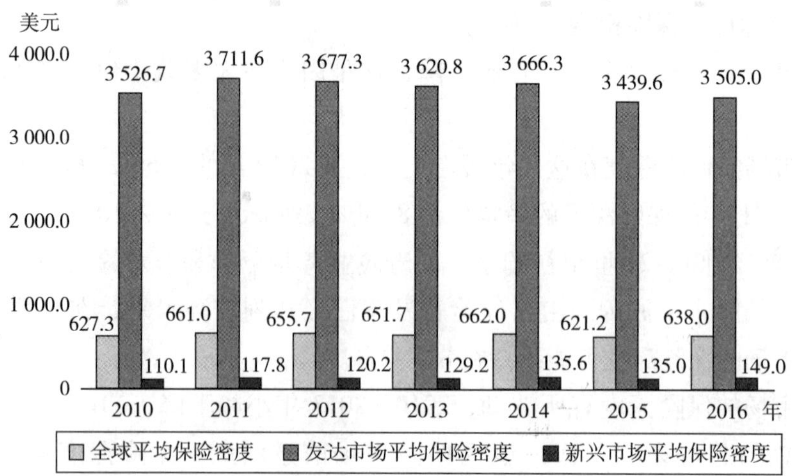

资料来源：根据瑞士再保险 2011 年至 2017 年各期 *Sigma* 整理。

图 2.19　2010—2016 年全球保险密度变化情况（分市场）

约为 2 063.0 美元，占年人均保险总支出的 57.4%，非寿险支出为 1 529.5 美元，占比为 42.6%。

新兴市场的年人均保险支出约为 128.1 美元，其中寿险支出约为 67.4 美元，占年人均保险总支出的 52.6%，非寿险支出为 60.7 美元，占比为 47.4%。

2.1.5　非寿险部分险种发展概况

（一）车险

车险是全球保险业最重要的业务之一。2015 年，车险保费收入占到全球非寿险保费收入的 42%。与发达市场相比，车险在新兴市场非寿险业中的分量更重，保费收入占非寿险保费收入的 58%（瑞士再保险，2016）。随着经济的发展，新兴市场的人均汽车拥有量快速增加。在过去的十年中，新兴市场的车险业务增长迅速，发达市场的车险保费增长陷入停滞，但是境况正在改善，并有望随着经济的复苏而回升。

汽车行业近年来发生了巨大的变化，新的驾驶辅助技术和联网服务正在引领新的驾乘时代，自动驾驶将在不远的将来成为现实。如今，在道路上行驶的部分汽车已经安装“先进驾驶辅助系统”（ADAS），具备追尾警告、辅助泊车、自动远光灯控制等功能。车联网能够为驾驶员提供实时数据，从而进一步提升 ADAS 的功能。这些技术的应用将给机动车的安全情况带来显著的变化，同时影响损失的发生频率和严重程度。随着汽车技术的进步和自动化水平的提高，机动车保险受到的影响将

越来越大。

从理论上来说，ADAS 和车联网技术有助于减少保险公司的预期损失，所以车险保费应当也会有所下降。毕马威公司的研究估计，到 2050 年，机动车事故的发生频率将下降 90%（KPMG LLP，2017）。瑞士再保险公司在 2015 年的研究报告中，对排行全球机动车市场前 14 位国家的车险业务进行了长期预测。该报告认为，车辆自动化技术的发展会使得车险年保费收入减少 200 亿美元以上。如果考虑到汽车销量的增长，保费收入的下降幅度将会更大。远期来看，虽然事故的发生数量会减少，但是汽车的维修费用会因为新技术的使用以及零部件成本的上升而增加。同时，自动驾驶程度的提高也改变了投保风险的性质，所以总体的损失结果仍然难以预测。

除了保费收入的变化外，与机动车事故有关的风险也会发生改变。随着驾驶自动化程度的提高，机动车事故的责任可能会从驾驶员转移到汽车制造商上，相当部分的事故损失可能将由产品责任险承担。同时，网络安全险也将与车险建立联系，保险公司和汽车制造商都需要开发新的产品来规避自动驾驶系统遭受黑客入侵的风险。这对保险公司的风险分析和产品研发能力都提出了挑战，需要保险公司针对自动驾驶汽车市场做出前瞻性的战略部署。

车联网技术的发展将有益于保险领域的产品创新与业务整合。到 2020 年，车联网技术预计将覆盖全球 2/3 的汽车，关于车辆驾驶的大数据将给保险业带来商机。瑞士再保险（2016）估计，到 2030 年，全球约有一半的汽车将投保基于驾驶行为的保险（Usage - Based Insurance，UBI）。除此之外，保险公司还可以利用大数据，将车辆数据与客户的其他出行信息相结合，分析客户的需求情况并适时提供其他内容的出行保险。

（二）财产保险

财产保险为建筑物与建筑物中的财物面临的火灾、盗窃和破坏等风险，以及相关的业务中断可能带来的损失提供保障。2014 年，全球财产保险保费收入为 4 130 亿美元，占财险和意外险总保费收入的 25%。发达市场财产险保费收入为 3 530 亿美元，占全球财产险保费的 86%（瑞士再保险，2015）。全球财产险的费率在 2017 年的前三个季度连续下滑，降幅有所缓和（达信，2018）。

据瑞士再保险（2015）估算，全球每年的财产保障缺口约有 2 210 亿美元。影响消费者购买财产保险的主要因素包括风险意识和保险知识不足、负担能力有限、投保不够便捷、对保险公司缺乏信任，以及依赖政府援助代替保险作用。针对上述问题，保险业在产品、技术、分销等方面进行了创新。

产品创新拓展了可保范围。小额保险是为低收入家庭提供的低保费高赔付效率的保险，产品内容横跨寿险、健康险、农业保险等多个领域。从社会发展的角度看，小额保险能够在一定程度上支持弱势群体的生活，在疾病、自然灾害、人身意外等风险事件发生时起到扶贫的作用。据瑞士再保险（2010）估计，小额保险市场能覆盖全球40亿人口，潜在的市场价值达400亿美元，小额寿险和小额健康险产品的市场潜力最大。小额保险当前市场规模约为潜在市场的2%～3%，具有很大的增长空间。指数保险是近二三十年内出现的新型险种，承保的灾害种类从最初的地震扩展到台风、洪水、干旱等各种天气因素。指数产品在财产险和农业险的巨灾领域有着广泛的应用，是风险转移和灾后融资的重要手段（张楚莹，2017）。技术方面的创新包括利用智能设备跟踪监测保险标的的风险情况。分销方面，为了将农业保险推广到欠发达的农村地区，将农险产品与信贷产品或农用产品捆绑销售也是拓展业务的方法之一。

为了弥补财产保险的保障缺口，除了上述三个方面的创新外，保险业还需要继续开发风险模型，跟踪不断变化的新型风险和敞口形态。一些难以量化的风险，如恐怖主义、网络以及供应链风险在最近几年也引起了保险业的关注。网络保险市场正在快速增长，美国的网络保险投保率最高，达到了55%，欧洲地区的投保率在30%～36%，亚洲地区的投保率则普遍较低（达信，2017）。2016年全球网络保险的保费收入在25亿～35亿美元，不同机构的统计数据有所出入。部分机构估计，未来网络保险的保费年增长率在30%左右，总保费收入在2022年将达到140亿美元（瑞士再保险，2018）。网络风险存在重大累积损失的可能性，保险公司承保组合中的网络风险能相互关联，因此需要借助再保险手段来提高网络风险的可保性。对于恐怖主义风险的量化，由于涉及重要的情报数据，则需要政府提供监管环境和风险信息方面的支持，增强保险公司对这种特殊风险的承保能力。

（三）责任险

与财产保险相比，责任险的市场规模相对较小，但责任险的保障范围通常比财产保险更广。2014年，全球责任险的保费收入约为1 530亿美元，占全球非寿险市场保费总收入的9%（瑞士再保险，2015）。发达市场的责任险普及率远远超过新兴市场，2013年发达市场责任险保费收入占全球份额的93%，高于其非寿险保费占全球份额的79%（瑞士再保险，2014）。

北美是全球最大的责任险市场，保费收入约占全球责任险保费的58%，其次是

欧洲，约占28%。从国家层面来看，以2014年的保费数据为标准，世界前三大责任险市场分别是美国、英国和德国，2014年保费收入合计为1 060亿美元，责任险保费的主要支出方向包括一般责任险、公共和产品责任险、职业责任与疏忽险。近年来，亚洲经济持续增长，责任险保费增速随之加快。2007—2014年，亚洲责任险保费年均增长率为9.9%，达到了117亿美元，约占去年全球责任险保费收入的8%。

经济、社会、科技和监管的变化都会推动责任险的发展。在发达国家，集体诉讼的适用范围和案件数量正在增加，但是案件的文件信息往往是保密的，很难获得完整的赔偿数据。发达市场的保险公司正尝试利用预测模型和前瞻性模型对责任风险进行定价。预测模型可以在相对稳定的条件下预测未来可能发生的情况，另外还能识别潜在的骗保行为，减少信息不对称（瑞士再保险，2014）。前瞻性模型通常采用情境法，利用大数据，分析影响责任风险发生频率和严重程度的因素和作用过程，再将成果推广到新兴市场等数据较少的环境中（瑞士再保险，2016）。

在新兴市场，环境污染和食品安全问题日益受到人们的关注。发展中国家快速的工业化和城镇化造成环境恶化，许多欧美发达国家已经强制推行环境污染责任险，新兴市场国家也开始探索建立环责险。中国在2017年4月推出《环境污染强制责任保险管理办法（征求意见稿）》，将环境责任险从试点转向强制。在食品安全责任险方面，瑞士再保险全球对话中心发布的研究报告显示，推动企业购买保险的决定性因素不是法律，而是市场压力。消费者权益意识的增强也让企业开始重视声誉的维护，在政府的推动下，更多的食品制造商和零售商会通过食品安全责任险来控制风险。

中国的“一带一路”倡议有望掀起工程建设和贸易自由化的新浪潮，进而带动保险业务的增长。目前，财产险、工程险和水险是最为受益的险种（瑞士再保险，2016）。由于“一带一路”地区的国家文化背景多样，司法制度有待健全，工程利益相关方对责任险的需求将不断增长。预计到2030年，“一带一路”项目的责任险保费收入将达到3亿美元，主要的受益险种包括单项工程职业责任险、产品责任险和雇主责任险（瑞士再保险，2016）。

（四）海上保险[①]

海上保险是全球贸易发展重要的稳定器。虽然海上保险在全球非寿险保费收入中的份额较小，但是船舶以及运输的货物往往都价值高昂，因此贸易和运输业对保

① 本小节（四）数据引自国际海上保险联合会网站。

险仍有较强的依赖性。

根据国际海上保险联合会（International Union Marine Insurance，IUMI）的统计，2015 年全球海上保险保费收入为 305 亿美元，较 2014 年减少了 9.9%。2016 年全球海上保险保费收入为 275 亿美元，较 2015 年减少了 9%。保费收入连续两年下滑，IUMI 认为经济复苏缓慢、航运与离岸行业的不景气是造成保费收入减少的主要原因。美元价格走高、货物价格下跌、油价的持续低迷也影响了货运保险和离岸能源保险（Offshore Energy Insurance）的发展。

欧洲市场在海上保险领域占主导地位，2016 年欧洲地区的海上保险保费收入占到全球收入的 50.2%，其次是亚太地区，2016 年的全球保费份额为 27.9%。货运险（Transport/Cargo Insurance）和船身险（Hull Insurance）是海上保险中保费份额最大的险种。2016 年，货运险的保费收入为 150 亿美元，约占海上保险总保费的 54%。船身险的保费收入为 70 亿美元，占比 25%。英国是全球最大的货运保险市场，占全球市场份额的 13.9%。日本和中国紧随其后，市场份额分别为 8.9% 和 8.4%。为了应对日益激烈的竞争，很多国际保险公司已经将业务范围扩大至新兴市场。2004 年，劳合社在亚洲建立了平台，位于新加坡、香港和上海的辛迪加可以承保该区域内的业务。劳合社亚洲辛迪加的数量已经从最初的 3 个增加到 2011 年的 18 个。国际保险公司的进入也促进了区域保险中心的发展。新加坡已经脱颖而出成为亚洲一个重要的水险中心，汇集了区域和国际保险公司的国内跨境业务。这与新加坡税负较轻、监管环境较为宽松、外资开放程度高以及人才储备雄厚等优势有关（瑞士再保险，2013）。

风险量化的难度提高是海上保险目前面临的主要挑战之一。船舶设计的改进、集装箱化的普及和诉讼的增加使得潜在损失的评估和费率厘定变得更加复杂。运输环境的不断变化，使得风险规模增大、复杂程度提高。气候变化所带来的自然灾害，如 2011 年的东日本大地震、2012 年的飓风桑迪，都给海上保险承保公司带来了财务压力，而且自然灾害往往会波及多条业务线，包括货物损失、集装箱损失和仓库损坏等。

科技进步也将影响海上保险业的发展，随着区块链和物联网的发展，智能技术正在自动驾驶、港口物流、数据跟踪等环节得到推广运用。大数据有助于提高海上保险公司的承保技术，加强对累积风险的管理。定位技术和电子数据处理能力的进步将在风险控制和索赔管理等环节发挥作用。

保费收入的持续下降让海上保险业承受压力，尽管全球经济正在好转，但是全球贸易仍将受到英国脱欧和美国贸易保护主义带来的影响。

2.1.6 寿险部分险种发展概况

（一）养老保险

如今，长期资产管理成为寿险公司的主要功能，养老保险在寿险中的地位也有所提升。商业养老保险是养老制度体系的第三支柱，对多层次养老保障制度的完善、老年人生活保障以及更加灵活的退休制度的建立有重要意义。国际金融危机之后，社会养老保险的赤字显著提高，在保值增值和投资规划方面更具优势的商业养老保险迎来发展契机（安永，2014）。

图 2.20 展示了部分国家 2010—2016 年养老保险合同的资产数额。由于历史文化、价值观念、福利制度和经济社会制度的不同，发达国家的商业养老保险发展情况也存在较大的差异。其中，以美国、英国和加拿大为代表的盎克鲁—撒克逊国家的商业养老保险制度建立时间早、税收优惠力度大、制度设计灵活多样、资产规模大、投资收益高，因此这些国家的商业养老保险制度非常发达，参与人员广泛。以法国、德国、意大利为代表的欧洲大陆国家，商业养老保险发展相对滞后，无论是从资产规模、受益人口，还是从老年人退休收入所占比重来说，商业养老保险的作用都相对较小（郑秉文，2016）。

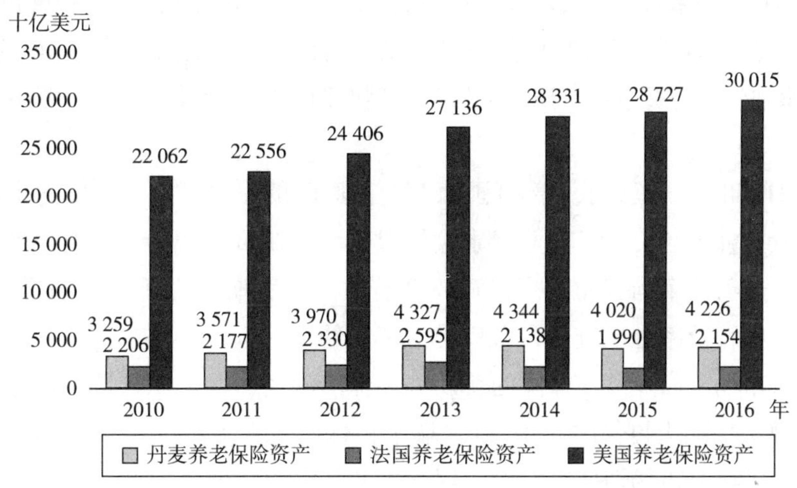

数据来源：OECD 数据。

图 2.20 2010—2016 年部分国家养老保险合同资产数额

人口老龄化带来了旺盛的养老需求，商业养老保险的产业链也逐渐向养老产业延伸。美国商业养老保险产业先是从长期护理和专业化的精细护理入手，随后进入商业养老地产业，以财务投资的方式购买房地产信托投资基金（Real Estate Investment Trusts，REITs），在合理的贷款担保机制下参与发行反向抵押贷款。在此基础上，保险公司又将业务扩展至医疗护理行业，以纵向一体化的模式参与管理式医疗，作为医疗费用出资者与医疗服务提供方进行有机结合，直接介入医疗过程，通过经济杠杆调整和配置医疗资源。与美国的市场化路径不同，日本则是在政府主导下，鼓励及引导市场力量进入养老产业，寿险公司布局投资养老机构，并与信托银行共同开发人寿保险信托产品（江生忠和薄滂沱，2015）。养老产业将是未来商业养老保险发展的重要方向之一，由于文化、市场、政策等因素的差异，不同国家养老产业的发展路径有所不同，商业养老保险在向养老产业延伸时，也需考虑到上述因素的影响。

（二）健康保险

商业健康保险包括补偿医疗费用的医疗保险和给付固定津贴的健康保险。商业健康保险的发展水平除了受到社会可支配收入、国民保障需求、医疗卫生体系发展速度等宏观因素影响外，还取决于该国的公共卫生政策，特别是商业健康保险发展类型及其在医疗保障体系中的作用。所以即使在发达市场，商业健康保险的普及程度也存在较大差异。

从人口覆盖率来看，按照2011年的统计数据，商业健康保险普及程度位于前三位的国家分别是法国、荷兰和以色列，人口覆盖率均在80%以上。根据OECD的分类，这三个国家采取的都是费用补充型或项目补充型的商业健康保险模式（中国保险行业协会，2015）。

图2.21和图2.22显示了部分国家商业健康险的覆盖情况，在发达保险市场中的澳大利亚、韩国与美国，商业健康险的覆盖率均在50%以上，但英国和德国的覆盖率较低，这与两个国家的医疗保障体系有关。俄罗斯作为新兴市场国家的代表，商业健康险的普及率也比较低，人口覆盖率大约在11%。

在新兴市场，商业医疗保险的普及率和保险深度一般都比较低，但是保费收入正在快速增长（瑞士再保险，2015）。瑞士再保险针对亚洲六个市场的消费者的一项调查显示，所有市场消费者对医疗保险的意识很强，但是商业医疗保险的深度差异显著。在投保率较高的市场，消费者更为关注保险产品的增值特征，寻求更全面的保险服务。而在投保率比较低的市场，需要根据消费者最迫切的需求订制合适的医疗保险产品。

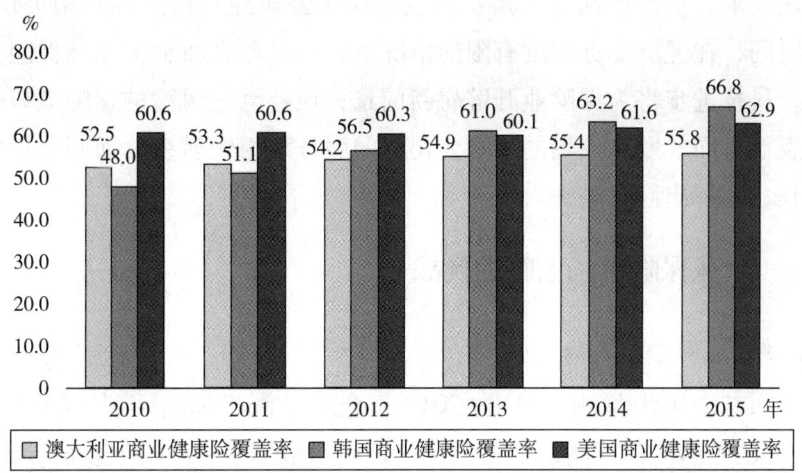

数据来源：OECD 数据。

图 2.21　2010—2015 年部分国家商业健康险人口覆盖率（一）

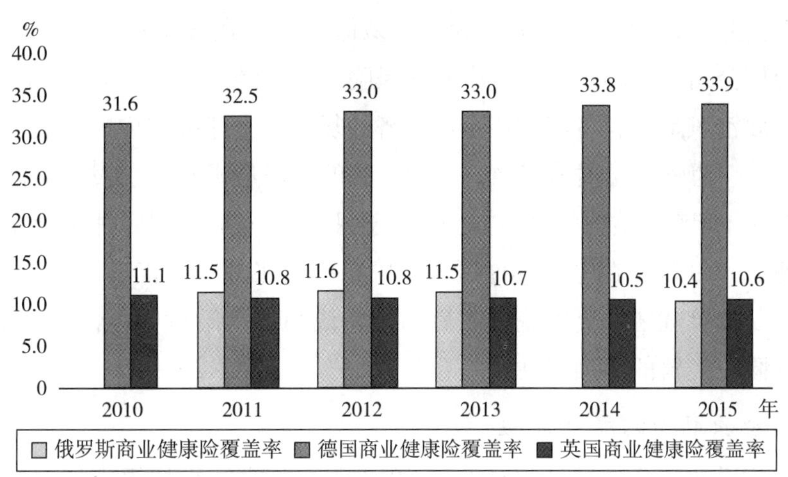

数据来源：OECD 数据，图中空白处为当年数据缺失。

图 2.22　2010—2015 年部分国家商业健康险人口覆盖率（二）

2.2　全球保险市场的发展趋势

2010—2016 年，新兴市场引领全球保费收入逐年增长，发达保险市场基本稳定，全球保险业的挑战和机遇并存。尽管经济环境纷繁复杂，金融市场波动无常，发达市场也面临着增长的瓶颈和转型的需要，但是新的风险格局已经给保险业带来了新的市场需求，信息技术的迅猛发展也为保险公司经营模式的转型提供了支持。未来一段时间，在经济复苏程度有限的情况下，产品创新将成为全球保险业增长新的驱动点，科技进步将为保险业开辟崭新前景，填补巨灾风险的保障缺口是非寿险业重要的发展方向，发达市场的保险公司将向服务型组织转变，而新兴市场将会继续快速增长，发挥出巨大潜力。

2.2.1 全球保险市场面临的挑战

（一）经济环境的不确定性

国际货币基金组织预测，2018—2019 年全球经济将加速回暖，GDP 增长率在 3.9% 左右，比先前的预计高出了 0.2%。发达市场的经济基本面已经有所改善，新兴市场的经济增长率将继续保持原有势头，亚洲新兴市场仍将高速增长，经济增速在 6.5% 左右，对全球经济增长的贡献将超过一半。

尽管经济前景比较乐观，美联储上调利率可能会造成新兴市场国家融资条件紧缩，全球经济复苏的力度将面临考验。贸易保护主义在美国抬头，一旦引发贸易战，许多跨国公司都面临着供应链中断的风险，全球经济增长将会受到阻断。

潜在的政治风险仍有可能破坏全球经济的复苏。全球范围内的分裂运动与地区冲突此起彼伏，恐怖袭击时有发生，悬而未决的难民危机直接引发了美国在内的西方政治“集体右转”，欧洲的极右翼力量快速上升，增加了国际冲突爆发的可能性（苏黎世保险，2017）。在世界其他区域，中东的紧张局势可能威胁全球能源价格，朝鲜日益增长的核威胁、英国脱欧之后的贸易谈判都会给世界经济带来下行风险，从而增加保险业经营的不确定性。

（二）金融市场的潜在风险

全球的货币政策分化预计将持续到 2018 年，美联储维持缓慢加息的步伐，欧洲和日本央行继续实行量化宽松政策，全球主要市场的利率水平低位徘徊，股市持续动荡，保险公司的盈利能力面临考验。低利率会减少寿险产品的需求，压缩保险公司的利润空间，寿险公司在低利率下的经营压力要远大于非寿险公司。

1. 低利率减少寿险产品需求

由于投保和理赔之间的时间周期比较短，财产保险与短期寿险产品通常可以每年重新定价，对利率变化并不敏感。长期寿险产品因其时间长、兼备储蓄功能的特点，投资收益与金融市场的回报直接相关。市场利率的不断下调使得寿险产品的预定利率也被迫跟着下调，储蓄功能受到弱化，能带来的收益也不断减少，从而削弱

寿险产品的吸引力，致使市场需求低迷，不利于寿险业务的发展。

2. 投资收益波动影响寿险业务盈利能力

作为市场投资的风向标，股市的持续震荡表明市场的投资收益存在较大波动，寿险公司资金运用的不确定性随之增大。当寿险公司投资收益较低，投资利润趋于社会平均化时，原产品的高预定利率与资金运用的投资收益率之间的差会给寿险公司带来亏损。要想在低利率环境下恢复盈利能力，寿险公司可以考虑优化资产管理和进行风险对冲操作，同时降低经营成本；或者可以向客户提议用新产品替代现有保单，从而在保证客户能享受到类似权益的前提下，降低风险对冲的难度。

（三）发达市场的增长瓶颈

发达市场占到全球保险市场份额的八成，自金融危机以来全球保费增长疲弱，发达市场需要承担主要责任。在人均收入和保险普及率比较高的国家，保险支出占人均收入的比率基本固定，保费与人均 GDP 的增长大致同步，因此，低迷的经济环境是发达保险市场增长疲弱的主要原因。

近年来，发达地区的保费收入与 GDP 增长都十分缓慢，甚至几度陷入停滞。但是，并非所有的险种都受到了经济不景气的拖累。分险种来看，寿险产品与国家社会保障计划以及税收优惠政策的联系更为紧密，非寿险中商业医疗保险的保费收入并未出现下降的迹象。受国际金融危机影响较大的主要是责任险和意外伤害险，经济不景气时，市场对这两类保险产品的需求会降低（瑞士再保险，2015）。水险和贸易信用保险受全球贸易疲软的影响，保费增长将趋于平缓（瑞士再保险，2016）。

尽管发达市场的经济形势正在逐步好转，但单纯仰赖经济环境改善并非良策，在传统产品需求已经接近饱和的情况下，发达保险市场需要从市场需求挖掘、新型产品开发、风险管理技术提升、经营管理改善等方面寻找新的增长点。

2.2.2 全球保险市场发展的机遇

（一）新的风险格局和保险需求

1. 商业风险带来新的保险市场

在科技进步和经济全球化的推动下，世界环境日新月异，企业需要参与到日益激烈的国际竞争和更加复杂的商业博弈中，面临的风险呈现多样化、复杂化、网络化和突发化的特征。作为企业经营的重要环节，风险管理工作需要应对越来越复杂的风险格局。

保险是风险管理最有效的方法之一。在发达市场，除了业务中断、第三方责任和自然灾害以外，企业经营所关注的首要风险还包括名誉损害、创新失败和重要员工流失。这些风险虽然不是传统意义上的保险风险，但都具备发生频率低、损害程度高的特点，属于可保风险的范畴。目前，保险市场上已有承保供应链故障造成负面财务影响的保险，少数几家专门保险公司也开始尝试开发针对声誉风险的保险服务（瑞士再保险，2011）。对于变化莫测的商业风险，保险市场正在积极推出创新性的解决方案，改善风险的可保性并扩大承保范围。

而在新兴市场，制造业占据国民经济主体地位，第三方责任风险和财产损坏风险受到企业的关注。各类财产保险和责任保险成为企业生产经营的安全带，同时还分担了企业的社会责任。虽然传统保险产品依旧占据主导地位，但商业风险格局的演变还是为保险业的产品创新带来了机遇，保险业将在企业的商业风险管理中发挥关键作用。

随着社会向数字化时代转型，大量的工作流程都要在互联网平台上完成。网络攻击事件频频发生，数据隐私泄密、企业资产损失，以及由此造成的业务中断，使得愈演愈烈的网络风险逐渐进入人们的视野。除了加大安全技术投资，许多公司开始向外部寻求管理网络风险的方案。专业网络保险市场正在快速发展，承保 IT 系统失效、隐私泄露、网络勒索等风险的保险产品已经具备一定规模（瑞士再保险，2017）。

2. 人口老龄化为寿险发展提供契机

世界人口老龄化正在加速，据世界卫生组织 2015 年预计，到 2050 年全球 60 岁以上人口将达到现在的两倍，80 岁及以上的老年人口数将达到 3.95 亿人。[①] 预期寿命的延长和人口结构的变化将驱动寿险业务的增长，丰富的年金产品能满足人们对高水平养老金的需求，帮助投保人在年轻时做好终身的财务规划。除了长寿风险和死亡风险外，投保人还可以选择不同产品结构的年金来防范通货膨胀、利率波动等宏观经济风险和金融市场风险。

但是寿命的延长并不意味着健康的延长。到 2050 年，发展中国家无法照料自身生活的老年人数量将是现在的四倍。许多高龄老人将因为行动能力有限、身体虚弱或者其他原因丧失独立生活的能力，全球范围内对长期护理的需求将不断增长。保险业可以在长期护理服务的提供和融资环节发挥作用。在德国等发达国家，商业性的长期护理保险与公共护理体系并存，发挥着补充或者替代的作用。而在大部分

① 本小节（2.）有关卫生和健康的数据来源于世界卫生组织网站。

新兴市场国家，公共性的长期护理保险尚未建立，商业保险产品的规模也很有限，老年人的护理费用主要由个人支付。商业性的长期护理保险帮助老年人分担护理费用，减轻投保人的财务负担，但是商业保险占长期护理总支出的比例不足2%，还有很大的发展空间。

目前，商业性长期护理保险的发展在供需两方面都面临挑战。数据缺乏、逆向选择、医疗护理基础设施不足限制了供给市场的扩张，对长期护理风险缺乏认识，以及有限财务负担能力在需求方面造成了阻碍。尽管面临诸多困难，保险业仍然在不断提出创新型的解决方案。一些市场推出了分担护理费用的急需型年金，或者将长期护理保险与寿险、养老金或重疾产品相结合，针对特定护理方案的保险产品也迎合了小众市场的需求（瑞士再保险，2014）。

此外，医养结合也为寿险公司的业务发展提供了新的思路。虽然医疗和养老产业的投资周期较长，但是可以获得稳定的回报，充足的投入能带来很大的规模效应。一些保险公司也加入到老年人养老和医疗产业的建设中，以把握住人口老龄化这个重要的发展机遇。

（二）科技创新推动保险业变革

随着大数据、云计算、区块链、人工智能、移动互联等新一代信息技术的发展，保险、银行和证券等金融部门成为创新科技的试验场和主战场。这些科技手段广泛运用于保险产品研发、市场营销、核保理赔、客户关系维护等环节，新兴技术不仅能够帮助保险公司降低成本、提升客户体验，还能优化后台管理流程。科技创新将为保险业创造出新的市场，同时推动保险业的变革。

1. 改进产品设计与定价

新兴技术的涌现为保险业开掘出产品设计的创意源泉。基于移动设备收集数据的保险产品层出不穷，例如美国 Progressive 保险公司推出的行驶里程联动性车险。基于驾驶行为的保险（Usage - Based Insurance，UBI）也是远程信息处理技术催生之下的一类保险创新。美国的 State Farm 和德国的安联保险都引入了基于远程信息处理技术的车险业务，通过安装在车上的移动设备实时记录下与驾驶员行为有关的数据，如地点、行驶里程、行驶时间、迅速加速、转弯及急刹车等的情况，据此调整车险保费费率。

移动数据的收集与应用正在逐步扩展到车险以外的其他险种，并应用到其他保险环节中。可穿戴的移动设备能记录下个人锻炼和饮食等健康行为信息，为寿险和健康险产品的设计、定价、理赔提供数据。另外，随着移动设备在医疗保健领域的

运用，医疗保险公司与保健机构得以深入开展合作。专注于糖尿病管理的医疗公司WellDoc设计的“手机＋云端糖尿病管理平台”可以为患者提供实时消息、行为指导和疾病教育等服务，协助医疗保险公司做好患者的疾病管理，减少医疗保险的长期开支，所以一些医疗保险公司开始为投保的糖尿病患者购买此项服务（姚佳斌，2017）。

在家庭住宅、商业写字楼和工业建筑中检测风险条件变化的传感器也可以在财产险中应用。无人机除了承担查勘定损工作外，还能通过红外相机和激光雷达传感器提供有关保险标的风险模型和损失估计的详细数据，协助完成定期的预防监督和风险评估工作（许闲，2017）。

许多前瞻性的国际保险机构已经开始探索区块链在保险行业中的应用。德国安联集团在2016年成功使用基于区块链的智能合约处理巨灾转换和巨灾债券交易，将此类业务的结算时间由原先的数月缩短到数小时（Allianz，2016）。Safeshar保险公司运用区块链技术为共享经济提供的保险产品，以及Lemonade保险公司提供的P2P保险服务都获得了英国劳合社的再保险承保（Lloyds，2016）。

2. 重塑保险分销

科技创新正在打破传统的保险分销过程，重塑保险中介的职能。如今，初步的保险产品信息搜索、建议寻求、个性化报价等售前服务，以及保单签发和一系列的售后服务都可以通过互联网完成。

移动技术和远程信息处理技术也正改变着保险公司与客户之间的互动方式。在互联网平台上，客户可以随时随地检索和传播信息，通过浏览保险公司的产品网站、专家博客和网络社区评估自身所面临的风险、收集产品信息、与其他消费者沟通，以便更好地做出投保决策。互联网在日常生活中的渗透为保险开拓了新的分销渠道，越来越多的消费者通过网络渠道购买车险和家财险等相对简单的保险产品，保险公司的直销团队和普通员工利用社交媒体宣传和销售保险产品的做法也已经十分普遍。2013年，荷兰保险公司Aegon设立了面向年轻用户的无纸化保险公司Kroodle，专门在Facebook上销售保险产品，它可以自动采集已经列在用户Facebook档案中的个人信息，跳过大部分标准的申请程序，简化投保过程（瑞士再保险，2014）。

相当数量的客户开始通过远程数字渠道自行购买保险，比价网站等新型的中介机构应运而生。在比价网站上，潜在客户可以获取多家保险公司基于同一套标准的报价，并进行比较。在一些发达市场国家，比价网站正慢慢成为一种获取保险，尤其是个人保险险种信息的标准工具。

但是，数字化时代并未宣告传统保险中介机构的终结。相反，在应对复杂的商业、人寿以及健康风险的时候，保险代理人和保险经纪人提供的专业性建议显得更为重要，专业知识在保险方案定制中的作用是互联网所不能代替的。根据瑞士再保险 2011 年的调查，愿意在线购买保险的消费者占比仍然有限，尤其在寿险领域，即使在线工具可以提供更多的信息，在消费者的心目中，还是直销渠道或保险经纪等中介销售方式更为可靠。

此外，数字化时代提供了大量丰富的数据，包括各类行为活动数据和社交网络档案，以供保险公司深入挖掘，并借此进行更为缜密的市场细分，更加精准地锁定潜在客户，提高优惠活动、产品和服务的针对性，最大限度地发挥营销支出的效用。

在分销数字化的背景下，中介机构和保险公司应该根据市场形势调整业务模式，既要充分利用数字化时代的便捷，又要发挥自身的专业优势，在满足客户不断变化的需求和偏好的同时，控制好整合和维护多个分销渠道的成本。

3. 保单管理智能化

区块链、人工智能和数据分析技术被广泛应用于保单管理的各个流程中。针对互联网保险业高频、海量、碎片化等特点，区块链电子保单管理系统可以将区块链技术引入保单信息存储的场景，并利用电子签名技术，让电子保单与纸质保单具备同等的法律效力，从而有效提升保单信息存储的安全性和管理效率，同时也拓宽了电子保单的应用范围（陈劲，2017）。

区块链智能合约的个性化和可编程化还能极大地方便对保单的后期维护。与传统合约相比，智能合约大大降低了修改合同的时间成本，可编程化能够给交易合同添加限制条件，满足不同客户对保险条款的不同要求。因为区块链可以定义保险条款和规则，当满足特定条件时会自动执行保险合同，所以可以将其运用到参数化保险的触发机制中，提高该类保险的赔付效率（慕尼黑再保险，2016）。此外，区块链的分布性使得系统可以根据智能合约的实际执行情况自动重置和调整，保证模型能够实时客观地反映实际风险情况，从而调整赔付资金池，确保风险的可控性（徐大维，2016）。

区块链优化了数据的搜集成本和处理效率，人工智能技术则能极大地降低保险行业的人力成本、管理成本和培训成本。2017 年 1 月，日本富国生命保险公司正式启用 IBM Watson Explorer 人工智能系统，负责公司的保险理赔业务。这款人工智能系统可以综合分析被保险人受伤定型、病史和治疗方式等因素，根据被保险人的医疗记录与其他信息来决定保险赔付金额。

数据分析则让保险产品的科技含量与应用场景不断提升和丰富。慕尼黑再保险将数据分析应用到了理赔环节。该公司的早期损失检测（Early Loss Detection，ELD）平台可以根据新闻来源和已经定义的损失事件，使用经过地理编码的风险和损失信息，来检查受保财产是否可能受到影响。被平台系统识别出后，申报的财产损失可以迅速得到认可，大幅精简了理赔管理的范围。ELD平台系统还会存储和整理所有的个人损失数据，根据这些数据预测未来的损失趋势，提高建模的精准度。除此之外，数据分析还有助于分辨潜在的保险欺诈案例，身份认证数据被应用于信用保证保险的欺诈分析中，图像识别技术被应用于手机碎屏险的欺诈风险分析中。该公司的风险管理平台MIND能记录损失的历史信息，并与当前的损失事件进行比较，从而更好地识别和防范骗保事件（慕尼黑再保险，2017）。

4. 内外部竞争的融合

科技发展给保险业带来的冲击中，还有一部分是来自保险业的外部。很多与保险相关联的行业的经营者，如大型医疗保健提供者与汽车制造商，都在考虑如何在监管许可的框架下为客户提供类似于保险的相关服务。这样不仅能使保单签发和审核工作一体化，还可以将投保与实际服务联系起来，提供更为全面细致的增值服务。

数字技术的进步降低了创立保险公司的成本，让很多非保险机构看到了商机。科技型公司都跃跃欲试，它们擅长利用数据分析技术了解客户需求，并开发有针对性的产品，一些个人险种的标准化为这类公司进入保险市场提供了契机，在数据挖掘方面的优势使它们成为潜在的保险业竞争者。除此之外，一些互联网服务商也依托其强大的智能平台和庞大的客户群体进军保险中介领域。

各种外部组织试图进入保险行业的同时，保险公司也正努力把握技术革命所带来的红利，拓宽业务领域，建立广泛的合作，根据客户需求延伸服务链条。竞争对手之间的合作有利于行业整体的发展。在德国，安联、忠利、慕尼黑再保险与数家德国本土保险公司共同成立了WERK1孵化器，为创业公司提供帮助，并让参与的保险公司能够从这些外部的创新中获益。WERK1的慕尼黑基地已经成功培育了10家保险科技创业公司。德国政府将慕尼黑选为数字中心计划的一部分，并作为保险科技中心（InsurTech Hub Munich）的所在地，该中心将会和德国巴伐利亚州的大学、研究机构以及一些新兴企业在汽车、健康、网络安全等领域展开深度合作（慕尼黑再保险，2017）。

科技创新促使保险业从事后保护模式向事前预防模式转变，也让来自保险业内外部的竞争充分融合。对保险公司而言，不管是收购创新公司，还是与之合作成为

创新公司的实验对象，或者是自行探索创新渠道，融入保险科技的浪潮、利用好保险科技的生态系统是拥抱科技时代的核心所在。

2.2.3　全球保险市场前景展望

2017 年，全球经济的增长势头向好，预计 2018 年和 2019 年将实现温和增长。经济前景改善将提升对非寿险的需求。瑞士再保险估计，2018 年和 2019 年，全球非寿险保费的名义增长率能达到3%以上，新兴市场的非寿险保费年增长率在6% ~ 7%。寿险方面，2017 年全球保费名义增长率为 3%，预计未来两年保费年增长率将接近 4%，新兴市场的保费增长率将达到 10% 左右，发达市场的寿险保费增长率在 1% ~2%。上述数字均为使用现时美元价格计算出的名义增长率，如果再去除通货膨胀的影响，实际增长率会有所提高。

（一）产品创新驱动保险增长

在当前疲软的承保周期和低迷的经济环境下，传统业务已经不再是推动保费快速增长的重要力量，尤其是在市场竞争加剧、经营成本上升、风险与客户偏好快速变化的时期，产品创新或许将成为保险业新的增长点。

保险业的产品创新主要分为两类，大多数产品创新是建立在现有基础之上的渐进式创新，例如扩大保障范围、添加或修改现有保单条款，以及提供更多配套的风险管理服务。例如，Sovereign 保险公司的健康险产品扩大了癌症风险的承保范围，大都会人寿（MetLife）推出了包含海外医疗服务的保险方案，日本东京海上日动公司推出了面向团体的生育治疗保险（美国再保险，2017）。

另一类创新是对产品进行变革式的调整。结合目前瞬息万变的商业、社会、科技发展形势，一些保险公司投入很大的人力和财力去识别潜在的可保风险，开发相应的保险产品。在商业风险方面，2010 年苏黎世金融服务集团为指定商品和供应商推出供应链保险，防范对企业财务有负面影响的供应链问题。在科技方面，慕尼黑再保险和瑞士再保险等保险公司推出了太阳能电池板性能保险，Lexington 为纳米技术产品 Lex Nano Shield 设计了专门的责任保险。在环境保护方面，东京海上旗下子公司 Kiln 与专业承包商 Parhelion 推出了第一个防范碳信用不合格风险的产品。在社会发展方面，名誉损害保险和针对低收入人群的小额保险已经被很多人所熟知（瑞士再保险，2011）。

渐进式创新能提高保险公司的市场竞争力，变革式调整能帮助保险公司在新的商业领域中抢占先机。未来，保险业的创新将兼顾这两方面，以客户需求为中心，通过更精准的风险定价，为保险业持续发展开辟新的路径。

（二）数字时代开辟崭新前景

数字时代下，保险公司与消费者互动将发生巨大的变化，科技创新将帮助寿险公司更精准地评估和定价风险，充分了解客户需求，提供个性化的服务。

各类新兴技术的涌现为保险产品的设计和定价提供了新的方法。在承保过程中，保险公司可以借助大数据分析客户的情况。数据共享平台降低了手机信息的成本，同时能提供更全面、更完整的客户数据，让风险评估和产品定价更加准确。在分销方面，互联网、智能手机和社交媒体成为保险分销的新渠道，利用好这些新型分销渠道能够帮助保险公司发展新的客户群体。在保险产品的售后服务阶段，保险公司可以在网络平台上及时与客户沟通，敏锐地跟踪客户需求，随客户风险状况的变化持续提供不同的产品和服务解决方案。例如在寿险领域，可以持续跟进客户的健康状态，定期安排体检服务，协助进行疾病的早期诊断和预防。在财产险领域，可以追踪保险标的境况，根据环境的变化扩充保障内容，并及时提供相关的风险管理服务。

数字时代正在催生一个崭新的“互联世界”，许多保险公司已经与科技公司建立合作关系，借助数据分析、数据营销、移动技术和社交媒体等力量，调整业务模式，增加竞争力，包括法国安盛和 USAA 在内的多家保险公司还开设了专门的创新实验室，在传统的产品设计范畴之外，迎合客户需求，反复测试与改进产品。科技将彻底改变保险业的经营方式，保险业应充分把握数字化时代的发展机遇，主动拥抱消费者全新的需求与偏好，并尝试提供传统保险业务之外的新型服务，增强服务能力。

（三）巨灾保险弥补保障缺口

巨灾风险保障不足是一项全球性的挑战。根据瑞士再保险的初步估计，2017 年，各类灾害①给全球经济造成近 3 060 亿美元的损失，保险业赔付了其中的 1 360 亿美元，剩余的 2 700 亿美元属于未投保损失。近年来，灾害造成的年均保险赔付屡屡超过 1 000 亿美元，保险业已经能够很好地应对这类高额损失事件。但是，发达市场和新兴市场都存在巨灾风险保障不足的问题，灾害损失与保险赔付之间仍存在较大的保险缺口（见图 2. 23）。

巨灾保险需求与经济发展水平关系密切，与自然灾害等风险因素之间的关联较

① 此处的灾害主要包括自然灾害、人为灾害、地震和气象灾害，由于损失数据统计的滞后性，损失数据在后来的年份还会陆续修改更新。

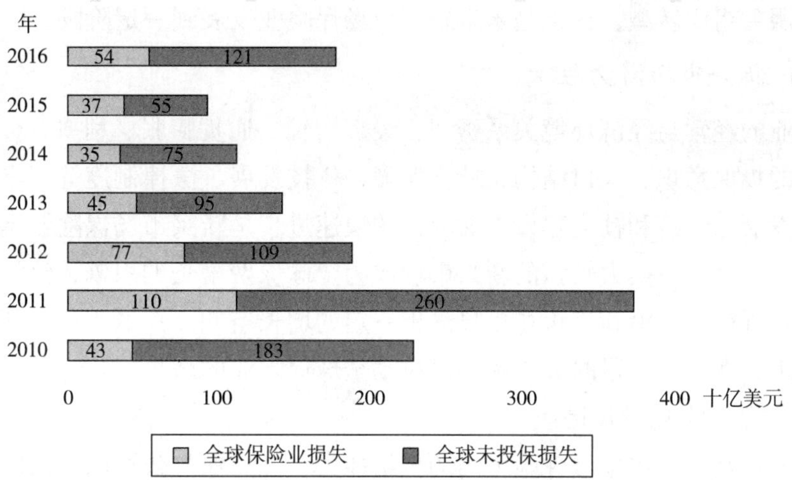

注：全球灾害造成的经济总损失为全球保险业损失（保险理赔数额）与全球未投保损失（保险缺口）之和。

资料来源：根据瑞士再保险 2011 年至 2017 年各期《Sigma——自然灾害与人为灾难》整理。

图 2.23　2010—2016 年全球灾害造成的经济损失情况

弱，因此很多灾害高发地区的保障程度很低。巨灾保险在很多发展中国家的普及也十分有限，尽管这些国家迅速壮大的中产群体加速了财富的积累，但灾害保险覆盖面的扩大速度远远滞后于财富的增长速度（瑞士再保险，2015）。

巨灾保险可以通过市场机制来弥补灾害带来的经济损失，减轻政府和社会的救灾压力。但是，发展巨灾保险需要保险公司和政府密切合作。由于巨灾风险的特殊性，保险公司无法应用大数定律和概率论厘定精确的费率，一旦发生大规模的灾难，保险业的稳定经营将受到很大影响。所以，保险公司应在政府的主导下，发挥人才和技术方面的优势，参与建立强制性的巨灾保险制度，通过巨灾保险基金发挥灾害补偿的社会功能。同时，保险公司要在产品和分销渠道上进行创新，让巨灾保险深入到灾害频发的边远地区，为收入有限的人群提供合适的保障。

（四）发达市场的转型

目前，发达市场的寿险深度基本稳定，非寿险深度的提高也会在将来的某个时点放缓，但是，发达市场的保险业发展并没有就此止步（瑞士再保险，2013）。为了应对盈利能力下降和保费增长放缓的问题，保险公司正通过开拓业务领域努力寻找其他收入来源。很多国际领先的保险集团正在向“超级服务型”组织转型，除了传统的保险和金融服务，还提供自营的体检中心、诊所、医院乃至汽车修理、灾害救援等各种业务。发达市场的保险公司正在从单一的金融服务组织向集成式的全面

风险管理服务组织转型，这也是未来新兴市场保险业发展到一定阶段以后的方向。

（五）新兴市场潜力巨大

保险业的经营与经济环境关系密切，经济增长、通货膨胀、利率、金融市场风险、居民的投保意识、人口结构、社会保障、科技发展、法律制度等因素都会影响保险业的发展。经济和社会建设方面取得的快速进步是新兴市场保险业迅速发展的重要原因，一些经济实力较强的新兴市场成为全球保费增长的引擎，经济实力较弱但具备一定规模的前沿新兴市场也显露出一定的增长空间。总的来说，新兴保险市场潜力巨大，在今后一段时间内将继续拉动全球保险业的增长。

1. 主要新兴市场增长迅速

经济发展水平对本地区保险公司的供给能力、外资保险公司的进入门槛等有着决定性的影响。雄厚的经济基础、完备的金融市场、充分的竞争以及民众充分的保险意识，使得发达市场在保费收入、保险深度和保险密度等方面领先于新兴市场。即使经历了金融危机，发达市场仍拥有四倍于新兴市场的保费收入，保险深度是新兴市场的两倍，保险密度是新兴市场的二十余倍。新兴保险市场在发展阶段上仍然落后于发达市场，市场规模和发展水平都与发达市场存在着不小的差距。但这也从侧面说明，新兴市场还具有很大的发展空间。

在经济快速发展、监管制度完善、民众保险意识逐渐提高等因素的推动下，主要新兴保险市场正快速追赶发达市场的步伐。人均可支配收入逐年提高，可保财产增加，居民在各项活动中所涉及的责任也越来越大，新兴市场对保险商品的需求量十分旺盛。2010—2016 年，新兴市场保费的年均增长率将近发达市场的七倍，同时，保险深度也在不断提高，新兴市场潜在保险需求正在不断转化成实际的保费收入。

2. 前沿新兴市场具备增长空间

相比规模较大、发展较为成熟的主要新兴市场，前沿新兴市场①规模相对较小，发展相对滞后。然而，前沿新兴市场依然具有很大的增长空间。在以肯尼亚为代表的撒哈拉以南的非洲国家，稳固的监管框架和新科技正在推动保险保费的增长。中国“一带一路”倡议的实施将支持柬埔寨、老挝、缅甸、越南等国的基础设施建设，这些地区的保险业势必会有所发展。“一带一路”倡议也将利好一些中亚国家，包括格鲁吉亚、吉尔吉斯斯坦和乌兹别克斯坦，这些国家的保险市场也将因为欧洲

---

① 前沿新兴市场是指在经济规模较小的新兴经济体中，不太成熟但增长前景被看好的保险市场，这些市场一般具备保险深度低、人均收入水平较低、经济规模较小、经济增长潜力较强的特征。

经济好转带来的贸易复苏而有所改善。

2.3 亚洲新兴保险市场的发展现状

20 世纪 90 年代以来，亚洲新兴保险市场快速发展。亚洲这一地区中经济总量较大、经济增速较快的国家，如中国和印度，保险市场迅速扩张，已经在全球市场上占有一席之地。泰国、马来西亚等经济总量不大，人均收入中等偏上的国家，保险深度和保险密度也有显著提高，保险业开始成为国民经济和金融市场中的一个重要部门。

2010—2016 年，亚洲新兴市场的保费收入以每年 10.3% 的速度增长，全球份额在 2016 年已经达到 13.1%。尽管亚洲新兴市场的各个组成部分在规模上有很大差异，但总体发展速度令人瞩目。未来二十年，亚洲新兴市场将会是全世界最为活跃的保险市场。

2.3.1 亚洲新兴市场经济增长良好

2017 年，亚洲新兴市场的 GDP 总量增长了 6.5%。据国际货币基金组织预计，未来两年内，亚洲新兴市场的经济增速还将保持在 6.5% ~6.6% 左右的水平，引领全球经济增长。

中国正在从制造业经济向服务业经济转型，经济增速有所放缓，但中国仍然是亚洲经济增长的引擎，日本和印度尚不能代替中国的地位。柬埔寨、老挝和缅甸等国的经济增长开始提速，巴基斯坦和孟加拉国等国经济形势保持稳健。

在经济增长的推动下，亚洲新兴市场的可保资产快速增长，中产阶层不断扩大，对储蓄产品和资产管理服务需求也开始上升。医疗水平的提高和人口预期寿命的延长使得对医疗保健、养老金和养老服务的需求急剧扩大，这给保险市场带来了发展机遇。

2.3.2 亚洲新兴保险市场概况[①]

（一）保险市场规模快速扩张

2016 年亚洲新兴保险市场[②]的保费收入为 6 185.58 亿美元，较上一年度增长了

---

① 本节（2.3.2）数据来源于瑞士再保险 *Sigma*2017 年第 3 期。

② （除特殊说明外）本章中，亚洲新兴市场国家的划分遵循 IMF 的惯例。不包括中亚和中东地区，同时剔除了亚洲的发达国家/地区（日本、中国香港、新加坡、韩国和中国台湾）。

20.8%，保费收入占全球总收入的13.1%。

在总保费收入中，寿险保费收入为3 749.8亿美元，占本地区保费收入总和的60.62%，非寿险保费收入2 435.8亿美元，占比39.38%（见表2.1）。

表2.1　　2016年新兴市场保费收入统计　　单位：百万美元

	总保费收入	寿险保费收入	非寿险保费收入
亚洲新兴市场	618 558	374 981	243 577
全球新兴市场	933 536	506 482	427 054
全球新兴市场（除中国外）	467 405	243 866	223 539
全球市场	4 732 188	2 617 016	2 115 172

资料来源：根据瑞士再保险2017年第3期*Sigma*整理。

从保费收入、保费增长率和市场份额三个方面，可以看出中国对于亚洲新兴市场乃至全球新兴市场的重要性。2016年中国的保费收入占到亚洲新兴市场的75%。剔除中国的影响后，全球新兴市场的保费增长率从13.5%下降至3.8%，仅比全球平均水平高出0.7%；全球新兴市场的份额也从19.7%大幅降低至9.9%（见表2.2和表2.3）。

表2.2　　2016年新兴市场保费增长率　　单位：%

	总保费增速	寿险保费增速	非寿险保费增速
亚洲新兴市场	20.8	22.7	17.9
全球新兴市场	13.5	16.9	9.6
全球新兴市场（除中国外）	3.8	5.7	1.7
全球市场	3.1	2.5	3.7

资料来源：根据瑞士再保险2017年第3期*Sigma*整理。

表2.3　　2016年新兴市场保费占全球市场份额　　单位：%

	总保费份额	寿险份额	非寿险份额
亚洲新兴市场	13.1	14.3	11.5
全球新兴市场	19.7	19.4	20.2
全球新兴市场（除中国外）	9.9	9.3	10.6

资料来源：根据瑞士再保险2017年第3期*Sigma*整理。

1. 保费收入增长迅猛

2010—2016年，亚洲新兴保险市场的保费收入以年均10.3%的速度增长，远高于年均2.3%的全球平均水平，大力拉动了全球保险市场和全球新兴市场的保费增长（见图2.24）。

在市场份额方面，亚洲新兴市场在全球保费收入的占比从2010年的7.75%上

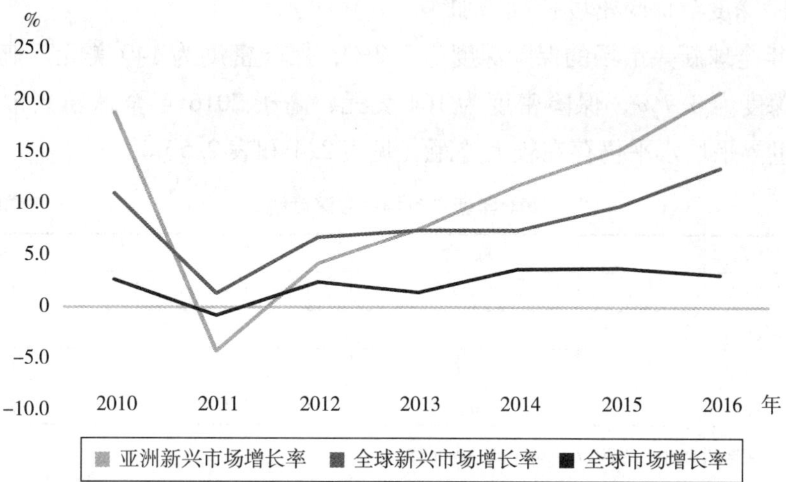

资料来源：根据瑞士再保险 2011 年至 2017 年各期 *Sigma* 整理。

图 2.24 2010—2016 年新兴市场保费增长率

升到 2016 年的 13.1%，增加了 5.35%，增长幅度大于同期全球新兴市场的增长幅度，与全球新兴市场份额之间的差距越来越小（见图 2.25）。

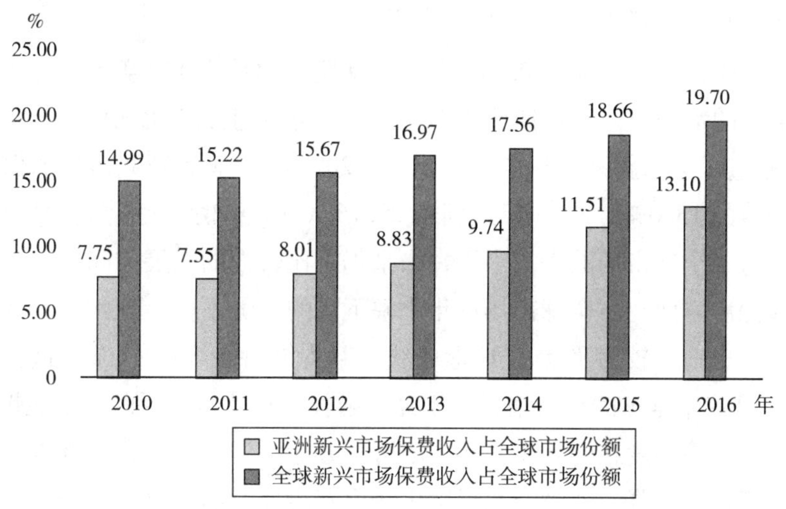

资料来源：根据瑞士再保险 2011 年至 2017 年各期 *Sigma* 整理。

图 2.25 2010—2016 年新兴市场保费占全球份额

分业务来看，亚洲新兴市场寿险业务的全球份额从 9.46% 上升到 14.3%，非寿险业务的全球份额从 5.39% 上升到 11.5%。总的来说，非寿险市场的份额增长幅度要大于寿险市场。

2. 保险深度与保险密度持续增加

2016 年全球新兴市场的保险深度为 3.2%，保险密度为 149 美元。亚洲新兴市场的保险深度为 3.7%，保险密度为 164 美元，高于 2016 年全球新兴市场平均水平，但与世界平均水平仍存在较大差距（见表 2.4 和表 2.5）。

表 2.4　　2016 年新兴市场保险深度统计　　单位：%

	总业务	寿险	非寿险
亚洲新兴市场	3.7	2.3	1.5
全球新兴市场	3.2	1.7	1.5
全球新兴市场（除中国外）	2.6	1.3	1.3
全球市场	6.3	3.5	2.8

资料来源：根据瑞士再保险 2017 年第 3 期 *Sigma* 整理。

表 2.5　　2016 年新兴市场保险密度统计　　单位：美元

	总业务	寿险	非寿险
亚洲新兴市场	164	99	64
全球新兴市场	149	80	69
全球新兴市场（除中国外）	97	49	48
全球市场	638	353	285

资料来源：根据瑞士再保险 2017 年第 3 期 *Sigma* 整理。

2010—2016 年，亚洲新兴市场的年人均保险支出约为 119 美元，低于全球新兴市场 128 美元的水平。但是亚洲新兴市场保险密度的上升速度快于全球新兴市场，在 2015 年超过了全球新兴市场的平均水平。2010 年，亚洲新兴市场的保险密度仅为全球平均值的 15.0%，2016 年达到了 25.7%。尽管如此，亚洲新兴市场的保险密度还是远低于全球市场的平均水平，未来仍有比较大的发展空间。

在保险深度方面，与全球市场逐年小幅下降的趋势不同，亚洲新兴市场保险深度的变化呈现出一个较为平缓的 U 形曲线，基本维持在 3% ~4% 区间内，平均值为 3.26%。这些年全球的保费增长慢于经济增长，致使全球保险深度缓慢下降。亚洲新兴市场的保险深度在经历了几年的下降后开始缓慢上升，说明随着经济的发展和民众保险意识的增强，亚洲新兴保险市场保费增速开始超过经济增速。

（二）寿险与非寿险市场持续增长

1. 寿险市场

2010—2016 年，亚洲新兴市场的寿险保费收入以每年 7.9% 的速度增长，除了 2011 年出现下跌外，其余年份均保持正增长，近年来增长势头有所加强，在全球寿险市场中的份额也逐年扩大（见图 2.26 和表 2.6）。

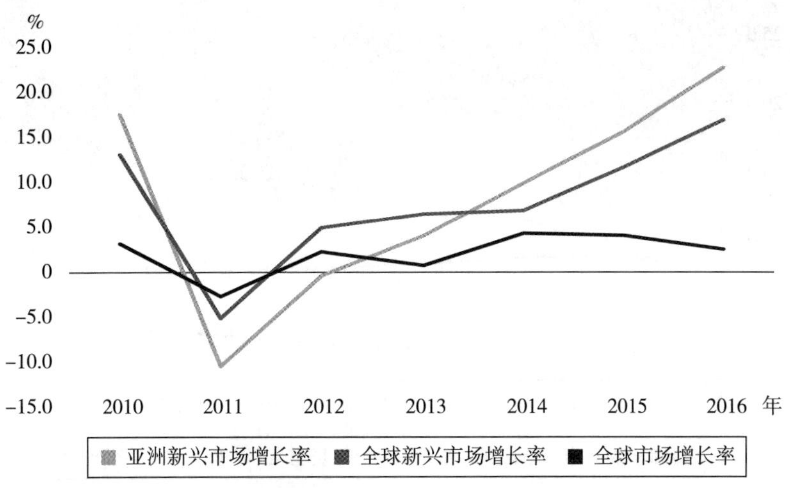

资料来源：根据瑞士再保险 2011 年至 2017 年各期 *Sigma* 整理。

图 2.26　2010—2016 年寿险保费实际增长率市场对比

表 2.6　　2010—2016 年新兴市场占全球寿险市场份额　　单位:%

年份	2010	2011	2012	2013	2014	2015	2016
亚洲新兴市场	9.46	8.68	8.80	9.60	10.37	12.33	14.30
全球新兴市场	14.44	13.90	14.44	15.64	15.90	17.53	19.40

资料来源：根据瑞士再保险 2011 年至 2017 年各期 *Sigma* 整理。

2. 非寿险市场

2010—2016 年，亚洲新兴市场的非寿险保费增长率均在 10% 以上，平均值为 15.0%，几乎是全球新兴市场的两倍，同时远高于全球市场的平均增长水平。尽管没能重现 2010 年将近 22% 的增速，但自 2011 年后，保费增长率节节攀升，市场发展态势良好（见表 2.7 和图 2.27）。

表 2.7　　2010—2016 年新兴市场占全球非寿险市场份额　　单位:%

年份	2010	2011	2012	2013	2014	2015	2016
亚洲新兴市场	5.39	6.04	6.96	7.84	8.96	10.49	11.50
全球新兴市场	15.74	16.96	17.28	18.68	19.63	20.08	20.20

资料来源：根据瑞士再保险 2011 年至 2017 年各期 *Sigma* 整理。

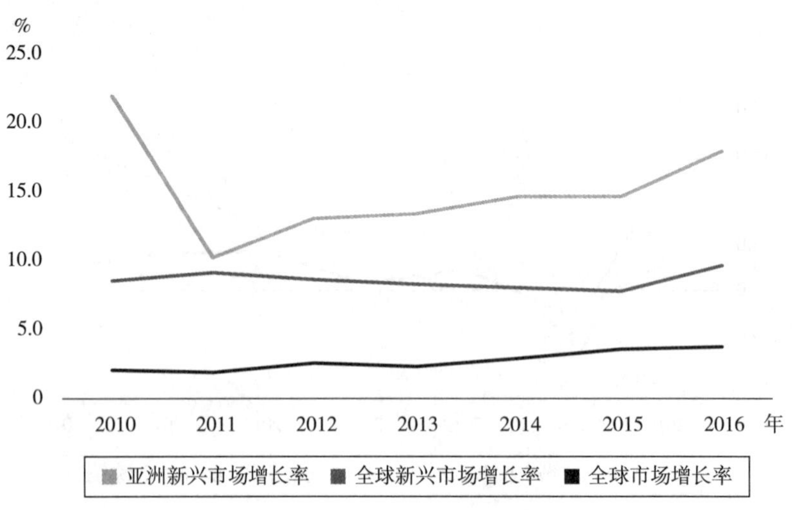

资料来源：根据瑞士再保险 2011 年至 2017 年各期 *Sigma* 整理。

图 2.27　2010—2016 年非寿险保费实际增长率市场对比

（三）各国市场差别较大

无论在市场规模方面还是保费增速方面，亚洲新兴保险市场都表现优异。但是内部各个子市场的市场规模差别很大，发展阶段不一。在经济相对落后的国家，保险业往往发育不足。

1. 市场结构划分

在瑞士再保险统计的全球 88 个国家和地区中①，以保险市场规模（2016 年保费收入）为排名标准，分布在全球 31 ~ 60 名与 61 ~ 88 名两个分段的亚洲新兴市场②国家分别有 9 个和 7 个，处于全球市场的中下游。排名处在全球前 30 名的国家仅有 4 个，位次最高的是中国，是全球第三大保险市场。

从保险深度来看，亚洲新兴市场国家几乎全部位于全球 30 名以后，保险深度最高的是泰国，位列全球第 28 名。过半数亚洲新兴市场国家的保险深度处在全球后 1/3 的位置，位于全球中游的仅有 6 个国家。

总的来说，各个国家的保险密度与人均 GDP 体现出较强的正相关性，保险市场规模与一国 GDP 总量的关系也比较密切，各国的市场成熟度相差很大。如果要划分市场的发展阶段，大致可以分成三类。

---

① 瑞士再保险的实际统计范围包括全球 147 个国家/地区，提供 88 个国家/地区的详细信息，并计算排名。

② 此处的亚洲新兴市场根据地理含义进行划分，共有 20 个国家/地区。包含了原本划入中亚和中东市场的国家/地区，仅剔除了 6 个亚洲发达国家/地区。该划分仅适用于本节中有关亚洲新兴市场国家排名的讨论。

第一类是以中国为代表的发展中国家，包括中国、印度、泰国、马来西亚、印度尼西亚。这一类市场的特点是经济发展和保险市场发展水平相对较高，市场容量和发展潜力较大，监管制度相对完善。潜在的经济增长能力，日益扩大的中产阶级群体，人口的不断增长和逐步老龄化，以及较为开放的市场环境为保险业发展提供了良好前景。外资进入这些市场已有一段时间，已经建立起一定的品牌意识。

在这一类国家中，可以再将中国和印度单列出来，做进一步的细分。这两个国家经济发展速度远远超过其他亚洲新兴市场国家，在全球范围内也处于领先地位。中国保险市场近年来发展势头良好，2016 年占全球保险市场的份额接近 10%。但是囿于人口基数庞大，这两个国家的保险深度和保险密度处于全球中游位置，低于处在同一保险市场发展阶段的马来西亚。

第二类是以越南为代表的中低收入发展中国家，包括越南、巴基斯坦、孟加拉国等。这一类市场的特点是经济发展和保险市场发展水平较低，但具有一定的增长潜力，保险行业起步不久，民众保险意识还不够强，监管尚不完善，但近年来政府开始重视保险业发展，并逐步开放保险市场。

第三类是以缅甸为代表的经济落后国家，包括缅甸、柬埔寨和老挝等[①]。这一类市场的特点是经济落后，保险市场处于初级发展阶段，居民可支配收入较低，对保险功能不了解，保险意识不足。无论是保险市场规模，还是保险深度和保险密度都处于亚洲新兴市场的底层水平。

值得一提的是，保险业发展较为落后的国家，市场一般处于垄断状态，保险业较为发达的国家市场集中度相对较低。

2. 主要市场概况

2016 年亚洲新兴保险市场保费收入排名前 5 位的分别是中国、印度、泰国、印度尼西亚和马来西亚。

中国作为全球第二大经济体，保费收入和全球份额都远远领先于亚洲新兴市场的其他国家。从全球范围来看，中国也是推动全球保费增长的重要引擎，在全球新兴保险市场中扮演着举足轻重的角色。

印度 2016 年的保费收入位居亚洲新兴市场第二，占到全球保费收入的 1.68%。其他三国占全球市场的份额都不足 1%（见表 2.8）。

① 瑞士再保险 *Sigma* 的统计附录中并没有给出这些国家的详细信息，被统一划入“其他国家”进行统计。

表 2.8　　2016 年亚洲新兴市场保费收入前 5 位的国家概况

国家	世界排名	总保费收入（%）	保费增长率	全球份额（%）	保险深度（%）	世界排名	保险密度（美元）	世界排名
中国	3	466 131	25.0	9.85	4.15	39	337.1	47
印度	13	79 311	9.1	1.68	3.49	42	59.7	74
泰国	26	22 044	4.0	0.47	5.42	28	323.4	49
印度尼西亚	28	20 038	19.1	0.42	2.15	60	76.8	72
马来西亚	34	13 930	3.3	0.29	4.77	33	452.2	40

注：总保费收入的单位是百万美元。

资料来源：根据瑞士再保险 2017 年第 3 期 *Sigma* 整理。

图 2.28 和图 2.29 分别是 2010 年和 2016 年亚洲新兴市场各国的全球市场份额情况，可以看出，中国保险市场成长迅速，总保费份额从 4.95% 上升到 9.85%，寿险保费份额从 5.67% 上升到 10.03%，非寿险保费份额从 3.94% 上升到 9.62%。除了印度的市场份额在这些年间小幅萎缩外，亚洲新兴市场其他国家的全球市场份额都是有所增长的。

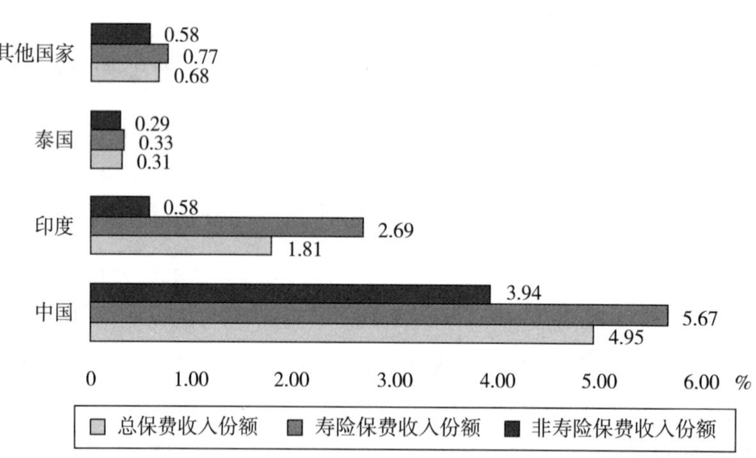

资料来源：根据瑞士再保险 2011 年第 3 期 *Sigma* 整理。

图 2.28　2010 年亚洲新兴市场各国保费收入占全球份额

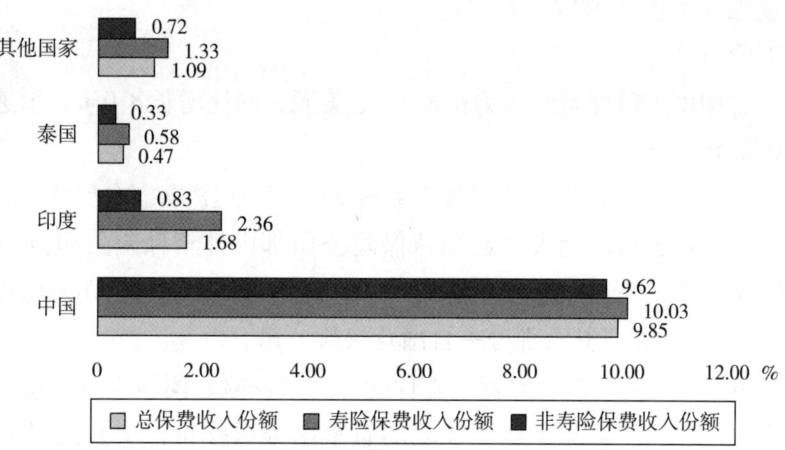

资料来源：根据瑞士再保险 2017 年第 3 期 *Sigma* 整理。

图 2.29　2016 年亚洲新兴市场各国保费收入占全球份额

2.3.3　部分国家保险市场现状

（一）印度保险市场

印度全称印度共和国，是金砖国家成员之一。2008 年国际金融危机后，全球经济增长放缓，印度仍然保持较快的经济增速。印度的人均 GDP 水平较低，被世界银行归为中等偏低收入国家。2016 年，印度的 GDP 总量为 22 637 亿美元，较上一年度增长 7.1%，2017 年的 GDP 增长率约为 6.7%，2016 年人均 GDP 为 1 709.6 美元。①

1. 印度保险市场整体情况

2016 年，印度市场的保费收入为 793.11 亿美元，较上一年度增长了 9.1%，保费收入位列全球第 13 位，亚洲新兴市场第 2 位。总保费收入中的 77.94% 来自寿险，22.06% 来自非寿险。保险深度为 3.49%，位列全球第 42 位；保险密度为 59.7 美元，位列全球第 74 位。

2. 印度保险市场发展情况

2010—2016 年，印度的非寿险保费增长情况良好，2010 年印度出台了新的投连险监管政策，导致寿险保费收入连续几年下滑。寿险保费在总保费收入中的比重也从 2010 年的 86.52% 下降到 2016 年的 77.94%，非寿险所占比重从 13.48% 上升到 22.06%。

---

① 本节（2.3.3）中的宏观经济数据全部引自世界银行（World Bank）网站。

3. 印度保险市场结构[①]

（1）寿险

2016 年，印度寿险保费收入为 618.17 亿美元，同比增长 8.0%，增速较上一年度提高了 0.2 个百分点。

截至 2016 年 3 月，印度保险市场上共有 24 家寿险公司，包括 23 家私营保险公司和 1 家国营保险公司，绝大多数私营保险公司都由外资保险公司投资或合资建立，仅有极少数是本土的私营保险公司。2015 财年，私营保险公司寿险保费收入占行业总收入的 27.39%，其余部分来自国营保险公司。

印度市场上的寿险产品有普通人寿保险、健康保险、团体人身保险和个人意外伤害保险等。最近两年，除了健康保险的费率因为医疗价格上涨的缘故有所上涨外，其他寿险产品的费率都比较稳定（怡安集团，2017）。

目前，印度已有超过 201 万名的保险代理人，416 家保险代理机构（包括银行保险代理）。个人代理渠道在个人寿险业务中作用巨大，2015 财年个人寿险业务 68.27% 的保费收入来自个人代理，机构代理渠道贡献了 23.82%。团体业务的大部分保费收入则来自直接销售。总体上看，2015 财年的全部寿险保费收入有 57.04% 来自直接销售，29.7% 来自个人代理，11.02% 来自银保渠道。

（2）非寿险

2016 年，印度非寿险保费收入为 174.93 亿美元，同比增长 12.9%，增速比 2015 年提高了 4.8 个百分点。

印度市场上共 30 家非寿险公司，包括 4 家国营保险公司，18 家私营保险公司，2 家特殊保险公司（Specialised Insurer），5 家专门健康保险公司（Standalone Health Insurer），此外还有 1 家再保险公司。2015 财年，私营保险公司的保费份额达到 39.96%，国营保险公司份额为 50.98%，二者囊括了印度非寿险市场九成的保费收入。

在产品结构方面，车险是印度非寿险市场上的最大险种，占到非寿险保费收入的 48.4%，其次为健康保险，占比 26.6%。火灾保险、海上保险、农业保险、旅游保险等险种的市场份额较小。此外，印度非寿险市场还提供董事责任保险、专业责任保险和金融责任保险。最近两年，车险和金融机构保险的费率有所上涨，其他险种保费保持平稳（怡安集团，2017）。

---

① 本节（3.）有关印度保险业保费收入的数据来自瑞士再保险 *Sigma*2017 年第 3 期。有关印度保险市场市场份额和分销渠道的资料来源于印度保险监管与发展署（IRDA）2015 财年的统计报告 *Handbook on Indian Insurance Statistics* 2015—2016，印度的 2015 财年是从 2015 年 4 月 1 日至 2016 年 3 月 31 日。

印度是世界人口第二大国，近年来经济发展迅速，人均收入不断提高，随着保险业的开放和市场监管的改善，印度保险市场发展潜力巨大。

（二）泰国保险市场

泰国全称泰王国，是东盟创始国之一。泰国被世界银行界定为中等偏上收入国家，2016 年泰国 GDP 总量约为 4 070.3 亿美元，较上一年度增长了 3.2%，2017 年 GDP 增长率约为 3.5%，2016 年人均 GDP 约为 5 910.6 美元。

1. 泰国保险市场整体情况

2016 年，泰国市场保费收入为 220.44 亿美元，较上一年度增长了 4.0%，保费收入位列全球第 26 位，亚洲新兴市场第 3 位。总保费收入中的 68.64% 来自寿险，31.36% 来自非寿险。保险深度为 5.42%，位列全球第 28 位；保险密度为 323.4 美元，位列全球第 49 位。

2. 泰国保险市场发展情况

2010—2016 年，泰国的寿险保费增长快于非寿险，寿险保费占总保费收入的比重进一步扩大，从 2010 年的 61.13% 上升到 2016 年的 68.64%，非寿险所占比重从 38.87% 下降到 31.36%。近年来，泰国政局动荡，政变不断，经济增长放缓，给保险业的发展带来了不利影响。

3. 泰国保险市场结构

（1）寿险

泰国保险市场上共有 24 家寿险公司，包括 11 家本土寿险公司和 13 家外资寿险公司（陈文辉，2015）。2016 年，泰国寿险保费收入为 151.31 亿美元，同比增长 5.6%，增速较上一年度下降 1.9 个百分点。前 5 大寿险公司占到全国寿险保费总收入的 71.83%。[①] 友邦保险是泰国市场份额最大的外资保险公司，保费收入在泰国的所有寿险公司中排名第二，人身意外险的保费收入位列泰国第一。

从产品结构来看，泰国的寿险产品主要包括普通人寿保险、健康保险、团体人身保险和个人意外伤害保险。最近两年，普通寿险产品的费率比较稳定，健康险和意外伤害险的费率随着医疗成本的上涨开始上升（怡安集团，2017）。

在泰国，个人代理是寿险产品的主要销售渠道，银保渠道的重要性也日益凸显。泰国约有 27.2 万名寿险代理人，个人可以同时代理多家保险公司的业务，2013 年，个人代理渠道贡献了 54.6% 的寿险保费收入，银保渠道贡献了 38.9%。

---

① 资料来源：泰国保险委员会办公室 2017 年的统计数据：http：//www.oic.or.th/en/industry/statistic.

（2）非寿险

泰国第一家非寿险公司成立于1930年，目前全国市场上共有63家非寿险公司，包括37家本土公司和26家外资公司。2016年，泰国非寿险保费收入为69.13亿美元，同比增长0.7%，比2015年降低了3.3个百分点。与寿险市场相比，泰国非寿险市场的集中度相对低一些，前5大非寿险公司保费收入占比43.68%，前10大非寿险公司占到市场份额的60.14%。

车险是泰国非寿险市场上最大的险种，占到非寿险保费收入的57.5%，其次为企财险、意外险和火灾保险，此外，泰国非寿险市场上还有一般责任保险、巨灾保险、环境保险、水灾保险、航空保险和医疗过失责任险。近年来，除了车险和过失责任险的费率有所上浮外，其他险种的费率均保持稳定或稍有下降。

在销售渠道方面，55.9%的非寿险保费收入来自经纪人渠道，14.2%来自代理人渠道，13.9%来自银保渠道。泰国共有700家经纪公司从事非寿险经纪业务，另外还有6.1万名个人经纪人和3.1万名个人代理人（陈文辉，2015）。

与东南亚其他国家相比，泰国的经济实力较强，市场相对成熟，保险业处于已经起步正在发展的阶段。泰国的保险深度高于中国，但市场规模要小很多。泰国保险市场前景良好，但要警惕政治风险可能给经济和保险业带来的不利影响。

2.4　亚洲新兴保险市场的发展趋势

2010—2016年，亚洲新兴保险市场的表现引人注目。总体来看，亚洲新兴市场正处在发展的黄金时期，但外资保险公司的进入和本土私营保险公司的增多将加剧亚洲新兴市场的竞争，盈利水平的提高与人才队伍的培养将是亚洲新兴市场保险公司未来一段时间内的主要任务。

良好的经济环境、日益完善的法规与监管、多样化的分销渠道将为新兴市场保险业的发展提供机遇。未来，亚洲新兴保险市场将继续保持快速稳定的发展态势，城镇化将推动非寿险业全面发展，寿险业将成为各国社会保障体系的补充支柱，农业保险将为粮食安全问题提供解决方案。

2.4.1　亚洲保险市场面临的挑战

（一）市场竞争逐渐加剧

目前，亚洲新兴保险市场正由寡头垄断阶段向垄断竞争阶段过渡。各国政府向

外国资本开放保险市场后，外资保险公司以全资或合资的方式大量进驻。本土私人资本也开始涉足保险业，亚洲各新兴市场原有的高度垄断格局被打破，初步形成以国有保险公司为主体、外资保险公司并存、多家保险公司竞争的新格局。在印度和泰国，私营保险公司已经占据了较大的市场份额，市场集中度显著下降，市场竞争呈现出全方位、多层次的态势。

外资保险公司和私营保险公司的进入，将不可避免地加大本土保险业的竞争压力。充分的市场竞争可以增进消费者的福利，但作为竞争主体的保险公司需要加强技术储备和人才储备，形成特色业务和优势业务，努力培养核心竞争力，才能在日益激烈的竞争中立于不败之地。

（二）盈利能力有待提升

在亚洲新兴市场的很多国家，保险业还处于起步阶段，保险公司启动成本较高，损益平衡期较长。瑞士再保险开展的一项针对亚洲新兴市场保险公司在2006—2009年法定业绩的研究结果表明，新兴市场保险公司的保费增长很快，但盈利能力存在问题。这些地区的保险公司过于重视保费增长，在竞争激烈、业务开发成本较高、损益平衡期较长的经营环境下，盈利能力整体较弱（瑞士再保险，2011）。

新兴市场在金融危机期间表现出稳健的增长和良好的前景，许多国际保险集团由此受到吸引，进入新兴市场谋求利润。跨国公司的产品开发能力和盈利能力普遍优于新兴市场大部分本土公司，但是本土公司在承保和分销方面又有着跨国公司无法比拟的优势。激烈的竞争意味着利润率会更低，因此新兴市场保险公司的经营模式要从增加保费收入转向提高盈利能力。

（三）人才队伍亟待建设

全球经济一体化带来了保险业的国际化，在激烈的市场竞争中，亚洲新兴市场的保险人才队伍呈现出总量不足、质量不高、结构不尽合理、高层次人才比例偏低的问题。人才是保险企业发展最重要的战略资源，新兴市场保险公司的整体人才水平与国际先进保险集团比仍有较大差距，建设专业素质过硬的人才队伍将成为新兴市场保险公司在长期发展中需要考虑的重要议题。

2.4.2 亚洲保险市场发展的机遇

（一）经济环境有利于保险业发展

良好的经济环境是新兴市场保险业最大的发展机遇。在非寿险方面，经济发展会带动工业设施、居民住房和基础设施的建设，给商业财产险和工程险提供发展机会。同时，随着居民收入和私人财富的增长，居民消费能力会大大提升，这将增加对私人财产和医疗健康方面的保险需求。在寿险方面，亚洲新兴市场的很多国家都在努力控制高通胀，这是造就过去十年经济良好增长的重要因素之一。通胀较低时，人们更容易看到储蓄的实际价值，从而有助于维持寿险产品的优势，特别是有储蓄功能的寿险产品。

（二）保险法规和监管不断改善

保险法规和市场监管的完善是推动亚洲新兴保险市场发展的又一重要因素。一方面，部分国家出台了保险方面的强制性法规，促进了相关险种的发展，如中国的机动车交通事故责任强制保险。印度制定的小额保险法规为低收入人群提供了相应的保障，同时刺激市场提供更多小额保险方案。另一方面，各国监管机构进一步规范了保险市场的准入条件，加强了对市场秩序的监管，对有损消费者利益的行为进行整顿，形成了良好的市场风气，改善了保险业的行业形象和发展环境。

（三）分销渠道多样化

多样化的分销渠道有助于保险公司接触到更多的潜在客户，刺激更多的保险需求。虽然保险经纪人和代理人依然是重要的渠道，其他分销渠道如互联网、零售店、家具与家电商店正脱颖而出，渗入到社会生活的方方面面，成为传统销售渠道的补充。

2.4.3 亚洲保险市场前景展望

根据瑞士再保险研究中心 2013 年的预测，经济增长和保险深度的上升将继续提高亚洲新兴市场占全球的份额，亚洲新兴市场将继续引领增长。到 2023 年，亚洲新兴市场占全球寿险市场的份额有望达到 19%，非寿险市场的份额也将大幅增加，但略低于寿险。

人口老龄化将推动人们对商业寿险的需求，让商业寿险参与到社会保障体系和养老产业的建设中来，提供保障范围更广的疾病保险，给付水平更高的年金保险，以及服务更好的长期护理保险。

在非寿险方面，未来十年城市人口比例的增加、中产阶级的壮大以及经济财富的积累将会推升保险需求。“一带一路”倡议的实施和亚洲基础设施投资银行的设立将推动沿线国家的基础设施建设，给亚洲新兴市场的非寿险业务，尤其是工程保险和责任保险，带来巨大的发展机遇。在寿险方面，在各国社会保障体系的建设过程中，商业寿险将在补充保障领域大有所为。农业保险近年来也得到新兴市场越来越多的重视，在保障粮食安全方面将发挥重要作用。

（一）城镇化全面推动非寿险发展

亚洲新兴市场国家已经进入到快速城镇化阶段，城镇化带动了工业化进程，促进了经济转型，提升了人们的消费能力，为非寿险业务带来了巨大的市场需求。

人均收入和私人资产的增加将拉动私人财产保险的发展，私人汽车数量的增加促进了个人车险和第三方责任险的发展，居民消费方式趋于多样化，提升了对旅游险与意外险的需求。公共交通和物流网络的扩建会推动商业财产保险业务的增长；城市基础设施的建设和维护给工程保险和责任保险提供了广阔的市场。总的来说，新兴市场的非寿险业务将在城镇化的推动下步入发展的快车道。

（二）寿险业在补充保障领域大有可为

社会保障体系的建设需要集结政府、市场、社会和个人的力量，与社会保险相比，商业保险可以调配社会资源与市场资源，成为国家社会保障体系的补充力量。人们的保障需求是多层次和多样化的，商业保险中的寿险可以提供更多、更灵活的保险产品与保险服务，有效弥补社会保险的供给不足。

在养老方面，商业保险可以提供给付水平更高的养老年金产品。在医疗方面，随着居民收入增加，更多的人将会有意愿并且有能力提升在健康方面的支出。商业健康保险应充分利用精算平衡和风险管理的技术优势，提供层次更高、范围更广的健康保障。另外，部分新兴市场国家的医疗设施建设和卫生保健水平相对落后，这些国家的高收入居民更倾向于到海外就医，商业健康保险能让客户在医疗地点、医疗方案和医疗水平方面拥有更多选择。此外，在服务保障中，寿险业还可以顺应国家养老和医疗服务体系建设的要求，推进养老和医疗服务的社会化，研究开发医养结合的运作模式，获取产业链投资收益，树立业务发展的核心优势。

为了充分把握机会，保险公司需要了解各个新兴市场千差万别的社会保障体系，尤其是商业保险与各国社会保障体系之间的关系。此外，保险公司所设计的产品和服务还需要满足消费者不断变化的需求，分销渠道方面的创新和适当的产品宣传有助于进一步提高商业保险的深度。

（三）农业保险保障粮食安全

20 世纪 70 年代，联合国粮农组织首次提出“粮食安全”的概念，2008 年，全球粮食储备量大幅下降，引发了一次大规模的粮食危机。近年来，农业技术的发展让全球粮食安全问题有所改善，但亚洲部分国家的粮食危机尚未彻底缓解。保障粮食安全需要提高农业生产力、加大农业投资、加强粮食储存运输过程中的风险管理，这涉及风险控制和风险融资等保险专业领域。

农业保险具有准公共物品的属性，是防范农业风险、加强农业生产保护和稳定农民收入的重要途径。亚洲新兴市场的农业保险在过去十年取得快速发展，中国和印度两个人口大国 2011 年的农业保险保费收入合计达到新兴市场的 62%（瑞士再保险，2013）。亚洲农业生产以小农经营模式为主，机械化水平较低，抗风险能力较差。同时，亚洲新兴市场的农业保险远未发挥出全部的增长潜力。近年来，亚洲国家开始重视农业保险在保障农业生产中的作用，为农业保险的推广提供政策支持。新兴市场农业保险的发展还需克服定价数据质量较低、农民负担能力不足和缺乏分销渠道的困难，通过再保险分散农业风险、加强与政府部门的合作、为低收入农民提供小额保险或许将成为农业保险在亚洲新兴市场上取得突破的主要手段。

2.5 本章小结

进入 21 世纪第二个十年，全球经济持续复苏，保险业发展良好，保费收入持续增长。2010—2016 年，全球保险市场的发展有两个主要特点：从业务上来说，非寿险业保费增长快于寿险业，增速也更为稳定；从市场上来说，发达市场保费增长较慢，市场规模基本稳定，新兴市场保费增长迅速，市场扩张较快。当前，全球保险业面临着经济下行风险和金融市场波动的挑战，发达保险市场的发展模式处在转型阶段。然而，新的风险格局和市场需求已经形成，信息化将助推保险业的转型。展望未来，产品创新将驱动保险业增长，科技进步将为保险业开辟崭新前景，填补巨灾风险的保障缺口是非寿险业重要的发展方向，发达市场的保险公司将向服务型组织转变，而新兴市场将继续发挥潜力，引领全球增长。

在新兴市场中，亚洲新兴保险市场的表现最为突出，保费增速超过其他新兴市场，占全球市场的份额已经超过了 1/8。尽管这一地区各个国家保险市场的规模差别很大，但都面临着市场竞争加剧、盈利水平较低、人才储备不足的挑战。良好的经济形势、逐渐完善的监管环境、多样化的分销渠道将给亚洲新兴保险市场带来发展机遇。展望未来，新兴市场国家的快速城镇化将推动非寿险业务全面发展，寿险将在各国的社会保障体系中发挥补充作用，农业保险将进一步深入新兴市场，协助解决粮食安全问题。在今后一段时间，亚洲新兴市场将是全球保险业最为活跃的区域。

3 中国保险市场的发展现状与趋势分析

本章将对中国保险市场的发展现状与未来发展趋势进行分析，并结合全球保险行业发展现状分析中国保险市场对全球保险市场的意义。

3.1 我国保险市场的发展现状

中国保险市场近几年无论是保险公司总资产规模还是原保险保费收入都呈现出良好的增长趋势，保险深度和保险密度总体呈现向上态势。本节将从保险市场整体情况、财产保险市场、人身保险市场、再保险市场和保险资金运用情况五个方面总结我国保险市场发展现状。

3.1.1 保险市场总体稳中向好

近年来，随着全面深化改革的不断深入推进，中国对外开放程度不断扩大，已超过日本，经济总量位居世界第二。在经历了2008年国际金融危机之后，中国经济稳中向好态势基本保持不变。世界把投资目光投向了中国，中国正前所未有地走向世界舞台中心。伴随着中国国际地位的不断提升，中国金融行业的规模和效益正不断攀升，在人们日常经济生活中扮演着愈加重要的角色。

保险是现代经济的重要产业和风险管理的基本手段，是社会文明水平、经济发达程度、社会治理能力的重要标志。改革开放以来，我国保险业快速发展，服务领域不断拓宽，为促进经济社会发展和保障人民群众生产生活作出了重要贡献。发展保险行业，对完善现代金融体系、带动扩大社会就业、促进经济提质增效升级、创新社会治理方式、保障社会稳定运行、提升社会安全感、提高人民群众生活质量具有重要意义。

（一）保险市场资产总规模不断攀升

保险业作为金融行业的三大支柱产业（银行、证券、保险）之一，自 1979 年国家重启保险业务后，经过几十年的发展变革，由小到大、由弱到强，行业总资产变化幅度明显，由 2002 年的 6 320 亿元增加至 2017 年的 16.75 万亿元①，增长了 25.5 倍，年均增速 24.41%。如图 3.1 所示，反映了 2010 年至 2017 年保险公司总资产规模不断攀升，除 2013 年波动较大，增速基本保持在 20% 左右。

截至 2017 年末，我国共有财产保险公司 85 家、人身保险公司 86 家、再保险公司 11 家。其中，财产保险公司总资产 24 996.77 亿元，占比 14.92%，同比增长 5.28%；人身保险公司总资产 132 143.53 亿元，占比 78.89%，同比增长 6.25%；再保险公司总资产 3 149.87 亿元，占比 1.88%，同比增长 14.07%②。图 3.2 反映了 2010 年至 2017 年我国保险市场上财产险、人身险、再保险公司的总资产占比，可以看出近七年来三类公司总资产占比没有明显变化，寿险总资产依旧占据绝大部分，而再保险公司总资产占比极低，需要稳步推进再保险行业向前发展。

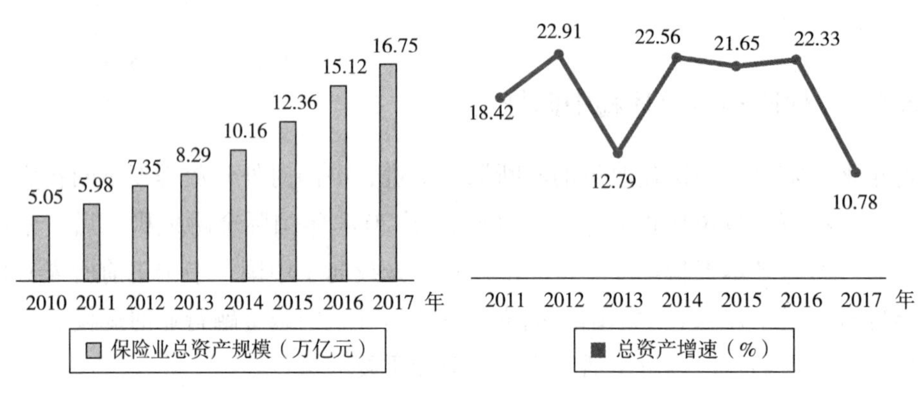

数据来源：中国保监会，作者整理。

图 3.1　2010—2017 年全国保险公司总资产规模与增速

① 数据来源：中国国家统计局。

② 数据来源：中国保监会。

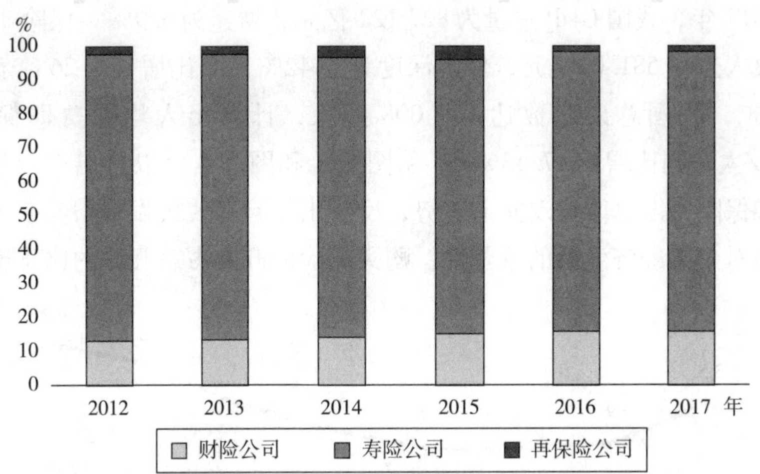

数据来源：中国保监会，作者整理。

图 3.2　2010—2017 年财产险、人身险、再保险公司总资产占比

（二）原保险保费收入和赔付总体水平较好

近十年来，随着国民经济发展和人民物质生活水平的不断提高，人们逐渐有更多的时间资本和经济资本考虑配置自己的资产。一般来说，配置资产的渠道包括存放银行、购买国债、购买理财基金产品、投入股票市场以及购买财产和人身保险等。由于保险产品自身的特殊优势，例如其杠杆作用保证未来生活质量大体不变、能够为发生变故的家庭解决燃眉之急等，保险正成为人们日常配置资产的重要选择。从宏观层面来说，保险起着社会经济稳定器的作用，当风险事故发生后，保险公司做出赔偿措施，在承担经济赔偿责任时分担了财政的压力，将社会经济风险通过自身的运作有效分散，充分降低了社会运行总成本。

为了反映保险业在国民经济中的发展水平，需要考察总保费收入的情况。2017 年行业实现原保费收入 36 581.01 亿元，同比增长 18.16%。其中，寿险公司原保费收入增速 20.04%，产险公司原保费收入增速 13.76%。寿险、健康险和意外险同比增速分别为 23.01%、8.58% 和 20.19%；非车产险业务增速 24.12%。行业净利润 2 567.19 亿元，同比大增近 30%。可以看出，人寿险占据了保险市场的大部分份额，而财产险相对较薄弱。

（三）保险深度和保险密度增长平稳

随着中国经济发展进入新常态，国民经济增速从高速增长转变为中高速增长，经济结构不断优化升级，且处于新旧动能转换时期，GDP 走势逐渐趋于平稳。为反映保险业在我国人民经济生活中的重要程度，需考察分析保险深度和保险密度等技

术指标。2017 年，我国 GDP 总量为 827 122 亿元，增速为 6.9%。保险业 2017 年原保险保费收入达36 581.01亿元，保险深度为 4.42%，同比增长 0.26 个百分点。截至 2017 年末，我国总人口数达 139 008 万人，计算出人均保费即保险密度为 2 631.57元/人，同比增长 17.53%。[①] 从图 3.3 和图 3.4 可以看出近八年来，我国保险深度和保险密度总体呈现向上态势，反映出保险在我国发展势头良好，人们愈加重视保险对个人经济生活的重要性，购买保险的开支占总开支的比重更大。

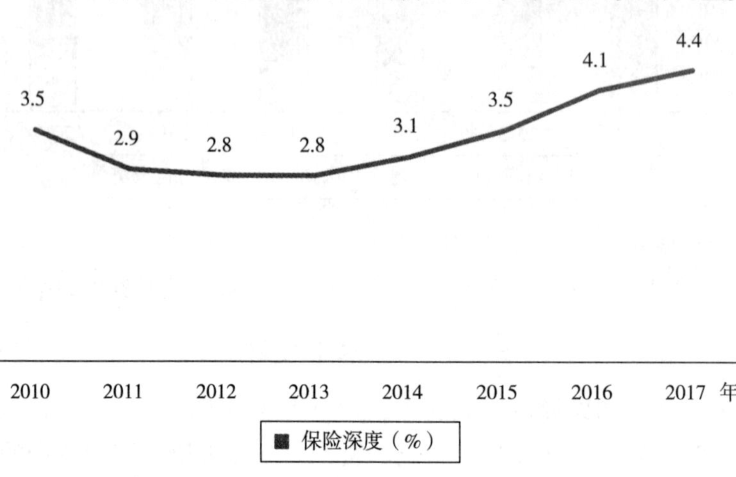

数据来源：中华人民共和国统计局，作者整理。

图 3.3　2010—2017 年保险深度走势图

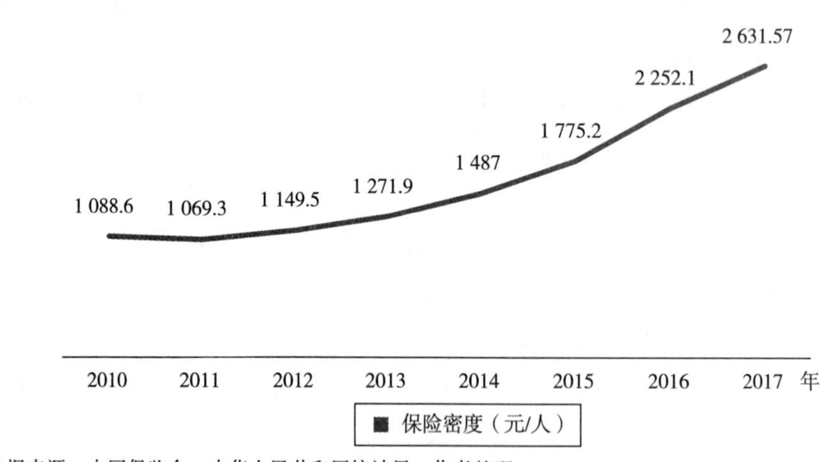

数据来源：中国保监会，中华人民共和国统计局，作者整理。

图 3.4　2010—2017 年保险密度变化趋势图

① 数据来源：中国国家统计局。

（四）互联网保险发展势头良好

自2000年以来，互联网在短短十几年内展现出惊人的发展速度，互联网以其可打破信息不对称、可降低交易成本、灵活快捷等优势获得了大众的青睐。2015年3月5日，李克强总理在第十二届全国人民代表大会第三次会议上正式提出制订“互联网＋”行动计划，促进电子商务、工业互联网和互联网金融健康发展，引导互联网企业拓展国际市场，自此，“互联网＋”战略上升至国家战略。在此发展大背景下，互联网保险也不甘示弱，虽然互联网对保险业的冲击较大，但也促进了保险行业的转型升级，二者相结合发挥出“1＋1＞2”效应。

1. 互联网保险公司数量逐年攀升

互联网保险是指保险公司或新型第三方保险网以互联网和电子商务技术为工具来支持保险销售的经营管理活动的经济行为。早在2000年，太平保险公司和平安保险公司分别设立了自己的全国性官网，成为“互联网＋保险”在国内的先驱；到2013年，平安保险董事长马明哲、腾讯CEO马化腾和阿里巴巴集团董事局主席马云共同出资设立的全国首家专业互联网保险公司——众安在线财产保险有限公司成立，成为中国互联网保险历史上的一个里程碑。根据中国保监会公布的统计数据，截至2017年我国共有129家保险公司经营互联网保险业务，相比于2012年我国只有39家保险机构经营互联网保险业务，增幅达300%多。

2. 互联网保险业务前景广阔

当今保险市场上，传统保险公司顺应时代需求，寻求与互联网结合，发挥出更大效能，截至2017年末，几乎所有保险公司都拥有自己的官网和服务平台。同时，市场上也存在很多完全脱离传统保险业务、纯粹利用互联网进行营销的互联网保险公司。随着互联网和移动智能设备的普及，既改变了传统一代的消费模式，又培养了新的互联网一代。

截至2017年末，我国互联网保险保费收入规模处于较高水平，达到1 835.29亿元，同比下降21.83%，占保险行业总保费收入的5.02%。2017年，互联网保险的用户已超过3.3亿人，同比增长42.5%，大量的用户需求提升了互联网保险的市场份额，互联网保险的大幅度增长得益于大数据时代背景以及互联网自身的优势：第一，互联网数据公开透明，为消费者提供了广泛的参考空间，也促进了保险公司之间的竞争；第二，互联网便捷高效，节省了保险公司的宣传成本，也给消费者提供了大量的选择余地；第三，互联网操作简单，通过精准客户定位和用户需求大数据分析，可以给消费者提供最优质和精准的服务。

在信息化时代，没有任何人和任何企业可以脱离移动互联网，信息科技正在悄然改变着我们的生活。互联科技改变了消费观念，也改变了客户与保险公司之间的接触方式；云端大数据可以利用海量数据精确分析客户的保障需求并制定个性化服务，更加细致地了解客户各方面的情况，在厘定费率上更符合个体所需。互联网保险公司的市场份额虽然只占9.2%，但其经营模式对传统保险公司是一个较大的冲击。其拥有海量数据和中介渠道，且经营成本较低，从而在开拓市场方面有得天独厚的优势。新的技术催生出新的商业模式，网络营销的发展催生出一批科技系保险公司。

截至2017年末，我国已注册四家专业互联网保险公司，分别是众安保险、泰康在线、安心保险和易安保险。其中最引人瞩目的当属全球第一家互联网保险公司——众安保险，其是由蚂蚁金服、腾讯、中国平安等国内知名企业联合组建，利用后发优势将互联网和保险融合。该公司最大的特点是保险业务全程在线，全国不设置任何分支机构，完全通过互联网进行承保和理赔。2017年9月28日，众安在线在香港上市，短短15天市值累计上涨57%，股价在2017年10月9日攀升至近期最高点97.80元/股，上升幅度引人瞩目。众安在线的价值并不在于它是第一家互联网保险公司，而是其改变了传统保险公司的经营销售思路。传统保险公司以渠道创新、服务创新为主，基于销售业绩、改善体验为发展动力；而众安以淘宝网退货风险为出发点，利用大数据设计产品、利用互联网实现在线投资理赔、广泛尝试场景化保险创新。众安在线CEO陈劲表示，传统保险产品是基于经验数据，而互联网保险是基于关联数据，前者的数据是固化的，有沉淀周期，而后者的数据分析是实时的、动态的、基于事件因果关系的。不可否认，未来保险业若想更加贴近人们的日常生活，就必须改变传统的经营思路。保险需结合互联网的巨大优势，利用去中间化、透明化、碎片化的方式，打造更加人性化、更贴近用户体验的保险产品，在O2O、物联网、线下数据发展的大背景下，互联网保险具有巨大的发展潜力。

3.1.2 财产保险市场平稳发展

2017年我国财产保险市场平稳发展，保费收入继续增长，为我国经济发展和国计民生不断提供更全面的保障。

（一）财产保险市场总体向好

2017年财产保险市场总体向好，实现原保险保费收入9 834.66亿元，同比增

长 12.72%，增速上升 3.60 个百分点。财产保险保费收入的增速持续放缓后有所回升，但依然保持着平稳增长的态势，如图 3.5 所示。与国计民生密切相关的责任保险和农业保险业务继续保持较快增长，分别实现原保险保费收入 451.27 亿元和 479.06 亿元，同比增长 24.54% 和 14.69%。

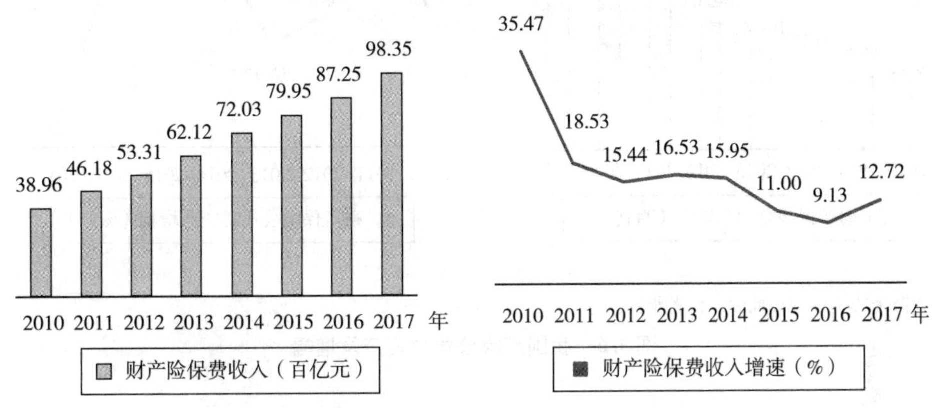

数据来源：中国保监会，作者整理。

图 3.5 财产保险保费收入及增速

从产险业务结构看，宏观经济向好及国家利好政策的出台进一步推动传统财产险业务复苏，并为产险业务发展注入新动力。2017 年非车险业务实现原保险保费收入3 020.31 亿元，同比增长 24.21%，高于车险增速 14.17 个百分点，占比 28.65%，同比上升 2.41 个百分点；车险业务原保险保费收入 7 521.07 亿元，同比增长 10.04%。在 2016 年以前的十年里，车险保费收入平均涨幅超过 20%，而 2017 年车险保费收入同比增长仅 10%，非车险业务表现良好。这与国家宏观经济改善和积极的财政政策有关，同时受车险市场化改革影响，车险市场竞争激烈。我国财产险业务过于集中在车险，而车险是亏损性业务，多险种并重发展对我国财险市场的稳定发展十分必要。

2017 年，财产保险原保险赔付支出 5 087.45 亿元，同比增长 7.64%，低于保费增速 5.08 个百分点，增速较上年下降 5.05 个百分点。

截至 2017 年底，我国产险公司总资产 24 996.77 亿元，较年初增长 5.28%，增幅低于寿险公司总资产增幅 0.97 个百分点，占保险公司总资产 14.92%，略有下降。自 2010 年至 2016 年，我国产险公司总资产一直保持着良好的增长趋势，增长速度虽然处于波动状态，但均高于 10%，2017 年增速有所下降，如图 3.6 所示。我国产险公司总资产占保险公司总资产的比例小幅上升，总体较为稳定，在 13% 上下波动，远小于寿险公司总资产 80% 左右的占比，如图 3.7 所示。

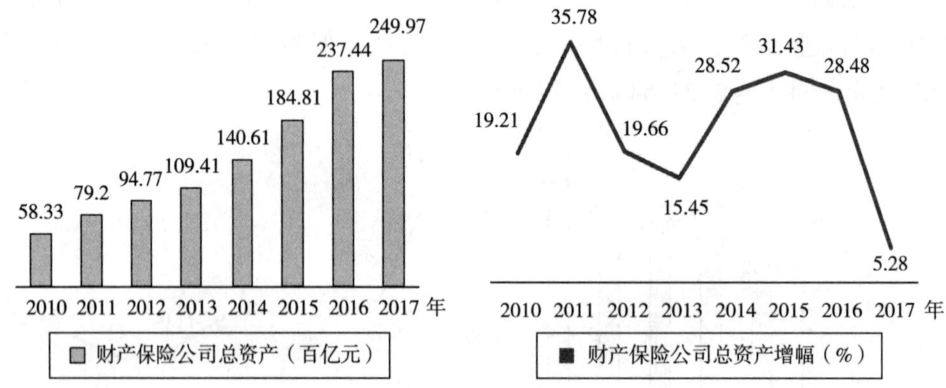

数据来源：中国保监会，作者整理。

图 3.6　我国产险公司总资产及增幅

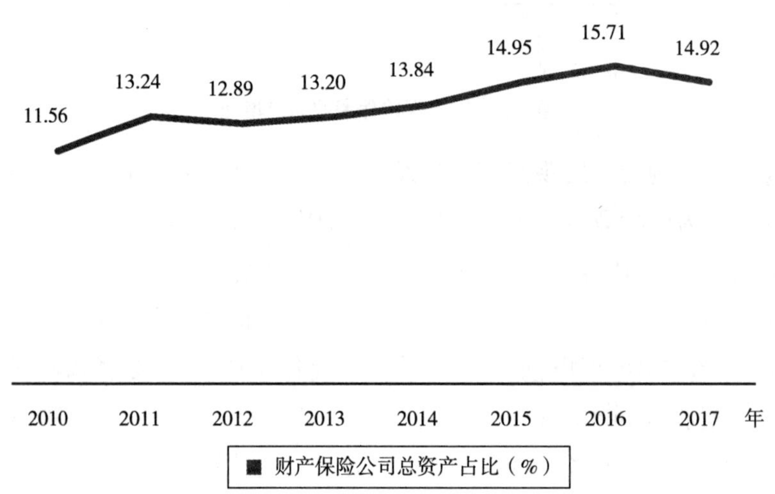

数据来源：中国保监会，作者整理。

图 3.7　我国产险公司总资产占保险公司总资产比例

截至 2017 年末，我国共有财产保险公司 84 家，原保险保费收入排名前八的公司有人保财险、平安财险、太保财险、国寿财险、中华财险、大地财险、阳光财险和太平财险，其中人保财险约占市场份额的 1/3，平安财险约占 20%，两家财险公司共占超过 50% 的市场份额。太平财险在 2015 年市场份额排名第九，2016 年跃居第八，中国信保在 2015 年排名第八，2016 年下降至第九。排名前八以外的 70 多家产险公司共同拥有不到 20% 的市场份额，且近年来各大型产险公司市场份额变化不

大，市场集中度仍然较高，人保一家独大，如图 3.8 所示。

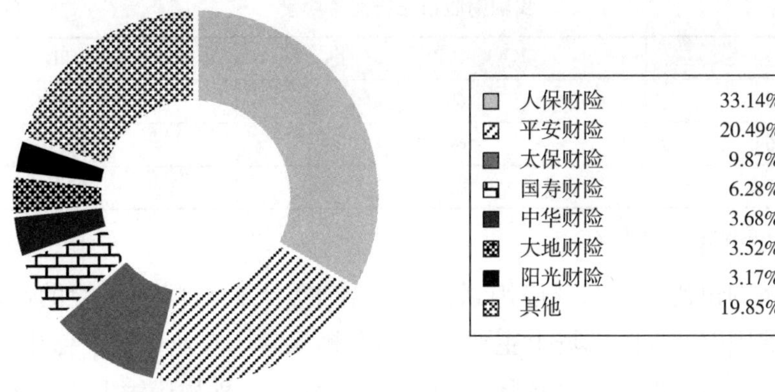

数据来源：中国保监会，作者整理。

图 3.8 2017 年产险公司市场份额

为了更直观判断我国财险市场上资产规模排名靠前的几家大型财险公司的市场份额占比，我们引进行业集中度指数（Concentration Ratio，CRn）作为衡量指标。行业集中度，顾名思义指行业相关市场内前 N 家最大的企业所占市场份额的总和，技术指标包括总产值、总产量、销售量等。美国经济学家 Joe S. Bain 根据行业集中度和 CN_4 以及 CN_8 对市场结构进行如表 3.1 所示的分类。

表 3.1 Bain 行业集中度分类

市场结构类型	CR_4	CR_8
Ⅰ极高寡占型	75% 以上	
Ⅱ高集中寡占型	65% ~75%	85% 以上
Ⅲ中上集中寡占型	50% ~65%	75% ~85%
Ⅳ中下集中寡占型	35% ~50%	45% ~75%
Ⅴ低集中寡占型	30% ~35%	40% ~45%
Ⅵ原子型（即竞争型）	30% 以下	40% 以下

依照 Bain 的划分标准，从表 3.2 中数据看出，我国 2017 年财险市场属于高集中寡占型。同时，2015 年至 2017 年，我国财险市场 CN_4 和 CN_8 几乎没有变化，一直维持在较高水平，反映出我国财险市场集中度过高的问题，人保一家独大、平安紧随其后的状况没有得到改善，众多小型保险公司仍无法获得更大的市场份额。财险市场集中度高可以使大型保险公司拥有更雄厚的资金抵御风险，提供良好服务以及进行产品创新，但也会出现风险更加集中，市场缺乏竞争力，小型保险公司发展

艰难等问题。

表 3.2　　我国财险市场行业集中度　　单位：%

年份	CR_4	CR_8
2015	69.97	82.83
2016	69.52	82.16
2017	69.77	82.24

数据来源：中国保监会，作者整理。

随着经济的快速发展和风险因素的不断增加，人们对财产保险的需求不断上升。目前，我国财产保险市场上主要有机动车辆保险、农业保险、信用保证保险、责任保险、企业财产保险、家庭财产保险、工程保险、货物运输保险、船舶保险等险种。车险依然是财产保险保费收入中占比最高的险种。从财产险公司看，2017 年车险占财产保险原保险保费收入的 71.35%，且几年来变化不大，车险一枝独大，其经营结果直接影响着财险公司的经营状况。占比第二的是农业保险，占财产保险保费收入的 4.87%，保持较快增长。从以往表现来看，占比较高的还有信用保证保险、企财险、责任险，均高于 4%，如图 3.9 所示。目前，我国财产险业务过于集中在车险，而车险是亏损性业务，多险种并重发展对我国财险市场的稳定发展十分必要。后面的章节中将分别介绍几种主要财产保险的发展现状。

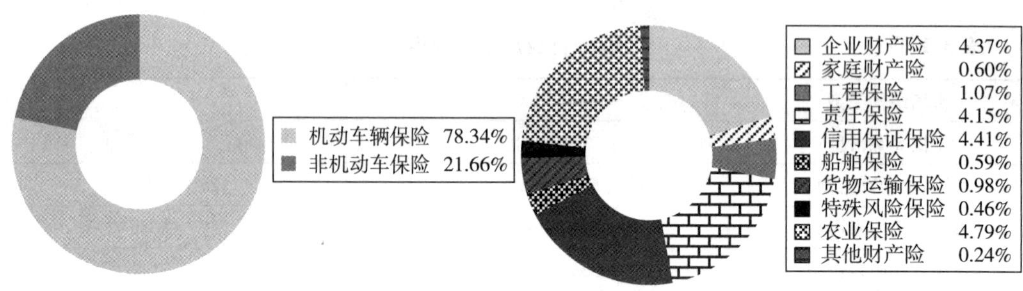

数据来源：《中国保险年鉴》，作者整理。

图 3.9　2016 年各险种占财产险原保费收入的比例

（二）车险市场化改革仍需深化

2017 年车险业务原保险保费收入 7 521.07 亿元，同比增长 10.04%，低于非车险业务增速 14.17 个百分点，占比 71.35%，同比下降 6.99 个百分点。2016 年，我国机动车辆保险总保费收入 6 834.5 亿元，占财产险总保费收入的 78.34%。过去十年里，车险保费收入平均涨幅超过 20%。随着汽车业的飞速发展，车险已成为财

险公司经营状况的重要影响因素。

汽车行业的发展与车险市场相互影响，汽车行业的飞速发展推动车险市场发展，车险市场又服务于汽车行业，最终对国民经济产生影响。“2017 年末全国民用汽车保有量 21 743 万辆（包括三轮汽车和低速货车 820 万辆），比上年末增长 11.8%，其中私人汽车保有量 18 695 万辆，增长 12.9%。民用轿车保有量 12 185 万辆，增长 12.0%，其中私人轿车 11 416 万辆，增长 12.5%。”① 因此，我国不断探索建立商业车险条款费率管理制度，以完善机动车保险体系，使其更好地服务经济发展，满足人民生活需求。

1. 机动车保险费率市场化改革正在进行

2001 年，广东省率先开始进行商业车险费率市场化改革，从 2003 年起，我国开始在全国范围内进行商业车险市场化改革，主要目的是实现车险条款费率市场化并根据保险公司偿付能力进行监管，设立新型车险监管体系。改革开始后，车险竞争越来越激烈，其间市场化改革经历了暂停和重新启动。2006 年第一次商业车险市场化改革结束，同年 7 月 1 日交强险制度正式实行，对我国车险市场产生巨大影响。经过了五年的探索，2012 年我国重新开始商业车险的市场化改革，实行有限度的车险条款费率市场化，允许符合条件的保险公司自主制定商业车险条款和费率。“2015 年 4 月在黑龙江、山东、青岛、广西、陕西、重庆等六个地区开展商业车险改革试点工作”②，鼓励商业车险创新型条款，进一步推进车险市场化改革进程。自 2016 年 7 月 1 日起，在总结试点经验的基础上，正式在全国推行机动车保险市场化改革。2017 年 6 月，中国保监会对使用协会示范条款的财产保险公司给予更高的自主定价权。第二次改革走的是循序渐进式改革路线，逐步放开对条款和费率的管制，以协会示范条款与保险公司自主定价相结合的方式，给予保险公司自主定价权力。要求保险行业协会“建立行业示范条款制度，建立对条款费率的动态监管机制，完善偿付能力监管制度，建立健全商业车险条款费率监测调整机制，进行市场化改革的同时重视风险监测”③。

2. 机动车保险经营效率有待提高

2016 年是第二次商业车险市场化改革的第一个完整年，2016 年我国机动车保

① 数据来源：《中华人民共和国 2017 年国民经济和社会发展统计公报》。

② 资料来源：《中国保监会关于印发〈深化商业车险条款费率管理制度改革试点工作方案〉的通知》（保监产险〔2015〕24 号）。

③ 资料来源：《中国保监会关于商业车险条款费率管理制度改革试点全国推广有关问题的通知》（保监产险〔2016〕113 号）。

险保费收入6 834.5亿元，同比增长10.26%，增速较2015年下降2.13个百分点，较2014年下降6.59个百分点，车险保费收入增速明显放缓。2016年车险保费收入在财产保险保费收入中占比达78.34%，较2015年提高0.8个百分点，较2014年提高1.77个百分点，整体比较稳定且略有提高。2016年车险总赔付成本为3 647.9亿元，同比增长9.36%，低于保费收入涨幅，增速较2015年下降0.84个百分点，较2014年下降1.92个百分点。因此，2016年车险赔付率为53.37%，较2015年下降0.44个百分点，较2014年下降1.5个百分点。近三年车险赔付率低于1999年以来的平均赔付率54.9%，且呈下降态势。从发达保险市场经验来看，车险业务很难长期取得承保利润，虽然我国车险赔付率不高，但由于经营费用率居高不下，车险业务也经常处于亏损状态。说明我国商业车险费率市场化改革的效果还不是很明显，车险定价仍需进一步调整以达到公平定价，同时保险公司应进一步降低综合费用率，提高经营效率。

（三）农业保险保障范围不断扩大

2017年我国农业总产值为61 719.69亿元，同比增长4.1%，增速较2016年上升1.27个百分点，自2012年以来，我国农业总产值虽然一直呈增长态势，但增速逐年下降，已从2012年11.73%的增速下降至2017年4.1%的增速。习近平总书记在2017年10月18日党的十九大会议上提出“实施乡村振兴战略”，其中提到要“构建现代农业产业体系、生产体系、经营体系，完善农业支持保护制度，发展多种形式适度规模经营，培育新型农业经营主体，健全农业社会化服务体系，实现小农户和现代农业发展有机衔接”。

1. 农业保险保费收入快速增长

2017年，我国农业保险总保费收入479.06亿元，占财产险总保费收入的4.87%，自2007年国家财政开始补贴农业保险以来，我国农业保险保费收入在财险中的占比就达到4%以上，最高占比4.94%，成为目前我国除车险外保费收入最高的财产保险险种，不断为农业生产提供更大保障。保费收入同比增长14.69%，增幅较上年提高3.27个百分点，保费收入一直呈上涨趋势，但增幅波动剧烈，如图3.10所示，我国农业保险还处于快速发展时期，农业保险发展与政策实施仍关系密切。

2. 农业保险赔付支出不断波动

截至2016年底，农业保险赔付支出达299.2亿元，同比增长26.29%，高于保费收入增速14.87个百分点，增速较上年提高10.98个百分点。受自然风险等因素

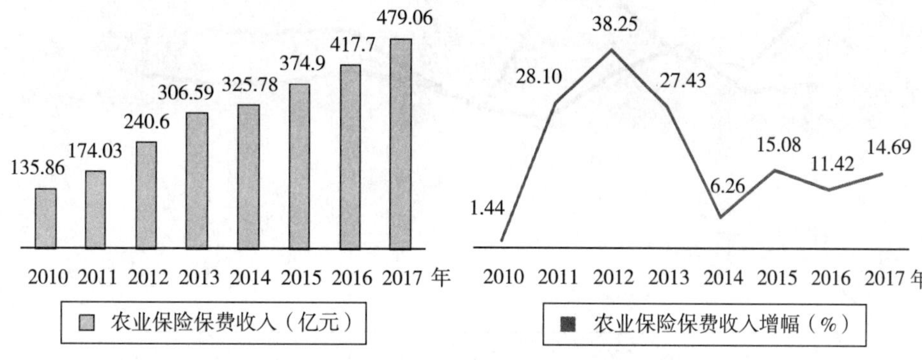

数据来源：中国保监会，作者整理。

图 3.10　农业保险保费收入及增幅

影响，自 2010 年以来，农业保险赔付支出增速较保费收入增速波动更为剧烈，赔付支出额有增有减，如图 3.11 所示。由于农业保险标的特殊性和农险服务民生的特点，农业保险赔付率显著高于财产保险总体赔付率，与财险赔付率变化趋势相似但波动幅度高于财险赔付率，如图 3.12 所示，自然条件较好的年份赔付较少，赔付率低，农险业务盈利，自然灾害频发的年份赔付较多，赔付率高，农险业务亏损。近几年气候变化越来越频繁、自然灾害多发，以及农业保险产品不断创新，扩大保障范围，农业保险赔付率呈上升趋势，2016 年农业保险赔付率达到近十年最高 71.63%。提高农业保险赔付率的同时应注意提高保险公司风险防范能力，提高农业保险定价水平，合理提供财政支持，以防对保险公司经营产生太大冲击。

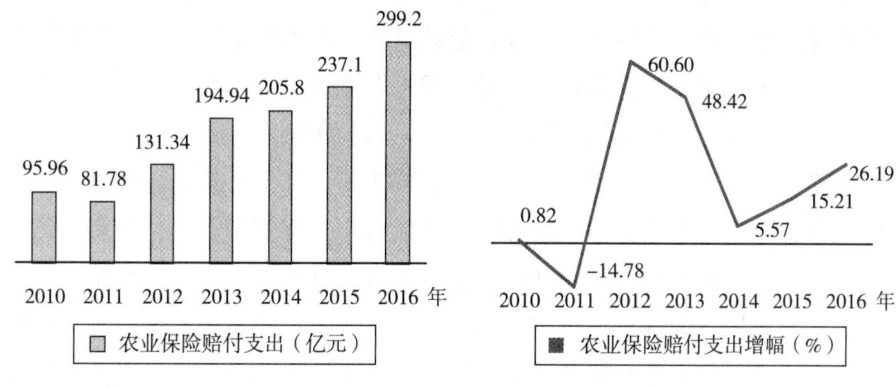

数据来源：中国保监会，作者整理。

图 3.11　农业保险赔付支出及增幅

3. 农业保险政策支持逐渐减少

农业保险是我国一大政策性保险，2004 年起，原中国保监会支持综合性的保险

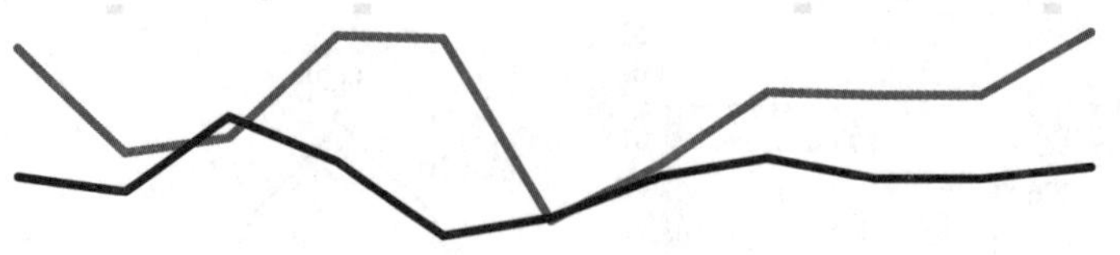

数据来源：中国保监会，作者整理。

图 3.12　农业保险赔付率与财产保险赔付率比较

公司办理农业保险业务，并先后批设五家专业性的农业保险公司：安华农业保险股份有限公司、阳光农业相互保险公司、国元农业保险股份有限公司、安信农业保险股份有限公司和中原农业保险股份有限公司。自 2007 年 4 月中央财政开始对农业保险费进行补贴，中国农业保险规模迅速扩大。2013 年 3 月 1 日起施行的《农业保险条例》指出“国家支持发展多种形式的农业保险，健全政策性农业保险制度。农业保险实行政府引导、市场运作、自主自愿和协同推进的原则”，确立了我国农业保险的基本制度。2014 年 8 月，“新国十条”提出“扩大农业保险覆盖面，提高农业保险保障程度”的要求，支持农业保险产品转型创新，提出落实农业保险大灾风险准备金制度，以及加大再保险对农业保险的保障力度，分散风险。2015 年中国保监会、财政部、农业部联合印发《关于进一步完善中央财政保费补贴型农业保险产品条款拟订工作的通知》，提出在全国开展中央财政保费补贴型农险产品的升级改造，进一步满足新形势下的农业风险管理需求。① 由财政部印发，自 2017 年 1 月 1 日起施行的《中央财政农业保险保险费补贴管理办法》进一步规范了补贴资金预算管理和拨付流程，增加了追究审批责任的内容，对农业保险保费补贴更为严格，引入了“无赔款优待”等鼓励农户投保，对中介机构行为进行了规范，并引导保险公司降低保险费率，加强承保理赔管理等，不断提高保障水平和服务质量。目前，我国农业保险的任务是进一步完善农业保险制度，加强监管，其中很重要的一点是进行产品创新，提供更优质的产品，拓展农业保险的广度和深度，为农业生产提供更全面保障。

① 资料来源：中国保监会——新闻动态《农业保险产品实现全面升级》。

（四）出口信用保险助力外贸发展

2015 年我国出口额累计 141 166. 83 亿元人民币，同比减少 1. 8%，2016 年出口额累计 138 419. 29 亿元人民币，同比减少 1. 9%，2017 年出口额累计 153 320. 58 亿元人民币，同比增加 10. 77%。2015 年至 2016 年出口额连续下降，受此影响，出口信用保险保费收入也呈下降趋势。

截至 2016 年底，我国信用保险和保证保险保费收入共计 384. 7 亿元，同比下降 3. 97%，赔付支出达 153. 4 亿元，同比增长 40. 99%，在保费收入下降的同时赔付支出大幅上升，赔付率达 39. 9%。其中信用保险保费收入 203. 22 亿元，同比增长 5. 54%。我国出口信用保险是政策性保险，其承保风险复杂多样，较一般的财产险种经营更不稳定，与我国外贸发展息息相关。

改革开放以来，我国对外贸易不断深化，在加入世界贸易组织后，对外出口贸易额更是突飞猛进，国际贸易已经成为我国最重要的支柱之一。2013 年 9 月，为了进一步深化我国对外开放，带动亚洲国家经济一起发展，习近平总书记在出外访问时提出了“一带一路”倡议，并将其作为我国这一阶段最主要的对外开放政策。“一带一路”倡议蓝图日益清晰，得到世界各国的高度关注，沿线国家也都给予了积极的响应。

2015 年是“一带一路”倡议实质性启动的一年，随着政策的不断深化，大批企业走出国门。第一，企业在进行对外贸易时面临的风险比在国内更加复杂，我国企业在外经营时需要了解并适应当地的历史文化、风俗习惯、宗教信仰、政治制度、法律法规等，这就给企业的经营安全带来了很大风险。第二，企业在对外贸易中面临更高的信用风险、汇率风险、价格风险、自然风险等，往往造成合同无法正常履行带来损失。这些损失一旦发生数额巨大，可能对企业经营造成影响。第三，企业在对外贸易中往往需要大量资金支持，而出口信用保险能帮助企业有效降低融资成本。因此，企业在进行对外贸易时需要安排出口信用保险抵御风险。

伴随着国内保险行业相关法律制度、行业规范的不断完善，公众对保险产品的认识不断提高，企业在面对风险时自然希望购买相应的保险产品以减轻经济损失。我国“一带一路”倡议不仅为中国经济发展注入新鲜血液，也惠及沿线国家，为使“一带一路”倡议惠及更多人民，出口信用保险应嵌入“一带一路”倡议。

3. 1. 3　人身保险市场高速发展

随着保险市场的不断发展和人们基本生活水平的不断提高，得益于寿险相较于财险的储蓄功能和杠杆功能，以及人们对自身未来生活质量保证的追求，人身保险已经成为人们配置资产获得保值增值的重要渠道。我国人身保险市场基本包括传统型产品和新型产品，其中传统型产品包括人寿保险、健康保险、意外伤害险和团体保险。其中，人身保险包含定期寿险、终身寿险、年金保险、分红险、投连险、万能险等；健康和意外保险包括疾病保险、医疗保险、失能收入保险、长期护理保险等。

截至2017年末，我国共有人寿保险公司85家，寿险公司总资产132 143.53亿元，同比增长6.25%。其中中资保险公司57家，原保费收入24 105.88亿元，同比增长18.72%；外资保险公司28家，实现原保费收入1 933.66亿元，同比增长39.29%。整体看来，2016年，中资保险公司市场份额从93.6%下降至92.57%，下降0.103个百分点；外资保险公司市场份额由6.4%增至7.43%，上升0.103个百分点。比例变化的不明显反映出在我国寿险市场上，中资企业地位依旧牢固，但外资寿险公司依靠发展相对稳健、长期产品较多、风险更低等优势将逐渐占据更大份额的寿险市场，外资企业份额的不断上升也反映了我国寿险市场竞争程度不断增大。

（一）原保费收入和给付支出持续攀升

保费收入方面：2017年，人身保险原保费总收入26 746.35亿元，同比增长20.29%。其中，人寿保险原保费收入21 455.57亿元，占比80.22%，同比增长23.01%；健康保险原保费收入4 389.46亿元，占比16.41%，同比增长8.58%；意外伤害保险原保费收入901.32亿元，占比3.37%，同比增长20.19%①。可见，人身保险市场中，寿险占比达4/5，占据绝大部分市场份额；意外伤害险占比相对较小，但增长势头较猛。2015年下半年颁布的健康险税收优惠政策以及人口寿命延长和养老压力的提升也促进了健康险业务的发展。

赔付支出方面：2017年，人身保险原保费给付支出6 093.34亿元，同比增长5.29%。其中，人寿保险给付支出4 574.89亿元，占比75.08%，同比下降4.46个百分点；健康险给付支出1 294.76亿元，占比21.25%，同比增长3.96个百分点；人身意外伤害保险给付支出223.68亿元，占比3.67%，同比增长0.51个百分点②。

纵观近八年数据，如图3.14所示，人身保险原保费收入从2010年1.06万亿元发展到2017年2.67万亿元。如图3.14所示，原保费给付支出从2010年1 444亿元

---

① 数据来源：中经网，作者整理。

② 数据来源：中经网，作者整理。

增至2017年6 093.34亿元，总增幅达421.98%，年均增速22.84%。总体来看，人身保险市场保持强劲增长势头，能有力防范风险，充分体现了保险惠及民生的功效，也促进了保险回归保障功能。但同时我们应该注意到，人身险的赔付率仅有22.8%，相比于发达经济体水平仍有很大差距，因此我国保险业应当加快促进“保险姓保”。

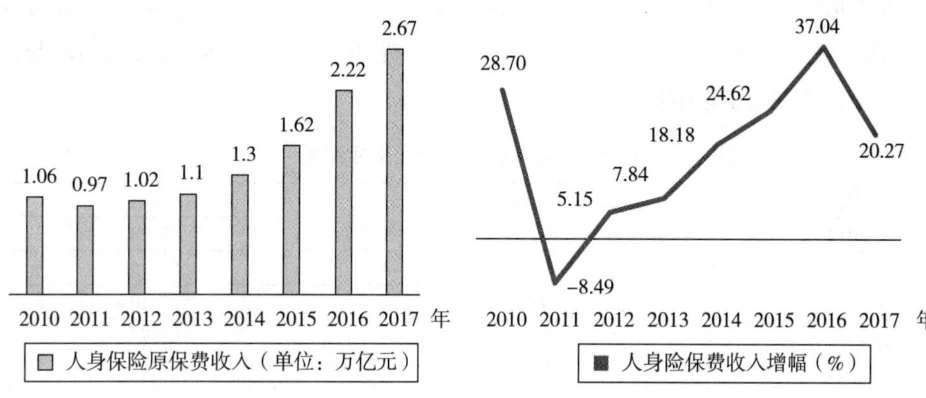

数据来源：中国保监会，作者整理。

图3.13　2010—2016年人身险原保费收入及增幅

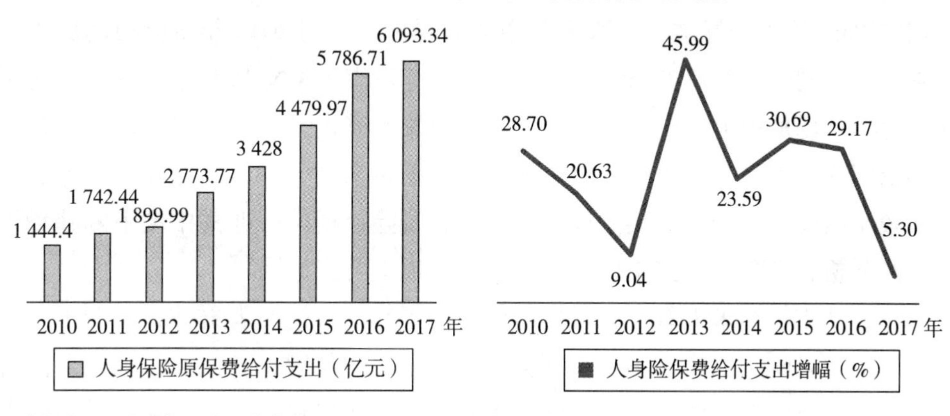

数据来源：中国保监会，作者整理。

图3.14　2010—2016年人身险原保费给付支出及增幅

（二）行业集中度逐渐降低

我国自2001年加入世界贸易组织之后，国内主要国有保险公司实行寿险业务和产险业务分业经营，分别成立人寿保险公司和财产保险公司。经过十几年的发展变化，我国保险市场在公司数量、业务额、业务种类、产品创新等方面迎来了一系列重要突破。其中，寿险公司截至2017年底已有85家，原保费收入突破20 000亿元大关；在产品种类上，新型人身保险产品获得广泛青睐，投连险、分红险得到广泛推广；保障范围逐渐扩大，重疾险、终身寿险或成为寿险公司的主要产品。①

2017 年，我国寿险市场上总保费收入前四名的公司分别是：国寿股份、平安人寿、安邦人寿和太保寿险。其中，国寿股份原保费收入 5 122.68 亿元，市场占比 19.67%，份额较 2016 年下降 1.54 个百分点；平安人寿原保费收入 3 689.34 亿元，市场占比 14.17%，份额较 2016 年上升 0.62 个百分点；安邦人寿原保费收入 1 895.78亿元，由 2016 年的第四名上升至第三名，市场占比 7.28%，市份额较 2016 年增长 1.66 个百分点；太保寿险原保费收入 1 739.82 亿元，市场占比 6.68%，份额较 2016 年下降 0.09 个百分点。②

表 3.3　　我国寿险市场行业集中度指标变化　　单位：%

年份	CR_4	CR_8
2012	64.54	83.28
2013	62.52	82.19
2014	56.25	77.10
2015	48.88	68.75
2016	43.26	63.81
2017	47.80	64.89

数据来源：中国保监会，作者整理。

依照 Bain 的划分标准，从表 3.3 中数据看出，我国 2017 年寿险市场属于中下集中寡占型。同时，2012 年至 2017 年，我国寿险市场 CN_4 和 CN_8 大体上呈现逐年递减趋势，市场从中上集中寡占型过渡到中下集中寡占型，反映出我国寿险行业市场化不断深入推进，众多小型保险公司正在占据越来越大的市场份额。

相较于财险市场的行业集中度下降比重，寿险市场的行业集中度下降趋势较为明显。经分析，寿险行业集中度的快速下降有以下几点原因：

第一，从市场需求来看，互联网时代塑造了新一代消费者群体，改变了旧的消费观念。消费者购买保险已不再过度关注保险公司的品牌，转而关注保险合同所保障的范围以及收取保费的高低。小微型保险公司之所以快速发展，从产品角度来说是其利用产品保障灵活、费率较低等优势，充分获得顾客青睐，占据更多市场份额。

第二，从销售角度来看，新寿险公司往往采取银保模式或是互联网保险模式，相比于传统寿险销售，新寿险公司依靠中介机构营销，拓宽自身中介渠道，避免与大公司直接交锋。同时，分出销售业务也使得小微企业能降低综合成本率、提高公

① 资料来源：《中国保险报》。

② 数据来源：中国保监会，作者整理。

司经营效率，具备更强的竞争力。

第三，从传统保险公司自身来说，其公司治理结构和自身体制机制的不完善也是导致自身市场份额下降的重要原因。首先，国有保险公司委托人是全体人民，而代理人是公司管理层，二者目标的不一致导致社会总福利水平的下降；其次，公司的总经理和党委书记集权于一身，决策职能、执行职能、监督职能合三为一，导致公司缺乏有效的监督制衡机制，从而降低公司整体的创新水平，服务停滞不前，导致市场份额下降。

第四，从费率市场化角度来说，费率市场化给保险市场带来机遇，同时也倒逼公司降低经营成本、提高服务质量。传统大型公司拥有市场费率的决定权，长期不变坐享收益，压制了众多小微保险企业的发展。而费改之后，释放了保险公司的创新性和市场需求的积极性，也给小微保险企业带来重要发展机遇，倒逼传统保险公司在指定费率上考虑市场需求变化，在更大程度上让利于民。

第五，从中短存续期人身保险产品受限角度来说，2017 年 5 月 12 日，中国保监会下发第 134 号文件《关于规范人身保险公司产品开发设计行为的通知》，全面规范了人身险的开发设计。其中，两全保险、年金保险产品，首次生存保险金给付必须在保单生效满 5 年后，且每年给付或部分领取比例不得超过已交保费的 20%。这项规定就限制了中短存续期保险产品的销售，这使得保险公司不得不转变营销策略，一定程度上降低了寿险行业集中度。

基于上述原因，寿险市场集中度快速下降，促使大型保险公司转变发展思路和发展策略，为我国寿险市场向世界先进水平看齐提供了帮助。

（三）人身险险种结构逐步优化

我国人身保险主要险种包括人寿保险、健康保险和意外伤害保险，以及投连险、分红险和万能险。2017 年，人身保险原保费总收入 26 746. 35 亿元。其中，人寿保险原保费收入 21 455. 57 亿元，占比 80. 22%；健康保险原保费收入 4 389. 46 亿元，占比 16. 41%；意外伤害保险原保费收入 901. 32 亿元，占比 3. 37%。

纵观近 11 年数据，人寿保险收入从 2007 年 4 463. 75 亿元增至 2017 年 21 455. 57亿元，总增幅达 480. 66%，年均增速为 17%；健康险保费收入从 2007 年 116. 86 亿元发展至 2017 年 4 389. 46 亿元，总增幅达 3 756. 17%，年均增速 43. 71%；意外伤害险保费收入从 2007 年 63. 43 亿元发展至 2017 年 901. 32 亿元，总增幅达 1 420. 97%，年均增速 30. 38%。[①] 从中可以看出，人寿保险占据人身险较

① 数据来源：中国保监会，比例系有关数据计算得出。

大比例，健康险和意外伤害险占比相对较小，且有较大的发展空间。同时，健康险增速显著高于其他二者，反映出我国居民愈加重视对未来生活健康质量的保证，近几年重大疾病保险的销售量和销售额持续增长，刺激了健康险市场份额的较快发展。图 3. 15 反映近十年来人身险保费收入结构。

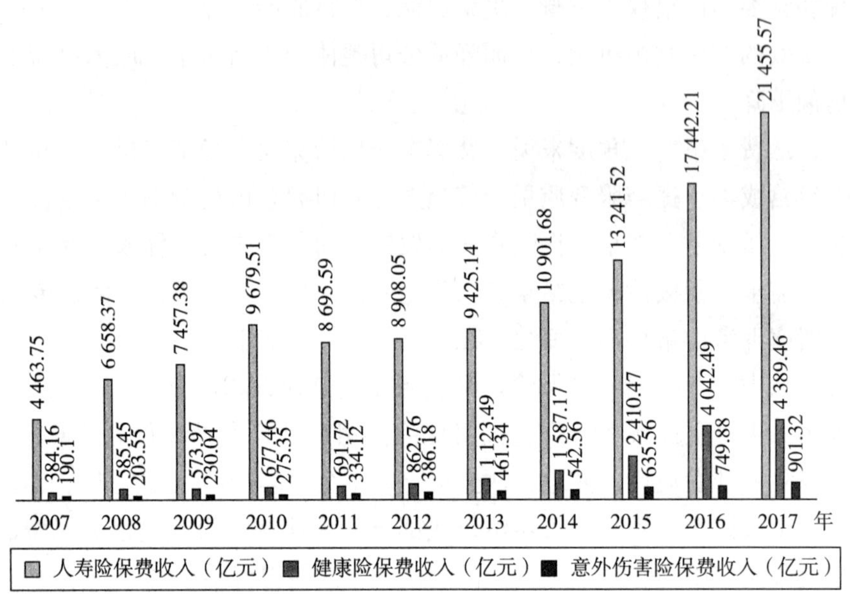

数据来源：中国保监会，作者整理。

图 3. 15　2007—2017 年人身险保费收入结构图

随着监管政策的持续加强，以万能险产品为首的中短存续期产品受到严格限制，受此影响的大公司纷纷调整战略、改变产品销售结构，主要的做法是提高保障型产品的原保费占比，压缩万能险和投连险等险种，并由趸交业务型转变为期交业务型。当下，我国寿险险种结构相对发达国家寿险结构来说，显得较为单一：市场绝大多数份额被人寿险占据；健康和意外保险占比相对较小，但增长势头较猛，未来具有较大的发展潜力；投连险和万能险在监管的压力下正在回归正轨，但发展水平仍远不如西方发达国家。

（四）健康险发展前景看好

进入 21 世纪的十几年来，我国人民物质生活水平不断提高，伴随着粗放式经济发展模式，一系列社会问题凸显出来：我国雾霾天气愈加频繁；部分地区生态环境趋于恶化，出现了癌症村现象；食品安全、公共安全问题愈加突出等。微观层面，人们在享受经济发展带来物质生活水平提高的同时，也在担心未来生活水平的

质量难以保证。宏观层面，习近平主席在2016年8月的全国卫生与健康大会上提出“要把人民健康放在优先发展的战略位置”；在2017年10月18日党的十九大上提出要实施健康中国战略，将人民健康视作民族昌盛和国家富强的重要标志。国家政策的支持加之国民对未来生活质量的期盼，促使健康险进入快速发展时期。

1. 政策利好

2016年12月27日，国务院印发《“十三五”深化医药卫生体制改革规划》（国发〔2016〕78号，以下简称《规划》）。《规划》中多次提到商业保险发挥的作用，并指出“要丰富健康保险产品，大力发展消费型健康保险，促进发展各类健康保险，制定和完善财政税收等相关优惠政策，支持商业健康保险加快发展。”因此，对于商业健康险发展的推动不仅是保险市场自身发展的迫切需求，更是推进供给侧结构性改革和健康中国建设的要求。党的十八大以来，国务院相继出台了《关于促进健康服务业发展的若干意见》《关于加快发展现代保险服务业的若干意见》《关于加快发展商业健康保险的若干意见》三份文件，商业健康险作为重要发展内容被提上工作日程。中国保监会也出台了一系列文件支持引导。表3.4是近五年来涉及商业健康险的相关文件汇总。

表3.4　　涉及商业健康险相关文件汇总

发布时间	文件名称	文件内容
2013.10.18	《国务院关于促进健康服务业发展的若干意见》（国发〔2013〕40号）	主要任务包括：大力发展医疗服务；加快发展健康养老服务；积极发展健康保险；全面发展中医药医疗保健服务；支持发展多样化健康服务；培育健康服务业相关支撑产业；健全人力资源保障机制；夯实健康服务业发展基础
2014.08.10	《国务院关于加快发展现代保险服务业的若干意见》（国发〔2014〕29号）	发挥保险风险管理功能，完善保险经济补偿机制，完善多层次社会保障体系；大力发展“三农”保险；拓展保险服务功能，促进经济提质增效升级；加强和改进保险监管，防范化解风险；加强基础建设，优化保险业发展环境
2014.10.27	《国务院办公厅关于加快发展商业健康保险的若干意见》（国办发〔2014〕50号）	扩大商业健康保险供给，丰富商业健康保险产品；全面推进并规范商业保险机构承办城乡居民大病保险，完善商业保险机构和医疗卫生机构合作机制；提升管理和服务水平
2015.07.28	《国务院办公厅关于全面实施城乡居民大病保险的意见》（国办发〔2015〕57号）	完善大病保险筹资机制，提高大病保险保障水平，加强医疗保障各项制度的衔接，规范大病保险承办服务，严格监督管理

续表

发布时间	文件名称	文件内容
2016. 01. 04	《中国保监会办公厅关于开展个人税收优惠型健康保险业务有关事项的通知》（保监厅发〔2016〕1号）	开展个人税收优惠型保险业务的保险公司的健康保险信息管理系统应与中国保险信息技术管理有限责任公司开发的商业健康保险信息平台对接，并向中国保监会报送开展个人税收优惠型健康保险业务的报告；开展个人税收优惠型健康保险业务的保险公司应加强业务管理，确保被保险人信息准确，做到“一人一单一码”
2016. 12. 27	《国务院关于印发“十三五”深化医药卫生体制改革规划的通知》（国发〔2016〕78号）	“十三五”期间，要在分级诊疗、现代医院管理、全民医保、药品供应保障、综合监管等五项制度建设上取得新突破，同时统筹推进相关领域改革

资料来源：中华人民共和国中央人民政府，中国保监会，作者整理。

2. 市场份额逐步扩大

2017 年，健康保险原保费收入 4 389.46 亿元，占比 16.41%，同比增长 8.58%。十年来健康险的发展状况如图 3.16 所示。

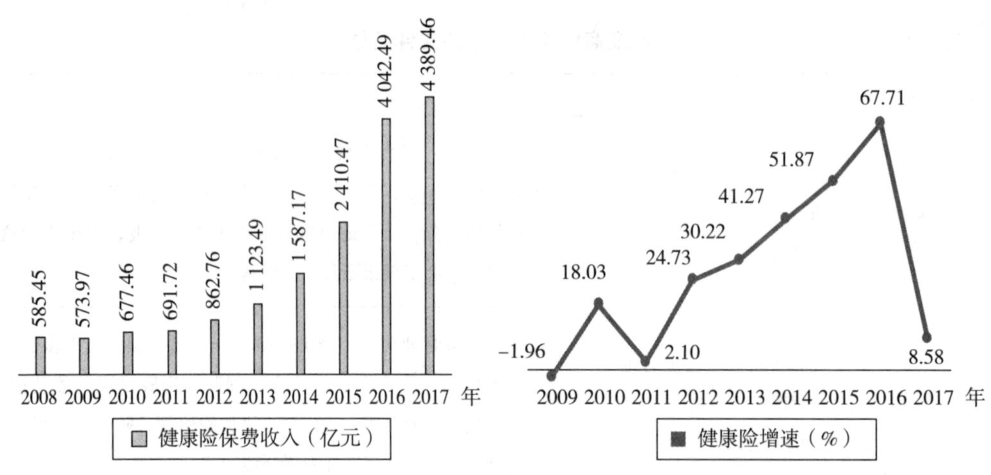

数据来源：中国保监会，作者整理。

图 3.16　2008—2017 年健康险保费收入和增速对比图

与其他险种相比，健康险增速远远高于其他险种增速，且增速差距不断扩大，其市场占有率也在不断上升。截至 2017 年末，我国开办健康险业务的保险公司接近 150 家，产品种类近 3 000 种，基本包括四大类：医疗保险、疾病保险、护理保险和失能收入保险。现阶段，我国已经进入并将长期处于人口老龄化阶段。2017 年

末中国大陆总人口为139 008万人，比上年末增加737万人。从年龄构成看，16～59周岁的劳动年龄人口为90 199万人，占总人口的比重为64.9%；60周岁及以上人口24 090万人，占总人口的17.3%。老龄人口的增长率远超全国人口平均增长率。人口老龄化时代的到来加上医疗卫生体制改革的政策利好将使得商业养老保险和商业医疗保险迎来重大发展机遇期，这两类保险的发展也将填补社会养老和社会医疗保险不足的缺陷，为我国社会福利制度的发展贡献力量。

3. 健康险需借鉴国外先进经验

为响应平安中国和健康中国的发展战略，为促进商业健康险的发展，国家出台了一系列政策，其中最具代表性的是国务院开展个人所得税优惠政策试点，鼓励购买适合大众的综合性商业健康保险，且允许个人在当年按平均2 400元的限额予以税前扣除。除了税收方面的优惠之外，国家还通过市场的力量提高医疗保障水平、降低医疗服务费用，促进政府、医院、保险公司三者之间的联动，降低社会整体服务成本。在看到发展利好的同时，也要看到现阶段出现的问题：第一，健康险的购买非常容易诱发逆向选择，身体健康状况较差的人更加倾向投保，导致保险公司经营健康险赔付占比较高，易出现亏损；第二，健康险卖出之后容易引发道德风险，人们过度倾向去大医院、水平较高的医院看病，加之我国现阶段保险公司对医院医疗控费能力不强，导致保险公司出现高额赔付。

为使得我国商业健康险发展取得突破，我们可以学习国外先进经验，利用互联网在我国的高速发展，打造“保险＋互联网＋健康管理”新型模式。首先，利用互联网大数据对用户以及潜在的用户进行海量信息筛选，提供更加个性化的个人医疗保险咨询，提高诊疗效率和用户体验；其次，利用互联网快捷便利的特点，向用户精准投递其希望购买的保险，可以打造快速投保、快速核保、远程医疗、快速理赔的格局。新型的健康险销售渠道将促进健康险在我国的快速发展，弥补社会医疗的不足与缺陷。

3.1.4 再保险市场发展稳健

再保险业务是保险业务中的重要组成部分，它的存在在保险公司提高偿付能力和资金运用效率以及社会影响等方面都有着重要意义。据原中国保监会发布的统计信息，截至2017年，我国再保险公司总资产3 149.87亿元，占保险公司总资产的1.88%，较年初增长了14.07%，如图3.17所示。与前几年我国再保险行业总资产大幅增长不同的是，从2016年开始，再保险行业总资产出现大幅度下滑，其重要影响因素是分保手续费收入的减少，而“偿二代”的实施使得各原保险公司加强自

身的偿付能力和资金运用效率，这也导致再保险公司收入的下降。

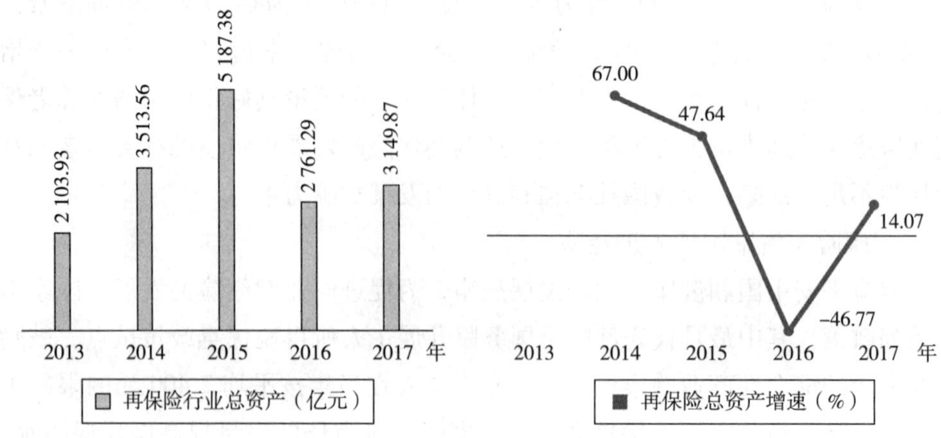

资料来源：中华人民共和国统计局，作者整理。

图 3.17　2013—2017 年再保险行业总资产及增速

（一）再保险市场集中度依然处于高位

目前，国内主要的再保险公司包括中资的 5 家：中国财产再保险、中国人寿再保险、太平再保险、人保再保险、前海再保险，外资的 6 家：慕尼黑再保险、瑞士再保险、德国通用再保险、RGA 美国再保险、法国再保险、汉诺威再保险。国内市场上，中再集团依旧占据着近乎垄断的地位。2016 年末，中再集团总资产为 2 112. 07亿元，占再保险市场总资产的 76. 49%；总保费收入 867 亿元，占市场总保费收入的 57. 09%，同比增长 7. 8%。[①] 可见，我国再保险市场的垄断程度非常高，市场竞争主体有限且难以实现竞争优势，短时间内难以撼动中再集团的垄断地位。

（二）再保险发展任重道远

作为保险的保险，再保险是支撑保险行业发展的重要保障。近年来，随着行业险种的调整、“偿二代”的实施、保险公司资金补充机制的日趋多元化以及偿付能力的不断增强，再保险公司的保费收入呈现下滑趋势。为了加强再保险的突出作用，“新国十条”已经给出明确要求，比如，加强再保险产品和技术的创新力度；增强再保险分散自然灾害风险能力；强化再保险对我国海外企业的支持保障；加强再保险对农业、交通、能源、化工、水利、地铁、航空、核电等国家重点项目的保障力度。国家政策的大力支持，加之保险行业发展自身的需要，一国再保险市场的

① 数据来源：《中国保险报》。

发展水平成为衡量一个国家保险业水平的重要指标。在国外市场上，慕尼黑再保险、瑞士再保险、汉诺威等先进的再保险机构，具有在全球市场上极高的份额占比以及世界性的话语权和定价权。相比之下，发展国内的再保险业务、提升再保险技术水平对我国提升保险业世界话语权具有重要意义。

虽然我国再保险行业近年来有着长足发展，并取得了一定的成绩，但是相对于财产险和人身险来说起步较晚，各方面制度还不太成熟。目前我国再保险市场在主体数量、市场集中度、专业水平、服务质量和产品开发方面依然存在许多问题，其中突出的问题有数据积累不够以及对数据分析运用能力不足，这对处理重大经济损失补偿的能力产生了限制，因此再保险业在我国的发展任重而道远。

3.1.5 保险资金运用配置更趋优化

2016 年上半年，利率下行叠加股市低迷，资金运用面临复杂多变的市场环境。保险公司资金运用余额 125 629. 30 亿元，较年初增长 12. 37%。实现资金运用收益 2 944. 82 亿元，同比减少 2 160. 30 亿元，下降 42. 32%。资金运用收益率 2. 47%，同比下降 2. 69 个百分点。银行存款和债券余额合计 65 683. 67 亿元，占资金运用余额的比例为 52. 28%，较第一季度末下降了 3. 50 个百分点，较年初下降 3. 89 个百分点，实现收益1 428. 92亿元，比去年同期减少 26. 19 亿元。股票和证券投资基金余额合计 16 959. 44 亿元，占资金运用余额的比例为 13. 50%，较第一季度末下降 0. 53 个百分点，较年初下降 1. 68 个百分点，实现收益 241. 44 亿元，同比减少 2 612. 10亿元。

截至 2017 年，保险公司资金运用余额 149 206. 21 亿元，较年初增长 11. 42%。其中，固定收益类余额 70 886. 96 亿元，占比 47. 51%，下降 3. 19 个百分点；股票和证券投资基金 18 353. 71 亿元，占比 12. 30%，下降 0. 98 个百分点；长期股权投资 14 769. 06 亿元，占比 9. 90%，上升 0. 73 个百分点。2017 年各项资金运用余额占比如图 3. 18 所示。资金运用收益 8 352. 13 亿元，同比增长 18. 12%，资金收益率 5. 77%，较去年同期上升 0. 11 个百分点。其中，债券收益 2 086. 98 亿元，增长 11. 07%；股票收益 1 183. 98 亿元，增长 355. 46%。2017 年保险公司积极应对市场挑战，审慎投资，探索基础设施、供给侧改革、债转股等领域的投资机会，实现长期股权投资和其他投资收益 2 593. 62 亿元，增长 19. 44%。保监会保险资金运用监管部副主任贾飙认为，在当前市场环境下，保险资金取得这样的成绩很不容易，最主要原因是，近年来保险资产配置结构一直较为稳定并持续优化。2017 年，固定收益类资产配置比例保持在 71% ~72%。除此之外，2017 年保险资金在股票市场取

得较好成绩，对收益贡献较大。

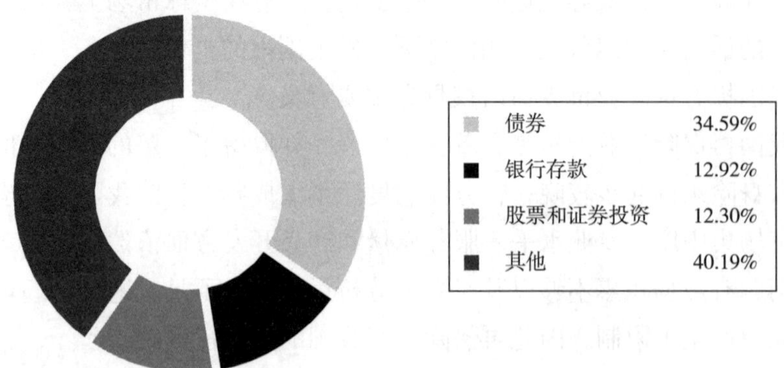

数据来源：中国保监会，作者整理。

图 3.18　2017 年各项保险资金运用余额占比

在承保业务持续增长和保险资金运用获得良好收益的双重作用下，截至 2017 年底，我国保险公司总资产 167 489. 37 亿元，较年初增长 10. 80%。其中产险公司总资产24 996. 77亿元，较年初增长 5. 28%；寿险公司总资产 132 143. 53 亿元，较年初增长 6. 25%；再保险公司总资产 3 149. 87 亿元，较年初增长 14. 07%；资产管理公司总资产 491. 45 亿元，较年初增长 15. 28%。保险公司净资产 18 845. 05 亿元，较年初增长 9. 31%。截至 2017 年我国已经有综合型的保险资管公司 24 家，大型保险集团基本都成立了资管子公司进行专业化的投资管理，行业竞争不断深化。

在监管方面，2018 年 1 月 26 日发布的《保险资金运用管理办法》（保监会令〔2018〕1 号，以下简称《管理办法》）于 2018 年 4 月 1 日起正式实施。修订后的《管理办法》一是明确保险资金运用形式，包括资金运用的范围和模式；二是规范保险资金运用决策机制和运用流程；三是强化风险管控机制，要求保险机构健全公司治理和内部控制，切实承担各项管理职责和防范相关风险；四是明确监管机构对保险机构和相关当事人的违规责任追究。本次修订主要围绕三个方面进行：适应新形势的要求，新增对保险资金运用的规定；将近几年有益的实践经验和相关规范性文件上升为部门规章，更好提升法律效力；根据“放管服”要求，深入推进保险资金运用改革。从总体看，《管理办法》体现了审慎监管理念，顺应了保险资金运用实践需求，为促进保险资金运用稳健发展和防范保险资金运用风险提供了坚实基础。

3.2 中国保险市场的发展趋势

本节内容将从保险市场主体、保险市场客体和保险监管等方面来预测保险市场今后的发展趋势。其中，保险市场主体是指保险市场交易活动的参与者，包括保险商品的供给方、需求方和在供求双方起到连接作用的中介方。保险市场客体指市场上双方交易的对象，即保险产品。本节介绍保险商品的供求双方的发展趋势，中介方将在之后的章节加以介绍。

3.2.1 供给主体发展趋势分析

保险市场供给主体是指在保险市场上，提供各类保险商品，承担、分散和转移他人风险的各类保险人，其组织形式主要有国有保险公司、股份有限公司、相互保险公司、专业自保公司、保险合作社、相互保险社等。截至 2017 年底，我国保险市场上共有 12 家保险集团、84 家财产保险公司、86 家人身保险公司、11 家再保险公司、24 家资产管理公司。

（一）组织形式日趋多元化

1. 相互保险公司落户中国

我国于 1949 年创办第一家保险公司——中国人民保险公司，负责全国的保险事务，至 1988 年以前，其性质属于国营保险机构。1988 年，我国第一家股份制保险公司——平安保险公司成立，标志着我国保险业进入股份制时代。之后，随着改革开放的不断推进，在加入世贸组织之后，我国保险业深入改组推进市场化改革，实行财产险和人身险分业经营。此外，大批外资保险公司如美国友邦保险，进驻中国本土市场，主要经营个体保险业务。经过几十年的不断发展，如今我国保险公司大部分以股份有限责任公司的组织形式存在，股份公司制以所有权和经营权的分离为组织优势，提高了保险公司经营效率、资金运用效率，减少了不必要的行政成本，大大增强了保险公司的运营活力，从而使股份公司制成为各家保险公司主要采用的组织形式。

随着我国社会主义市场经济的发展和全面深化改革的不断推进，我国保险公司引进了相互保险公司制，为保险市场组织形式增添了新元素。2016 年，中国保监会相继批复三家相互保险公司挂牌经营，分别是众惠财产相互保险社、信美人寿相互保险社和汇友建工财产相互保险社，三家相互保险公司的成立标志着相互保险公司

制在我国正式进入发展阶段。

相互保险公司在国外的发展历史比较悠久，具有数百年历史，众多资金力量雄厚的保险公司实行的均是相互保险制，如美国的谨慎人寿保险公司、大都会人寿保险公司。相互保险是由一些对同一危险有某种保障需求的人所组成的组织，以互帮互助为目的，实行“收益共享、风险共担”，主要包括相互保险社、保险合作社、交互保险社和相互保险公司四种组织形式。其组织优势是没有“股东”这一概念，也就没有公司股东和被保险人之间的利益冲突，成员对团体所面临的风险比较了解，有效克服信息不对称的问题；组织形式更加扁平化，大大降低管理费用。同时，相互保险的每个保险参与人自身同时也是保险公司的所有人，既是保险人又是被保险人。

相互保险在2016年以前的中国保险市场上，除了黑龙江省试点的阳光农业相互保险公司、农业部主管的中国渔业互保协会、交通部主管的中国船东保险协会之外，在市场上和政策法规上几乎是一片空白，这三家在本土新落脚的相互保险公司在组织形式上不啻为股份制的一个有效补充，但同时也面临着适应中国经济社会发展的难题。首先，相互保险公司资金力量绝大部分依靠公司成员所交保费，资金增长速度较慢；其次，相互保险公司的成员必须具备高质量、良好的信用状态，不然会形成道德风险，会对公司的资金运营造成打击；最后，我国保险法并未对相互保险做出相关规定，也就是说相互保险在我国的经营面临着一个法律盲区，因而我国应加快对相互保险立法，尽快实现规范化经营。

2. 专业自保公司为大型企业所青睐

根据数据统计，世界财富500强企业中目前有超过70%的企业设立了专业自保公司，美国500强中有90%都已经成立了自保公司，越来越多的大型企业都拥有了自己的保险公司。专业自保公司是自保组织的高级形式，其在组织上隶属于母公司，专门为母公司提供个性化的保险服务。

专业自保公司具有自身独特的优势：第一，税收优势。作为大型企业的子公司，自保公司吸入母公司的保险业务后，可以使母公司这部分保费在税前扣除，带来税收优惠。第二，成本优势。相对于让其他保险公司经营自身的保险业务，自保公司具有成本较低的优势，其保险费相较于独立保险公司低。第三，风险识别优势。自保公司对母公司的经营情况较为了解，可以更好地管理自身经营所面临的风险，为母公司量身定制个性化的保险服务。

目前我国专业保险公司处于起步阶段，中石油集团于2013年成立了全国第一家专业自保公司——中石油专属财产保险股份有限公司，之后中国铁路财产保险自

保有限公司于2015年7月成立。2017年自保公司领域动作不断：2月，中远海运财产保险自保有限公司开业；3月，中国大唐集团财产保险自保有限公司进行预披露，4月，广东粤电财产保险自保有限公司（筹）举行创立大会，这标志着粤电自保公司已基本完成开业筹备，具备申请开业条件。除了上述自保公司，我国已设立的自保公司还包括注册地在我国香港的中海油自保公司、中广核自保公司以及中石化自保公司。至此，已经开业的和正在筹建的自保公司已经有8家，加上计划设立的自保公司，我国专业自保公司数量即将迈向两位数。专业自保公司为我国保险公司组织形式填补了空白。

（二）市场占有率和行业集中度趋于下降

市场占有率也称市场份额，指一个企业的销售量或销售额在市场同类产品中所占的比重，反映该企业对市场的控制能力以及市场的垄断程度。行业集中度，指一个行业内市场份额占据前N名的企业的市场份额总和，是反映该市场垄断程度的重要指标。为反映行业集中度情况，我们引入行业集中度指数CR_n来表示行业前N名企业的市场份额总和占比。下面将通过分析财险市场和寿险市场的行业集中度和前几家大型公司的市场占有率近年来的变化趋势来分析行业份额今后的发展趋势。

截至2017年末，财产险市场上排名前四名的大型财险公司分别是人保财险、平安财险、太保财险、国寿财险；排名前八名的财险公司还包括中华财险、大地财险、阳光财险和太平财险。根据各公司2017年报披露的信息以及中国保监会公布的数据计算得出：2017年，我国财产险行业$CR_4=69.77\%$，同比上升0.36个百分点；$CN_8=82.24\%$，同比上升0.06个百分点。根据贝恩的划分，我国财险市场仍处于中上集中寡占型，就近五年的发展趋势可看出CR_4指标和CN_8指标逐年下降，反映了财险业的市场化进程正不断推进。

2017年，我国寿险市场上总保费收入前四名的公司分别是国寿股份、平安人寿、安邦人寿和太保寿险。其中，国寿股份原保费收入5 122.68亿元，市场占比19.67%，份额较2016年下降1.54个百分点；平安人寿原保费收入3 689.34亿元，市场占比14.17%，份额较2016年上升0.62个百分点；安邦人寿原保费收入1 895.78亿元，由2016年的第四名上升至第三名，市场占比7.28%，份额较2016年增长1.66个百分点；太保寿险原保费收入1 739.82亿元，市场占比6.68%，份额较2016年下降0.09个百分点。[①]

一系列外资寿险公司以及中资小型寿险公司依靠其盘子小、经营方式灵活、承

① 数据来源：中国保监会，作者整理。

包范围大、免责条款较少等优势吸引消费者购买自己公司的保险，从而稀释大型寿险公司的市场份额，对推进寿险的市场化起到了一定的作用。

对比财险市场和寿险市场的行业集中度指标可看出，财产险的行业集中度下降趋势较微弱，相比之下人身险市场行业集中度下降趋势明显。分析认为，互联网保险的快速发展以及大数据、云计算等计算机科技在保险市场上的运用，对传统保险市场的经营和销售模式产生较大的冲击，小微型互联网保险公司利用经营成本较低、销售渠道多元化、产品费率低等优势吸引消费者购买，短时间内汇聚起大量需求，扩大了自身的市场占有率，致使市场集中度趋于下降，以及专业自保公司的成立，使传统保险公司的保费收入下降，从而行业集中度下降。单独观察财产险市场，财产险市场绝大部分被车险占据，市场上经营车险的几家保险巨头纷纷拥有了自身的网上销售平台，可以快速完成投保和核保理赔；而小型公司进占车险市场显然不能完全避免与大公司的品牌信誉的较量，从而其市场份额较小，财产险行业集中度依旧保持高位。

3.2.2 市场需求趋势分析

需求是引导行业发展方向的重要因素。随着我国经济的快速增长，人均收入水平不断提高，目前，我国消费者的情况是储蓄过度，保障不足。保险业回归保障本源后，消费者的保险需求会呈现一个爆炸式的增长，同时会给中国保险市场带来第二次飞速发展机遇。

（一）经济增长因素刺激保险需求

近三十年来，我国经济飞速发展，经济增速虽逐渐放缓，但从全球来看依然保持着良好的增长态势，GDP 和人均可支配收入稳步上升。截至 2017 年底，我国 GDP 总量达 82.7 万亿元，人均可支配收入达 25 974 元。得益于 GDP 和人均可支配收入的快速增长，近几年保险需求大幅扩大。

20 世纪 90 年代以来，我国保险业稳步发展，中国的保险市场被公认为世界上最大的也是最具潜力的市场。20 世纪 90 年代后保险需求增长的主要原因是社会生产力的提高和国民经济的发展。

保险业的发展是建立在国民经济发展基础之上的，保险需求与经济发展水平、收入水平密切相关，它们之间存在着相对稳定的内在联系，保险业始终伴随着经济的发展而发展。生产力和科技的发展带来了风险结构的变化。我国正处于经济增长时期，生产力的高速发展离不开巨额投资，在科技日新月异的时代，投资总量的增

加带来风险增大。生产力的发展在增加经济总量的同时也改变了原来的经济结构。资本密集型产业逐步取代劳动密集型产业，高新技术被广泛应用于生产之中。经济结构的变化也影响了原来的风险结构，高新技术产生的风险在风险结构中的比重逐渐增大。高新技术中的风险相较于传统技术的风险，管理难度更高，一旦发生损失，损失程度更大，需要更高保障水平维护生产稳定。

未来一段时间内，中国经济还将处于增长时期，且消费者目前的情况是储蓄过多，保障不足，随着保险业回归保障本源，保险需求还将大幅增长。

（二）保险助力民生保障

1. 人口老龄化推进商业养老保险发展

众所周知，我国是世界上第一人口大国，占世界人口数的近1/5。截至2017年末，我国总人口已达13.9亿人，对比2000年，年均增长率0.68%。其中，60岁以上的老年人口数为22 200万人，占总人口数的16.15%，年均增长率3.63%；65岁以上老年人口数为14 386万人，年均增长率为3.31%。[①] 老龄人口的增长率远超全国人口平均增长率，因而我国已经进入人口老龄化社会并将长期持续。同时，出生率的降低将导致未来人口结构呈现“两头小，中间大”的橄榄球状，也将意味着以后年轻人缴纳的社会保险费将要养活更多的老年人，这对养老保障体系和财政来说是一个严峻的考验。

在我国经济社会发展、人民生活质量不断提升、追求未来生活质量和对保险观念转变的大背景下，结合商业保险自身的优势，人口老龄化将刺激对商业养老保险、商业医疗保险和长期护理保险等的需求。在此背景下，商业养老保险将会成为社会保障的有力补充，我国社会保障将更好地与商业保险展开合作，提升社会整体保障水平。

就商业养老保险自身来说，其有几点优势：第一，商业养老保险可以减轻社会保障的压力，主张个人在自身养老保险中的作用，正所谓“养保险防老”；第二，商业养老保险相对于社会养老保险，具有权利义务对等的优势，买得多保得多，充分体现了服务个性化、差异化；第三，商业养老保险具有资产配置和资金杠杆作用，年轻时购买养老保险可以在达到合同约定年龄时获得一笔可观的保障收入；第四，商业养老保险有助于保险回归保障本源；第五，商业养老保险可以有效覆盖通胀风险，避免养老金贬值；第六，商业养老保险作为社会养老保险的有效补充，发挥了政府、企业、个人三方联动的优势，增强了社会风险管控水平。

---

① 数据来源：中国统计局，作者整理。

截至2015年末，我国养老保险公司年金受托管理资产达4 168.79亿元，同比增长31.93%；养老保险公司年金投资管理资产达3 525.51亿元，同比增长23.36%。对比2007年养老保险公司数据，受托管理资产总增幅达4 962.3%，年均增幅162.91%；投资管理资产总增幅达4 421.25%，年均增幅160.58%。可见近十年来我国商业养老保险机构资金力量发展迅猛，我国对商业养老保险的政策力度不断加大，社会保障制度和机制正不断完善。

2. 新医改推进商业医疗保险发展

2016年12月27日，国务院印发《“十三五”深化医药卫生体制改革规划》（以下简称《规划》），全面推进健康中国建设。《规划》指出，“十三五”时期是我国全面建成小康社会的决胜阶段，也是建立健全基本医疗卫生制度、推进健康中国建设的关键时期。当前，人民生活水平不断提高，健康需求日益增长，但我国卫生资源总量不足、结构不合理、分布不均衡、供给主体相对单一、基层服务能力薄弱等问题仍比较突出，维护和促进人民健康的制度体系仍需不断完善。因而，需发挥商业医疗保险的优势，将其与社会医保相结合，弥补社会医保的短板。

当前，我国医药卫生服务质量仍处于不发达阶段，卫生资源分配不均、分级诊疗制度不发达、“看病难”“看病贵”的问题依然突出。同时，社会基本医疗保险具有众多缺陷，包括：基本医疗保险可以报销的数额小，难管大病，相对于高额的医疗费用来说可谓杯水车薪；基本医保不能报销大部分进口药物，而患者多偏向于使用进口药，导致医保难以覆盖；基本医疗保险基金盘子在人口老龄化的大背景下显得较为单薄，且基金管理运用水平不高，等等，社会医疗保险的种种问题促使国家逐渐重视商业医疗保险的作用，积极推进商业保险和社会保险相结合。

商业医疗保险相较于社会医疗保险具有几点优势：第一，灵活高效优势。社会保险追求“公平”原则，可以覆盖基本的医疗费用，而商业医疗保险可以根据消费者的经济能力和需求大小决定保障程度，满足个性化需求。第二，数据分析优势。商业医疗保险可以结合互联网技术，利用大数据实行健康跟踪、专业的疾病控制、了解消费者自身的身体近况，并相应地制定个性化费率。第三，资金管理优势。商业保险公司有专业的精算团队，并且掌握大量健康资料，可以将风险有效转移分散，提高责任准备金安全和使用效率。第四，商业保险公司和医疗机构合作，可以对医疗卫生费用实行控制，有效监督医疗机构的费用状况，保障消费者的利益，同时也能控制住保险公司自身的医疗保险赔付支出。

随着临床医学、远程诊断、电子医生等“互联网+医疗”的发展，消费者医疗卫生支出占收入比将持续下降，同时，得到的医疗卫生服务质量也在不断提高。商

业保险公司在与医疗机构合作的过程中将提高自身的专业医疗保险服务团队，给消费者提供专业的医疗保险建议。今后，商业医疗保险将具有广泛的发展前景。

3. 灾害事故频发引起保险需求上升

最近半个世纪以来，世界范围内各种自然或人为因素引发的灾害事故愈演愈烈，损失幅度呈现上升趋势。我国是自然灾害发生频率较高的国家，受灾人口范围广，经济损失严重，且自然灾害导致的经济损失呈逐年上升趋势。随着气候变暖逐步加剧，我国极端气候灾害事件越来越频繁，破坏性越来越大，并且表现出极为明显的群发性特征。近几年地震、海啸、台风、洪水等灾害事故的发生让巨灾风险管理和保险备受关注。

第一，灾害事故的发生会让人们在心理上对风险的感知程度越来越高。人们在面临灾害事故时首先会考虑人身安全，其次才是财产安全，因此能在遭遇灾害事故时安全逃生才是人们最看重的，这意味着人们对生命安全控制感越差，对风险的感知程度就越高，进而对保险的需求就越强。2008 年汶川大地震后，人们对地震灾害有了更直观的感受。地震后的短时期内，媒体和公众都表现出对保险极大的热情，大地震面前个体、群体、社区等表现出的无助感都会对保险需求形成刺激。如果个人感觉自己对生命和财产的控制感都比较强，在灾害面前也能避免损失，那么就会拥有相对较低的保险需求，因而产生被称为过度自信的行为偏差（丁元昊，2012）。对地震的恐惧和无助感会让人们高估地震发生的概率和损失幅度，并采取过度的风险管理措施。由于对灾害事故发生的未知感，人们会形成对未来的担忧，从而引起对未来保障的需求。

第二，自然灾害的发生对我国农业影响较大，造成受灾地区农作物减产甚至绝收。农民抵御风险的能力一般较弱，更加依赖农业保险减少灾后损失，维持经济稳定。近些年保险行业在注重经济效益的同时也在努力提高服务质量，在公众面前树立良好形象，为保障民生做出贡献。随着农民对保险的认可度越来越高，加之财政对农业保险补贴额度上升以及农业保险产品保障范围越来越广，保障水平不断提高，从保产量向保价格、保收入不断迈进，农业保险的需求越来越旺盛，在抵御自然风险、保障农业发展上发挥出更大作用。

第三，由于我国尚未建立起全国性的巨灾保险机制，在较大的自然灾害发生后仍然主要由政府出资，主导救灾，也对政府财政造成一定的负担。因此，建立巨灾保险机制是国家和人民抵御风险的共同需求。目前，我国已成立巨灾保险试点，相信巨灾保险机制的建立将会是社会安定和经济发展的有力支持。

4. 责任风险引起责任保险需求上升

责任保险是以被保险人的民事损害赔偿责任为保险标的的保险。保险发展的最高阶段即为责任保险，责任保险发展水平是衡量一个国家保险发展水平的重要标志。2017 年，我国责任保险原保险保费收入 451. 27 亿元，同比增长 24. 54%，占财产险业务比例的 4. 59%，占比进一步上升。我国责任保险在产品种类、经营环境、发展速度等方面同国际先进水平还存在差距。因而大力发展责任保险，促进国民经济有序运行，保障人民群众合法利益已经成为稳定社会经济的客观需要。

近年来，我国国民经济高速发展致使各类经济生产活动中责任风险凸显、公民维权意识提升及法律法规体系逐步完善，社会经济主体在生产生活中所面临的经济赔偿责任越来越大，进而对责任保险需求上升。天津港“8 · 12”爆炸事故损失严重、2016 年中国铝业山西铝厂非法排污威胁村民性命、山西河南等地下井坍塌事故频繁发生等重大安全责任事故与环境污染事故呈现日渐上升的趋势，责任风险成为国民生活稳定的重要阻碍因素，购买责任保险也成为企业转嫁日常生产经营中所面临责任风险的重要选择。

除公民维权意识提升因素影响，责任保险发展的法律环境优化从法律制度方面促进了责任保险发展。2014 年国务院正式发布“新国十条”，强调要发挥责任保险化解矛盾纠纷的功能作用。强化政府引导、市场运作、立法保障的责任保险发展模式，把与公众利益关系密切的环境污染、食品安全、医疗责任、医疗意外、实习安全、校园安全等领域作为责任保险发展重点，探索开展强制责任保险试点。修订《医疗纠纷预防与处理条例》，力争将强制投保医疗责任保险纳入相关法规；完善《防治船舶污染内河水域环境管理规定》，推动船舶污染保险从海运向内河领域拓展；印发《关于深入开展创建“平安医院”活动　依法维护医疗秩序的意见》，扩大医疗责任保险覆盖面；印发《关于开展食品安全责任保险试点工作的指导意见》，探索食品安全责任保险等。就环境污染责任保险来说，伴随着国民经济发展，环境污染事故频发，责任追究机制日益完善，2015 年环责险试点省拓展至 30 个，参保企业达到 5 000 家，覆盖高环境风险行业 20 余个。

（三）政府大力支持保险业发展

保险在我国国计民生和经济发展中起着日益重要的作用，近几年政府从方方面面对保险业发展提供支持，在很大程度上提高了各行各业对保险产品的需求，政府各部门出台关于保险的政策，如表 3. 5 所示。

表 3.5 政府各部门关于支持保险业发展的政策汇总

时间	政策名称	出台部门	主要内容
2014.07.9	《关于加强医疗责任保险工作的意见》（国卫医发〔2014〕42 号）	卫计委、司法部、财政部、保监会、中医药管理局	提出要“有效维护医患双方合法权益，构建和谐医患关系。防范化解医患矛盾，维护正常医疗秩序。提升医疗风险管理水平，健全医疗行业风险管理体系”。 相关部门应“加强组织领导，提高医疗责任保险参保率和保险服务水平。加强协调配合，共同推动医疗责任保险工作深入开展。加强经验总结，积极探索符合我国国情的医疗风险分担机制。加强宣传引导，营造医疗责任保险良好社会氛围。加强督导考核，确保医疗责任保险工作落实”
2014.08.10	《国务院关于加快发展现代保险服务业的若干意见》（国发〔2014〕29 号）	国务院	我国保险业的发展目标是“2020 年，基本建成保障全面、功能完善、安全稳健、诚信规范，具有较强服务能力、创新能力和国际竞争力，与我国经济社会发展需求相适应的现代保险服务业，努力由保险大国向保险强国转变。保险成为政府、企业、居民风险管理和财富管理的基本手段，成为提高保障水平和保障质量的重要渠道，成为政府改进公共服务、加强社会管理的有效工具。保险深度（保费收入/国内生产总值）达到5%，保险密度（保费收入/总人口）达到 3 500 元/人。保险的社会‘稳定器’和经济‘助推器’作用得到有效发挥”。对保险业发展的方方面面给出详细意见，成为未来十几年我国保险业发展的主要方向
2015.01.21	《关于开展食品安全责任保险试点工作的指导意见》（食安办〔2015〕1 号）	国务院、食品安全办、食品药品监管总局、中国保监会	“鼓励地方开展食品安全责任保险试点工作，推动建立食品安全责任保险制度，充分发挥市场机制作用，完善食品安全社会治理体系”。 确定食品安全责任保险的试点范围。合理设计食品安全责任保险条款和保险费率：明确责任范围，确定责任限额，厘定保险费率。建立健全食品安全风险管理机制：探索建立食品安全风险评级制度，加强食品安全信用制度建设，加强数据分析与共享。完善食品安全责任保险理赔机制：严格执行事故报告制度，完善事故鉴定手续，切实提高理赔效率

续表

时间	政策名称	出台部门	主要内容
2015.07.28	《国务院办公厅关于全面实施城乡居民大病保险的意见》（国办发〔2015〕57号）	国务院办公厅	提出"到2017年，建立起比较完善的大病保险制度，与医疗救助等制度紧密衔接，共同发挥托底保障功能，有效防止发生家庭灾难性医疗支出，城乡居民医疗保障的公平性得到显著提升"，主要通过"完善大病保险筹资机制，提高大病保险保障水平，加强医疗保障各项制度的衔接，规范大病保险承办服务"
2016.01.03	《国务院关于整合城乡居民基本医疗保险制度的意见》（国发〔2016〕3号）	国务院	"推进城镇居民医保和新农合制度整合，逐步在全国范围内建立起统一的城乡居民医保制度。""整合基本制度政策：统一覆盖范围，统一筹资政策，统一保障待遇，统一医保目录，统一定点管理，统一基金管理。""理顺管理体制：整合经办机构，创新经办管理。""提升服务效能：提高统筹层次，完善信息系统，完善支付方式，加强医疗服务监管"
2016.01.20	《关于做好整合城乡居民基本医疗保险制度有关工作的通知》（国卫基层发〔2016〕5号）	国家卫生计生委	"整合新型农村合作医疗和城镇居民基本医疗保险两项制度，建立统一的城乡居民基本医疗保险制度"，要"以保障健康为目标，合理统筹规划，以'六统一'为重点，平稳有序推进，创新经办管理，提升服务效能"
2017.02.28	《国务院关于印发"十三五"国家老龄事业发展和养老体系建设规划的通知》（国发〔2017〕13号）	国务院	"到2020年，老龄事业发展整体水平明显提升，养老体系更加健全完善，及时应对、科学应对、综合应对人口老龄化的社会基础更加牢固。多支柱、全覆盖、更加公平、更可持续的社会保障体系更加完善。城镇职工和城乡居民基本养老保险参保率达到90%，基本医疗保险参保率稳定在95%以上，社会保险、社会福利、社会救助等社会保障制度和公益慈善事业有效衔接，老年人的基本生活、基本医疗、基本照护等需求得到切实保障。"《通知》附《"十三五"期间国家老龄事业发展和养老体系建设主要指标》，提出"健全完善社会保障体系，完善养老保险制度，健全医疗保险制度，探索建立长期护理保险制度"，"支持发展养老机构责任保险，提高养老机构抵御风险能力"

续表

时间	政策名称	出台部门	主要内容
2017. 03. 24	《国家卫生计生委办公厅关于印发城乡居民基本医疗保险（新型农村合作医疗）跨省就医联网结报数据交换技术方案的通知》（国卫办基层函〔2017〕281 号）	国家卫生计生委办公厅	指导省级新农合信息平台、各医疗机构信息系统与国家级新农合信息平台互联互通，共享交换新农合跨省就医结报数据
2017. 04. 11	《国家卫生计生委办公厅关于加快推进城乡居民基本医疗保险（新型农村合作医疗）跨省就医联网结报工作的通知》（国卫办基层函〔2017〕355 号）	国家卫生计生委办公厅	“2017 年 5 月底前，实现各省份新农合信息平台、定点医疗机构信息系统和国家新农合信息平台互联互通。各省级卫生计生行政部门开设异地就医结报专用账户，在国家新农合信息平台中配置完成本省份跨省就医联网结报政策。我委组织信息系统联通和数据交换共享的测试验收。2017 年 6 月底前，各省份均要开展跨省就医患者转诊和结报工作。定点医疗机构尤其是委预算管理医院要设定指定窗口，开始为规范转诊患者提供直接结报服务”
2017. 04. 28	《国家卫生计生委办公厅关于印发城乡居民基本医疗保险（新型农村合作医疗）跨省就医联网结报定点医疗机构操作规范（试行）的通知》（国卫办基层发〔2017〕17 号）	国家卫生计生委办公厅	“适用于为城乡居民基本医疗保险（新型农村合作医疗）患者提供跨省住院医疗服务及联网结报的定点医疗机构。”“规范跨省定点医疗机构服务行为，履行服务协议、规范转诊患者入院登记、出院结报等服务管理流程，实行跨省就医转诊制度，加强对跨省定点医疗机构的组织管理和监督考核”
2017. 06. 07	《对〈环境污染强制责任保险管理办法（征求意见稿）〉公开征求意见》	环境保护部办公厅、保监会	“在中华人民共和国境内从事环境高风险生产经营活动的企业事业单位或其他生产经营者，应当投保环境污染强制责任保险。”《办法》包括强制投保范围、保险责任范围、统一条款与费率监管、费率浮动、责任限额等，风险评估与排查，赔偿和罚则
2017. 06. 20	《国务院办公厅关于进一步深化基本医疗保险支付方式改革的指导意见》（国办发〔2017〕55 号）	国务院办公厅	实行多元复合式医保支付方式，重点推行按病种付费，开展按疾病诊断相关分组付费试点，完善按人头付费、按床日付费等支付方式，强化医保对医疗行为的监管。 加强医保基金预算管理，完善医保支付政策措施，协同推进医药卫生体制相关改革

续表

时间	政策名称	出台部门	主要内容
2017.06.29	《国务院办公厅关于加快发展商业养老保险的若干意见》 （国办发〔2017〕59号）	国务院办公厅	创新商业养老保险产品和服务：丰富商业养老保险产品供给，为个人和家庭提供个性化、差异化养老保障；推动商业保险机构提供企业（职业）年金计划等产品和服务；鼓励商业保险机构充分发挥行业优势，提供商业服务和支持。促进养老服务业健康发展：鼓励商业保险机构投资养老服务产业；支持商业保险机构为养老机构提供风险保障服务；建立完善老年人综合养老保障计划。推进商业养老保险资金安全稳健运营：发挥商业养老保险资金长期投资优势；促进商业养老保险资金与资本市场协调发展；审慎开展商业养老保险资金境外投资
2017.09.01	《国务院办公厅关于加快推进农业供给侧结构性改革大力发展粮食产业经济的意见》 （国办发〔2017〕78号）	国务院办公厅	“在做好风险防范的前提下，创新‘信贷+保险’、产业链金融等多种服务模式。鼓励和支持保险机构为粮食企业开展对外贸易和‘走出去’提供保险服务”

资料来源：国务院、中国卫计委、中国食品安全委员会、中国保监会。

今年，政府对保险业发展各方面的意见和支持促进保险业提供更加全面的保障，刺激保险需求的增长。在2017年7月14日至15日召开的全国金融工作会议上，习近平总书记强调“要促进保险业发挥长期稳健风险管理和保障的功能。要建设普惠金融体系，加强对小微企业、‘三农’和偏远地区的金融服务，推进金融精准扶贫，鼓励发展绿色金融”。李克强总理指出要“拓展保险市场的风险保障功能。不断增强金融服务实体经济的可持续性，着力强实抑虚”。未来保险业将向回归保障本源，增强风险管理和保障功能的方向发展，惠及更多人民，提供更高保障水平服务。

这些举措将大大增加居民、企业对保险产品的需求，保险业将向高保障水平、广覆盖范围发展。

（四）科技推动互联网保险需求增长

近几年，我国互联网发展迅猛，覆盖范围广，超半数中国人接入互联网，网民规模持续增长，互联网普及率超过世界平均水平。手机成为网民个人主要上网设备，无线网络覆盖明显提升，网络基础设施建设逐渐完善，移动网络速率大幅提

升。企业“互联网+”应用基础更加坚实，已具备基础网络安全防护意识，互联网正在融入企业战略（寇业富、陈辉等，2016）。互联网保险产生的基础是互联网的普及，正是有了庞大的用户基础，互联网保险才能发展。

线下支付场景不断丰富，推动网络支付应用迅速增长。在线教育、网络医疗、网约车已成规模，互联网有力提升了公共服务的水平。电子商务的发展是互联网保险发展的开端，电子商务的发展使得人们更加容易接受互联网保险。电子商务的发展为互联网保险培育了消费习惯，还产生了新的保险需求。比如“退货运输保险”，其产生的基础便是网上购物（陆定国，2014）。

目前，以移动互联网、物联网、大数据、云计算、智能手机等为代表的现代科技迅猛发展，相互融合，并不断向传统行业渗透，为客户创造了全新的生活方式和消费体验。网络的方便快捷使得消费者的网上活跃程度越来越高，对网络的依赖性越强，就越容易接受网上的产品，网上消费意愿也越强。互联网的便利性使得消费者更倾向于网上消费，从而渐渐减少线下消费，这也是互联网保险需求不断增加的原因。

3.2.3 产品创新趋势分析

2017 年中国保险市场发展平稳，产品结构进一步优化。传统财产险业务复苏，并为产险业务发展注入新动力，非车险业务展现良好发展态势；在 2017 年的强监管环境下，人身险业务进一步回归保障本源。

（一）人身险产品发展回归保障功能

近几年来，人身险发展势头迅猛，各寿险公司纷纷推出自身的人身险产品，其中，商业健康险、商业养老险广受青睐。相比之下，万能险、分红险发展势头不再，转而创新传统寿险产品。受“保险业姓保”政策影响，未来我国寿险市场将以回归保障功能为主旋律。

1. 制约万能险扭曲式发展

近年来，随着万能险、分红险的爆发式增长，我国人身保险市场迎来了较大的发展机遇，多数寿险公司纷纷加入到经营分红险等投资型保险的队伍中来，万能险保费收入占总保费收入之比一度达到 30% 左右。万能险迅速成为保险公司逐利的工具，对消费者来说则成为一项投资品。在这种扭曲式发展的背后，部分人身险的保障功能已被弱化，偏离了人身保险的本源。

2017 年 5 月 23 日，原中国保监会发文规范人身险公司开发设计行为。通知要求人身险产品需有利于保障和改善民生、突出保障功能，要求保险公司不得以附加险形式设计万能型保险产品或投连险产品，且应提供不定期、不定额追加保险费、灵活调整保险金额等功能。此项规定有助于促进万能险回归保障功能，同时也降低了万能险市场存在的潜在风险隐患，增强了保险市场的治理水平。

根据中国保监会统计数据计算得出，2017 年第一季度，我国万能险保费收入占总保费收入的比例从 61.91% 下降至 17.48%。万能险高速发展的时代已经过去，监管机构正不断引导险企理性发展、防控风险、回归保障本源。寿险公司也要转变发展思路，不能过度依靠万能险吸引投资，而应创新传统保障性产品的推广思路。

2. 年金保险迎来发展机遇

年金保险的快速发展得益于人们越来越重视生活品质的保证，逐渐成为人们投资理财的重要渠道。严格意义上说，年金保险并非保险，而是保险公司的投资途径。在近几年快速发展的背后，少数公司为了吸引消费者购买，主打“年金附加万能险账户”的产品组合，且返还时间极短，不少产品在第一年即可返还一笔生存金。这使得年金保险投资属性过重，偏离保障本源。

2017 年 5 月 23 日，原中国保监会发文规范人身险公司开发设计行为。其中对年金保险的开发设计要求是禁止年金保险快速返还，首次返还必须在产品满五年之后，且每次返还不能超过所缴保费的 20%。此项规定规范了年金保险的经营行为，促使寿险市场上逐渐形成“年金 + 万能”的双主险产品。年金保险以其特有的优势吸引消费者购买。以国寿集团为例，其推出的国寿鑫年金保险 2016 年保费收入达 309.44 亿元，占总保费收入的 7.93%；福年年金保险 2016 年收入 297.39 亿元，占比 7.62%。年金保险作为人们对自有资产在时间上配置的有效途径，可以保障消费者今后的物质生活水平，其市场潜力十分巨大，其中以商业养老保险为代表的年金保险将逐渐占据更多的寿险市场份额。

3. 养老保险发展潜力巨大

为了更好地发展养老保险，2017 年 10 月 10 日，原中国保监会批准中国人民养老保险有限责任公司（以下简称人保养老）开业，至此，国内专业养老险公司增至八家。我国人身险公司虽然有 80 多家，但是专业养老保险公司并不多。人保养老的注册地在雄安，营业地在北京，是中国人民保险集团股份有限公司的全资子公司，注册资本 40 亿元。业务范围涵盖团体养老保险及年金业务、个人养老保险及年金业务、短期健康保险业务、意外伤害保险业务、上述业务的再保险业务；国家法律、法规允许的保险资金运用业务；经中国保监会批准的其他业务。养老保险牌照的获得表示企业将提供更全面更专业的养老保险服务。

2017 年 6 月底，国务院办公厅印发《关于加快发展商业养老保险的若干意见》

（以下简称《意见》），部署推动商业养老保险发展工作。原中国保监会对《意见》进行了解读，认为必须要建立政府基本养老、企业年金、个人商业养老的多层次养老保障体系，也称为三支柱养老保障体系，单靠某一支柱或过于倚重某一支柱都是不可持续的。

在基本养老保险替代率难以再提高，企业年金覆盖面较窄，难以覆盖到大量中小企业职工以及灵活就业、弹性就业等新型就业人员的背景下，大力发展商业养老保险，通过商业养老保险这种市场化、门槛较低、灵活度较高的个人商业养老方式，提高民众退休后的养老保障水平，一方面，能够为一支柱“补缺口”，缓解基本养老和财政压力；另一方面，能够为二支柱“补短板”，使更多民众能够不受就业形式、不受所在单位条件限制，都有机会享受个人商业养老计划。

《意见》指出商业养老保险发展的新重点，商业保险机构应坚持专注主业，创新发展多样化的商业养老保险产品。要积极发展安全性高、保障性强、满足长期或终身领取要求的商业养老年金保险；积极参与个人税收递延型商业养老保险试点；针对独生子女家庭、无子女家庭、“空巢”家庭等特殊群体养老保障需求，探索发展综合养老保障计划；鼓励发展面向创新创业就业群体市场需求的商业养老保险产品；大力发展老年人意外伤害保险、长期护理保险、住房反向抵押养老保险等适老性强的商业保险；依规有序参与基本养老保险基金和全国社会保障基金投资运营，促进基金保值增值。[①]

《意见》还指出要“推动商业保险机构提供企业（职业）年金计划等产品和服务。鼓励商业保险机构发展与企业（职业）年金领取相衔接的商业保险业务，强化基金养老功能。支持符合条件的商业保险机构申请相关资质，积极参与企业年金基金和职业年金基金管理，在基金受托、账户管理、投资管理等方面提供优质高效服务。鼓励商业保险机构面向创新创业企业就业群体的市场需求，丰富商业养老保险产品供给，优化相关服务，提供多样化养老保障选择”。

（二）财产险产品放眼非车险业务

近年来，我国财险市场产品集中度高，车险一枝独秀，根据国际经验，车险业务很难取得长期盈利，产险业务若想取得长足发展，必须在建立成熟的车险制度的同时，大力发展非车险业务。

1. 机动车保险产品创新趋势

机动车保险是我国财产保险第一大险种，目前，我国商业车险费率市场化的第

① 资料来源：中国保监会——新闻动态《创新发展多样化商业养老保险产品》。

二次改革正在进行。

在定价方面，首先，保险公司将不断细化定价系统，深挖定价因子，逐步建立“从车”与“从人”“从用”相结合的定价体系，提高定价与风险管控能力。其次，关于区域定价的差异，要充分考虑我国地区风险水平差异，制定更为科学合理的地区差异化费率。最后，逐步将交强险与商业第三者责任险进行整合，纳入责任险体系进行整合定价，加快交强险市场化改革进度，尽快出台交强险区域费率厘定机制。

在产品研发方面，产品开发的核心在于分担客户风险、满足客户需求。未来客户的保险需求会越来越多元化，因而会有更多垂直性的产品和个性化的条款，为消费者提供多层次的产品选择。

在服务方面，服务创新对商业车险改革至关重要。一是要让客户选择自己喜欢的服务方式，比如客户可以使用网上最便捷的自助理赔服务。二是要充分了解客户的需求，比如客户出险后第一时间在手机上就能看到查勘员的轨迹和到达时间，焦虑心理可以得到有效缓解。车险产品的创新也将搭乘互联网保险产品创新的顺风车，通过互联网提供更加便捷的服务。

近年新推出的保骉车险是由众安保险与平安保险联合推出的国内首个互联网车险品牌。这是国内首个以 O2O 合作共保模式推出的互联网车险，也是国内车险费改后首个“互联网+”样本。保骉车险率先在首批商车费率改革 6 个地区中开展，目前覆盖到 18 个地区，并随着费改节奏推广到全国。共保模式是保骉车险的最大亮点之一。共保意味着数据共享，风险共担，系统互通。保骉车险双方将利用各自优势，全面实现线上线下的高度融合。将依托众安、平安两家公司各自领域的大数据资源，根据用户的驾驶习惯等多维度因子实现差异化定价。在核保方面，保骉车险将充分参考平安多年积累的赔付数据，并应用风险识别模型对车主的历史赔付情况进行全面分析。在服务方面，则充分依托平安的线下理赔服务体系，依靠双方大数据资源，以 OBD（车载诊断系统）、ADAS（高级驾驶辅助系统）、多通道场景式理赔服务体系等创新技术为驱动，力图将差异化定价和精准服务等未来车险概念变为现实，即在自主核保因子中，尝试引入更多的维度，比如驾驶区域、家庭、信用、驾驶习惯、行车历史、社交活动等对车险进行定价。保骉车险将根据用户的驾驶习惯等多维度因子实现差异化定价，为不同用户提供差异化的车险服务。未来将鼓励保骉车险的用户使用 OBD 设备，在消费者授权后记录用户的驾驶行为数据，通过对用户的驾驶行为习惯进行分析，根据用车的频次、程度来设计不同的产品，为车险的多维度定价和服务推送提供参考。未来，以 OBD、ADAS 等为代表的车载

硬件技术将成为车险乃至整个车险产业链的助推器。业内专家认为，互联网车险中最重要的就是数据的获取。在整个保骉车险产业链中，技术创新还将扩展车险相关业务的外延，衍生出新形态的保险服务。①

2. 农业保险产品创新趋势

农业保险是关乎国计民生的一大险种，目前，我国农业保险的任务是进一步完善农业保险制度，加强监管，其中很重要的一点是进行产品创新，提供更优质的服务，拓展农业保险的广度和深度，为农业生产提供更全面的保障。

2014 年 8 月，“新国十条”的颁布表明政府对农业保险产品创新的支持。“新国十条”中提到“按照中央支持保大宗、保成本，地方支持保特色、保产量，有条件的保价格、保收入的原则”，“开展农产品目标价格保险试点，探索天气指数保险等新兴产品和服务，丰富农业保险风险管理工具”。

我国农业保险产品发展到现在，呈现出传统型产品和新型产品共同发展的趋势。传统型产品在农产品品种和风险的保障范围上不断扩展，完善保险条款的制定。2015 年，农业保险产品实现了一次全面升级，显著扩大了保险责任。种植业保险的保障范围在原有基础上，增加了旱灾、地震等重大灾害，泥石流、山体滑坡等地质灾害，以及病虫草鼠害；养殖业的保险责任扩展到所有疾病和疫病以及政府扑杀。部分地区还结合当地实际拓展“雪灾”“野兽侵袭”等责任。② 而新型产品经历了从无到有的发展过程，不断扩大试验范围，增加试验品种，完善条款的制定，填补传统保险覆盖不到的风险部分。新型农险产品还处于不断探索阶段，可从以下几个方向进行创新：

（1）利用“价格—期货”模式发展价格指数保险

2013 年以来，我国各地在农产品价格保险试点中利用期货、期权设定保险保障价格和分散保险机构巨额赔付风险，开展积极探索，创新了“价格保险 + 场外期权 + 期货市场”的模式。利用期货市场的风险对冲功能，保险公司在承保价格指数保险的同时卖出与承保数量相同、种类相同的期货合约，在未来农产品价格下跌时利用在期货市场的盈利弥补保险公司的巨额赔付。保险公司可以用保费收入作为期货市场的交易成本。

用期权期货来管理价格风险在我国运用还不广泛，普通农户一般不了解期货市

① 资料来源：百度百科“保骉车险”。https：//baike. baidu. com/item/% E4% BF% 9D% E9% AA% 89% E8% BD% A6% E9% 99% A9/18876574？fr = aladdin.

② 资料来源：2015 年 2 月 15 日《中国保监会　财政部　农业部关于进一步完善中央财政保费补贴型农业保险产品条款拟订工作的通知》。

场的风险对冲机制。我们可以利用“价格—期货”模式，由专业的保险公司向农户提供保障，然后将风险转移到期货市场，实现规模化地使用市场化手段管理价格风险。

（2）着力解决价格指数保险的逆选择问题

推广价格指数保险原本的目的是稳定农产品的市场价格，但是到目前为止，农产品价格仍然在大幅波动，这是因为价格指数保险的逆向选择问题仍是难点，以及产品还没有在全国范围内推广开。生猪价格指数保险是指数保险中应用最典型的一个险种，安华农险是全国首家推出生猪价格指数保险的公司。自 2013 年首款生猪价格指数保险产品面世后，为应对不同的市场环境和养殖户需求，安华农险一直不断升级换代和完善该产品。2017 年，生猪价格指数保险第四次升级，4.0 版本主要针对“逆向选择”和周期不匹配问题，由于其上市时间较短，具体成效如何有待市场进一步检验。

（3）可将天气指数保险作为农业保险的主要发展方向

天气指数保险与传统的农业保险相比，逆向选择风险低，无须查勘定损，容易判断保险事故的发生，管理成本低。农作物的生长与气候条件相关性极高，很多保障由气候条件造成农作物减产风险的保险产品都可以设计成指数保险，而这一类产品在农业保险中占比很高，所以未来可以考虑将天气指数保险作为农业保险的主要发展方向。

（4）天气指数保险与制种保险相结合

制种保险主要保障种子的减产损失。种子的减产损失按照气候风险可以大致分为两类：因一些自然灾害直接导致标的的损失甚至灭失；因不适宜作物生长的气温、湿度等灾害性天气导致的种子减产损失。上述第二种的种子减产风险可以用天气指数保险覆盖，将与种子生长相关的天气条件指数化，高于或者低于该条件即可根据实际指数理赔，提高农险理赔效率。

3. 出口信用保险创新趋势

当前和今后一个时期，世界经济将在深度调整中曲折复苏，主要经济体走势和政策取向分化，全球经济贸易增长乏力，贸易摩擦进一步凸显，国际金融市场和大宗商品市场震荡加剧，国际投资贸易规则体系加快重构，多边贸易体制发展坎坷，外部环境中不稳定不确定因素增多，各类风险积聚且挑战加大，给我国对外经贸发展带来复杂而深刻的影响。

我国将继续坚持开放发展，更加注重推进高水平双向开放，发展更高层次的开放型经济。对外经贸发展将由贸易输出加速向资本输出转变，对外直接投资规模、

范围和领域将不断扩大。国家将加快推进“一带一路”建设，加快转变外贸发展方式，优化贸易结构，发挥出口对增长的促进作用，加大对中小微企业出口支持力度，打造消费品和资本品并重、货物和服务协调、贸易和投资互动的新格局，从“大进大出”转向“优进优出”。同时，政府将进一步放开短期出口信用保险市场，继续增加经营主体，出口信用保险市场竞争将呈现新的态势和格局。国家在推进相关战略过程中，高度重视发挥出口信用保险作用，并提出明确要求。

面对上述新形势新任务新要求，我国需要进一步推动出口信用保险业务加快发展、有效发挥其服务国家战略和我国开放型经济发展的功能。具体来看，一方面，出口信用保险经营主体，特别是政策性保险机构要进一步完善公司治理结构，积极加强风险管理和内部控制，不断调整资源配置和支持重点，在承保政策、限额审批、费率匹配等方面切实落实国家要求，充分发挥其在推动我国对外经贸发展中的应有作用；另一方面，国家有关部门要进一步优化出口信用保险的配套支持体系，尽快解决资本金补充、税收优惠、亏损补偿等制约其发展的重大问题，同时不断强化对政策性出口信用保险的监督检查，以保障政策性出口信用保险的持续发展和作用的有效发挥。此外，出口信用保险经营主体要加强与政府、银行等相关方面的合作，不断强化外经贸企业的风险意识，积极通过多种途径和方式引导其利用政策性出口信用保险这一工具，有效防范自身面临的出口信用风险，切实保障海外权益安全（王德宝，2017）。

4. 责任保险产品创新趋势

我国经济发展与国际联系日益密切，为责任保险发展创造了巨大的市场机会。在这种背景下，要把握机遇，充分发挥责任保险在事前风险预防、事中风险控制、事后理赔服务等方面的作用，用经济杠杆和多样化的责任保险产品化解民事责任纠纷。

首先，要建立健全相关法律法规。充分有效的民事侵权责任体系是责任保险进一步发展的重要法律保证。相关政府部门与保险公司应充分发挥自身作用和优势，在实践中不断完善立法，提高国民自身维权意识。责任保险产品以法律法规为依据，以需求为导向。

其次，要重视强制性责任保险的积极作用。强制责任保险在一些发达国家被当做社会法制建设和社会管理的重要手段，如德国联邦层面有 30 多个强制立法，德国超过 90% 的企业通过办理各种责任保险来为自己可能面对的涉及公共利益的损害赔偿责任做安排（汪升兰，2015）。我国第一个强制性保险为交强险，交强险在保障受害人、弱势群体方面发挥重要作用。任何国家和地区法制完善都要经历循序渐进的过程，因而总要经历从强制性规范到企业自觉的漫长过程。就环境污染责任保险而言，2016 年原中国保监会与环保部联合制订环境污染责任保险实施方案，准备在重点行业、领域推行环境污染责任保险，这对于大气治理、水污染治理有极大促进作用。

最后，不仅要政策引导，还需要探索数据共享、经营模式、保险产品、风险管理等方面问题。保险业目前在承接交通、医疗、环境和其他行业业务时行业风险管理水平不完善，且没有系统性的风险管理制度和标准。目前各地医疗赔偿和定责方面没有行业标准，司法判例也是五花八门。保险公司应结合大数据和理赔经验向全国输出各地好的实践经验，如医责险中的“宁波解法”，保险公司应利用行业力量，积极推广优秀模式，做模式输出，引导各地新成立医疗调解机构开展调解、制定赔偿标准、开展数据共享和风险预防（方晓栋，2014）。

在发展传统责任保险同时，要以需求为导向，与时俱进顺应经济社会发展实际，创新产品，开拓新的责任保险领域。也可以提供一揽子责任保险计划，将公民个人、家庭、单位可能遇到的损害赔偿由投保人自由搭配组合。

3.2.4 保险资金合作与运用发展趋势

2016 年，世界经济从经济危机的阴影中缓慢复苏，但经济增长复苏乏力，国际金融市场依旧波动不断，全球股票市场低迷，低利率时代仍将持续。国内，中国经济已进入“新常态”，国民经济增速由高速转向中高速，2015 年经历股灾之后，经济下行压力依旧严峻。在此大背景下，保险资管作为“大资管”时代下规模仅次于银行和信托的资金管理渠道，同样面临着严峻的考验。

（一）资金运作趋于合理

保险资金运用是保险公司的一项重要任务，资金运营状况直接影响到公司资产的保值增值、资本回报率以及最重要的风险偿付能力。而国内资本市场的走势影响着保险公司资产运营的业绩。由于经济下行压力大，美联储加息等因素，人民银行下调了准备金率，我国进入了低利率时代；A 股市场自经历 2015 年股灾之后的很长一段时间内走势低迷；债券市场呈现区间震荡。在这种经济大背景下，进一步要求保险资管公司创新投资渠道、提高投资效率、优化投资管理体系。现阶段，保险资管公司投资和运营的主要渠道包括银行定期存款、国债和企业债券、信托理财、股票基金、投资性房地产以及与政府资金合作投资大型基础设施建设等。图 3.19 反映了 2013—2016 年保险资金投资渠道以及结构分布。

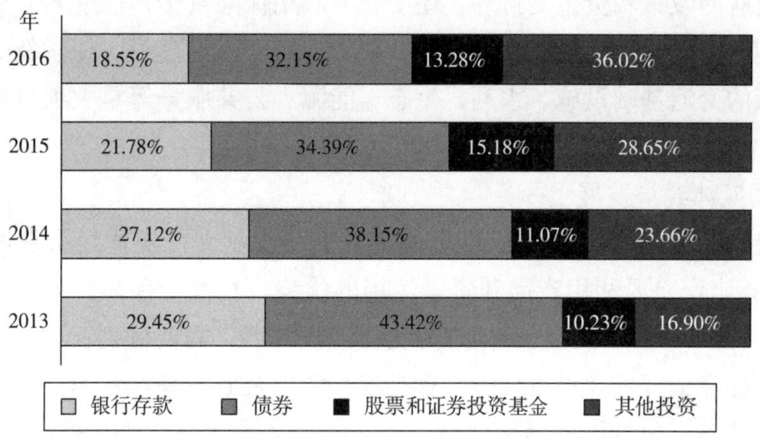

数据来源：中国保监会，作者整理。

图 3.19　2013—2016 年保险资金投资渠道及结构分布图

从图 3.19 可看出，投资产品中银行存款占比不断下降，债券的占比也在逐年缩小，相比之下，股票和证券投资基金占比逐年稳定，其他投资占比不断上升，投资渠道多元化日益显现。保险资管公司正寻求更多的投资合作渠道，包括 PPP 模式下与政府资金合作投资大型基础设施建设，例如 2012 年 11 月，中国人寿与苏州市人民政府签署战略合作协议，双方将合作设立 100 亿元规模的股权性质的苏州市城市投资发展基金，引入保险资金来支持城市基础设施建设。

（二）保险资金助力国家建设

1. 助力“一带一路”建设

“一带一路”倡议是中国参与全球竞争与合作的重要一步，对提升我国全面对外开放水平具有重要且长远的意义。为助力“一带一路”建设，保险行业在业务和资金支持方面做出了不小的贡献，包括建设上海保险交易所再保险平台，探索设立“一带一路”再保险共同体；大力发展海外保险、远洋货物运输保险、工程建设保险以及出口信用保险等业务。这项国家战略的推动，保险行业扩大了对外业务量，充分对接和适应国际保险法规条款，灵活运用保险资金投资海外市场，为海外基础设施等大型项目的建设提供保险和资金保障，提升了我国保险业在世界保险业的地位。

2. 助力“雄安新区”建设

2017 年 4 月 1 日，中共中央国务院印发通知，决定设立河北雄安新区，这是继深圳经济特区和上海浦东新区之后的又一具有全国意义的新区。雄安的经济建设、基础设施建设、社会保障体制建设、环境生态建设等各方面建设离不开资金的支持，除了政府的政策和资金支持外，还要充分利用保险资金，推进 PPP 模式在雄安的发展。同时，要积极引导和支持保险资金参与雄安新区建设，探索新的投融资机制，对新区的交通基础设施、水利、生态、能源、公共服务等重大项目给予长期资金支持。

3. 助力实体经济发展

2016 年 5 月 4 日，中国保监会发布《关于保险业支持实体经济发展的指导意见》。意见指出保险要利用产品和资金运用的优势，在社会保障、灾害救助、风险管理中发挥积极作用。为了使保险助力实体经济发展，需要做到：第一，构筑实体经济的风险保障，开发环境责任险、食品安全险以及农业险等；第二，引导保险资金服务国家战略，包括雄安新区建设、“一带一路”建设、“中国制造 2025”等；第三，建立巨灾保险和发展再保险，优化对社会风险的管理。保险资金助力实体经济发展是金融资本“脱虚向实”的重要环节和纽带。

随着“一带一路”倡议的深入推进，我国企业“走出去”的水平不断提升，中国标准、自主品牌的不断输出，使得我国实体经济发展迎来了重大转型机遇期。保险要支持实体经济发展必须加强对国家重点项目、自主品牌、战略性新兴产业、高科技、高技术附加值产品的支持力度。同时，为促进小微企业的发展，需要保险公司建立绿色理赔通道、成立小微企业服务中心，让小微企业加强防灾减损能力，提升其风险管理意识，给实体经济带来实实在在的利益。

4. 推进保险业供给侧结构性改革

供给侧结构性改革是党中央着眼于改革开放发展背景和经济社会发展现状作出的重大战略决策。推进保险业供给侧结构性改革，主要是提升产品质量、提升保障服务。其中，寿险行业总资产占比较大，资金力量雄厚，发展人身险可以汇聚起居民闲散资金，优化社会融资结构，促进资金供需合理匹配，为实体经济建设提供资金支持。在自身发展上，深化人身保险供给侧结构性改革，应降低经营成本，减少产品价格中不合理的成分，特别是在大病保险、税收优惠型健康保险、个税递延型养老保险等政策性业务中，要做到最大限度地让利于民。

3.2.5 保险监管趋势分析

随着保险市场的飞速发展，市场上保险公司数量和种类正不断扩大丰富、保险产品的种类和保障范围不断扩大。在保险市场繁荣的同时，小部分保险公司销售环节存在欺诈行为，抑或用免责条款尽量减少公司的赔付责任，使得消费者购买该产品之后得不到应有的风险保障，造成“低费率、无赔付”的问题；有些公司违规利

用准备金进行投资，或是公司内部风险控制不合规等。上述种种情况对我国保险监管的有效性和力度提出了更高的要求。

习近平总书记在2017年7月16日的全国金融工作会议上强调：要强化监管，提高防范和化解金融风险能力，要加快相关法律法规建设，加强功能监管，更加重视行为监管。作为金融领域监管的重要组成部分，同时保险是经营风险的商业活动，保险监管就需更加谨慎并注重防范系统性风险。下文将从经营行为监管、资金运用监管和偿付能力监管方面阐述保险监管的发展。

（一）经营行为监管

为了保障保险市场的稳定运行，基于最大诚信原则是保险的基本原则之一，保险公司和被保险人都应当遵循诚信原则。但是，市场上仍然存在部分保险欺诈行为，下面对消费者的不诚信行为不做分析，只讨论商业保险公司在经营方面的不诚信行为。

为规范保险市场的运行以及保险公司的经营，中国保监会曾就规范保险公司的经营下达一系列文件。表3.6为近五年来原中国保监会涉及保险经营行为的相关文件汇总。

表3.6　　中国保监会涉及保险经营行为的文件汇总

发布时间	文件名称	主要内容
2011.06.27	《关于规范人身保险业务经营有关问题的通知》（保监发〔2011〕36号）	（1）在承保年金保险业务时，保险公司可以采用趸缴期领或期缴期领的方式，对于期缴期领方式，可允许被保险人选择趸领方式，但不得对同一保单采用趸缴趸领的方式承保。（2）在犹豫期内，投保人可以无条件解除保险合同，保险公司除扣除不超过10元的成本费以外，应退还全部保费，并不得对此收取任何其他费用。（3）保险公司不得向投保人以外的第三方提供保单贷款
2012.02.14	《关于人身保险业综合治理销售误导有关工作的通知》（保监发〔2012〕14号）	（1）高度重视销售误导问题，扎实开展综合治理销售误导工作。（2）各人身保险公司要强化管理，承担起治理销售误导的主体治理责任。（3）完善内控制度建设，确保各项制度落到实处。（4）加大审计稽核力度，提高总公司的管控能力。（5）保险行业协会要发挥行业组织的作用，承担起治理销售误导的行业自律责任
2014.11.15	《关于严格规范非保险金融产品销售的通知》（保监发〔2014〕90号）	（1）保险公司、保险专业中介机构不得销售未经相关金融监管部门批准的非保险金融产品。（2）不得采取违背客户意愿搭售产品的方式销售非保险金融产品，不得向客户销售超出其需求和风险承受能力的非保险金融产品。（3）保险公司、保险专业中介机构要对排查出的非保险金融产品分类规范和处置

续表

发布时间	文件名称	主要内容
2015.01.23	《关于规范人身保险公司赠送保险有关行为的通知》（保监发〔2015〕12号）	（1）人身保险公司可以以促销或者公益事业为目的赠送人身保险，但不得赠送财产保险。（2）人身保险公司赠送的人身保险产品仅限于意外伤害保险和健康保险，且保险期间不能超过1年。（3）人身保险公司赠送人身保险对应的保费，根据会计准则不应确认为保费收入，认真做好客户服务、保全和理赔工作。（4）人身保险公司总公司应加强对赠送保险行为的管控，赠送保险行为要经过总公司的批准，严禁以赠送保险为由，变相开展违法违规业务或进行不正当竞争
2016.07.21	《关于进一步规范保险理赔服务有关事项的通知》（保监寿险〔2016〕131号）	（1）保险公司在理赔过程中要求理赔相关当事人提供证明资料应严格遵守保险合同的约定，不得随意增加证明事项。（2）保险公司要在全系统内对不合理证明资料问题开展自查整改，并坚决予以杜绝。（3）各保监局要进一步加强保险理赔服务监管，有针对性地开展现场检查，并将有关情况纳入保险公司分支机构的分类监管。（4）保险行业协会要进一步发挥行业自律作用，采取有效措施切实解决投诉中涉及的理赔服务问题，不断提高行业理赔服务水平

资料来源：中国保监会，作者整理。

保险经营行为包括公司承保行为、防灾减损行为、风险事故发生后的理赔行为等。承保方面，监管机构应监督公司在向消费者推销保险产品时，有无利用过度夸大产品承包范围、降低费率等手段吸引消费者购买的行为；同时，监管机构有权知道这些产品的详细情况，比如免责条款内容、费率制定的精算方法以及其他技术指标。防灾减损方面，监管机构有权责令保险公司定期核查保险标的风险程度，以便做好风险事故发生的应对措施，如农业保险中，保险公司应派人不定期去查看承保田地的收成或灾害损失情况。理赔方面，监管机构需监督保险公司是否存在利用免赔条款或过度挑剔保险条款中的瑕疵以达到免赔或少陪目的的情况，应在保险合同规定的基础上尽量维护被保险人权益。今后，互联网保险的突飞猛进，促进保险行业经营模式转变，保险监管机构必须加大与互联网监管机构的合作，防范互联网诈骗弥漫至保险营销行业。

（二）强化资金运用监管

保险资金运用是保险准备金保值增值的重要途径，是公司偿付能力的重要支撑，资金监管的意义在于保障公司的风险偿付水平以及保护被保险人的利益。2016年以来，个别保险机构脱离自身技术和风险管控能力，盲目进入保证保险业务领

域，积累起超过自身承保能力的风险。除此之外，还包括非理性举牌、与一致行动人非友好投资、跨境跨领域大额投资和并购、激进经营激进投资等问题，严重影响了保险资金运行安全。

2016 年以来，全球政治经济不稳定，“黑天鹅”事件频发，国际经济贸易处于不稳定中；国内经济下行压力较大、低利率环境和“资产荒”将进一步持续，保险资金将面临利差损失风险和再投资风险，形势依然严峻。在此大背景下，强化保险资金运用安全显得尤为重要。2017 年 2 月，中国保监会副主席陈文辉在保险资金运用贯彻落实全国保险监管工作会议精神专题培训会议上指出，保险资金运用要稳健审慎，要坚持“保险资金姓保”，正确处理保险的保障功能和投资功能之间的关系，此外，资金运用还要坚持长期投资、价值投资、多元化投资，实现资产端和负债端良性互动。

管控保险资金的运用安全，主要内容包括：一是资产分类。根据风险收益特征，将资产划分为流动性资产、固定收益类资产、权益类资产、不动产类资产和其他金融资产等五个大类资产，保险资金不得投向风险高的投资项目。二是制定监管比例上限，在资产分类基础上制定不同大类资产的投资总量及集中度监管比例上限，通过法定监管比例的约束，防范系统性风险。三是建立风险监测机制。针对流动性、融资杠杆等制定监测比例，划出风险预警线。四是强化公司风险内控机制，要求公司制定内部风险控制比例，由董事会或董事会授权机构审定，并提交比例执行情况年度报告。①

为加强商业保险公司对保险资金运用的审慎性，原中国保监会出台了一系列文件，规范其在资金运用投资方面的行为，谨防发生系统性风险。表 3.7 为近几年来原中国保监会出台的关于资金运用监管的文件。

表 3.7 中国保监会出台的涉及对保险资金运用监管的文件

发布日期	文件名称	主要内容
2014. 05. 19	《关于印发〈保险公司资金运用信息披露准则第 1 号：关联交易〉的通知》（保监发〔2014〕44 号）	保险公司与关联方之间开展关联交易，应披露下列信息：（1）交易概述及交易标的的基本情况；（2）交易各方的关联关系和关联方基本情况；（3）交易的定价政策及定价依据；（4）交易协议的主要内容，包括交易价格、交易结算方式、协议生效条件、生效时间、履行期限等；（5）交易决策及审议情况

① 资料来源：中国保监会《关于加强和改进保险资金运用比例监管的通知》，作者整理。

续表

发布日期	文件名称	主要内容
2015. 04. 10	《关于印发〈保险公司资金运用信息披露准则第 2 号：风险责任人〉的通知》（保监发〔2015〕42 号）	保险公司开展下列资金运用活动，应当公开披露风险责任人的相关信息：（1）备案投资能力；（2）转移投资能力；（3）投资集合资金信托计划；（4）开展境外投资；（5）变更风险责任人
2015. 12. 03	《关于加强保险公司资产配置审慎性监管有关事项的通知》（保监资金〔2015〕219 号）	（1）坚持审慎的保险定价策略和稳健的资产配置策略，持续提升资产配置能力和投资管理能力；（2）进行资产配置压力测试，评估对资产收益率、现金流和偿付能力的影响；（3）原中国保监会根据宏观经济、金融市场变化和行业发展情况对压力测试情形进行动态调整
2015. 12. 23	《关于印发〈保险公司资金运用信息披露准则第 3 号：举牌上市公司股票〉的通知》（保监发〔2015〕121 号）	保险公司举牌上市公司股票，应当于上市公司公告之日起 2 个工作日内，披露以下信息：（1）被举牌上市公司股票名称、代码；（2）保险公司、参与举牌的关联方及一致行动人情况；（3）保险公司投资该上市公司股票的账面余额；（4）保险公司举牌该上市公司股票的交易方式；（5）保险公司对该股票投资的管理方式

资料来源：中国保监会，作者整理。

（三）提升保险公司偿付能力监管水平

近年来，随着“新国十条”的颁布，保险行业深入推进风险导向的偿付能力体系即“偿二代”的建设。新体系旨在以风险为导向、科学地运用资本，提高资金使用效率，避免资金冗余，有效缓解新兴市场发展与资本相对短缺之间的矛盾。这就要求监管机构对保险公司的风险管理提出具体要求，比如治理结构、内部风险控制、管理结构流程；同时，监督公司做好对市场风险的预警，检测市场信用风险、流动性风险等，以应对市场波动对险资价值的冲击。

1. “偿二代”体系概况

“偿二代”的整体框架由制度特征、监管基础和监管要素三大部分构成。

（1）制度特征

①统一监管。“偿二代”应充分发挥统一监管效率高、执行力强、执行成本低的优势。同时，由于我国地域辽阔，在制定统一监管政策的同时，还需要充分考虑各地区差异，适应不同地域保险市场监管需要。

②新兴市场。我国保险市场仍处于发展的初级阶段，属于新兴保险市场，在市

场规模、发展速度、产品特征、风险管理能力、人才储备、国际活跃度等方面与成熟保险市场存在一定差异。

基于新兴市场特征，与成熟的偿付能力监管制度相比，“偿二代”应当更加注重保险公司的资本成本，提高资本使用效益；更加注重定性监管，充分发挥定性监管与定量监管的协同作用；更加注重制度建设的市场适应性和动态性，以满足市场快速发展的需要；更加注重监管政策的执行力和约束力，及时识别和化解各类风险；更加注重各项制度的可操作性，提高制度的执行效果。

③风险导向兼顾价值。防范风险是偿付能力监管的永恒主题，是保险监管的基本职责。“偿二代”的资产负债评估，要能适时、恰当地反映保险公司面临的实际风险状况及变动；资本要求要更加全面、准确地反映保险公司的各类风险；监管措施要更加具有风险针对性。

（2）监管基础

保险公司内部偿付能力管理是企业内部的管理行为，在偿付能力监管中具有十分重要的作用，主要体现在两个方面：第一，内部偿付能力管理是外部偿付能力监管的前提、基础和落脚点。特定阶段外部偿付能力监管必须与当时的行业内部偿付能力管理水平相适应。两者既相互依存，又相互制约、相互促进。好的偿付能力监管体系，能够激励保险公司不断提升其内部偿付能力管理水平。第二，内部偿付能力管理是保险公司的“免疫系统”和“反应系统”。科学有效的内部偿付能力管理制度和机制，可以主动识别和防范各类风险，对各类风险变化做出及时反应。

（3）监管要素

监管要素是偿付能力监管的三支柱，是偿付能力监管的重要组成部分。三支柱分别从定量资本要求、定性监管要求和市场约束机制三个方面对保险公司的偿付能力进行监督和管理，主要规范偿付能力监管的内容、原则、方法和标准。

①第一支柱定量资本要求。第一支柱定量资本要求主要防范能够量化的风险，通过科学地识别和量化各类风险，要求保险公司具备与其风险相适应的资本。第一支柱定量资本要求主要包括五部分内容：一是第一支柱量化资本要求，具体包括：保险风险资本要求；市场风险资本要求；信用风险资本要求；宏观审慎监管资本要求，即对顺周期风险、系统重要性机构风险等提出的资本要求；调控性资本要求，即根据行业发展、市场调控和特定保险公司风险管理水平的需要，对部分业务、部分公司提出一定期限的资本调整要求。二是实际资本评估标准，即保险公司资产和负债的评估标准和认可标准。三是资本分级，即对保险公司的实际资本进行分级，

明确各类资本的标准和特点。四是动态偿付能力测试，即保险公司在基本情景和各种不利情景下，对未来一段时间内的偿付能力状况进行预测和评价。五是监管措施，即监管机构对不满足定量资本要求的保险公司，区分不同情形，可采取的监管干预措施。

②第二支柱定性监管要求。第二支柱定性监管要求是在第一支柱的基础上，进一步防范难以量化的风险，如操作风险、战略风险、声誉风险、流动性风险等。第二支柱共包括四部分内容：一是风险综合评级，即监管部门综合第一支柱对能够量化的风险的定量评价和第二支柱对难以量化风险（包括操作风险、战略风险、声誉风险和流动性风险）的定性评价，对保险公司总体的偿付能力风险水平进行全面评价。二是保险公司风险管理要求与评估，即监管部门对保险公司的风险管理提出具体监管要求，如治理结构、内部控制、管理架构和流程等，并对保险公司风险管理能力和风险状况进行评估。三是监管检查和分析，即对保险公司偿付能力状况进行现场检查和非现场分析。四是监管措施，即监管机构对不满足定性监管要求的保险公司，区分不同情形，可采取的监管干预措施。

③第三支柱市场约束机制。第三支柱市场约束机制是引导、促进和发挥市场相关利益人力量，通过对外信息披露等手段，借助市场的约束力，加强对保险公司偿付能力的监管，进一步防范风险。其中，市场相关利益人主要包括社会公众、消费者、评级机构和证券市场的行业分析师等。

第三支柱主要包括两项内容：一是通过对外信息披露，充分利用除监管部门之外的市场力量，对保险公司进行约束；二是监管部门通过多种手段，完善市场约束机制，优化市场环境，促进市场相关利益人力量更好地发挥对保险公司风险管理和价值评估的约束作用。

2. 现阶段偿付能力有待加强

目前，我国保险公司偿付水平不高，主要面临以下问题：一是偿付能力不足风险。行业整体偿付能力充足稳定，但部分结构性指标下行，呈现出稳中有忧的特征。二是流动性风险。保险业处于退保和满期给付高峰期，将持续面临较大的现金流出压力，少数经营激进的公司存在较大的流动性风险隐患。三是公司管控不到位的风险。行业的整体风险管理能力还有待提高，个别公司治理失效、管控无力，极易成为风险爆发点。四是外部传递的风险。当前国际政治经济形势存在较大不确定性，我国处于供给侧结构性改革的关键时期，利率汇率、股票市场、房地产市场等外部因素存在不确定性，这些都有可能诱发保险业风险。

因此，对保险公司偿付能力的监管必须常抓不懈，要在引发系统性风险的隐患

显现出来之前做好防范措施。主要包括：一是启动“偿二代”二期工程，填补法规制度的空白、加强监管协调；二是协调好监管系统和保险公司两方面资源，提升行业风险防控能力和保险监管现代化水平，加快推进行业转型升级；三是通过强化偿付能力数据的真实性、结合“一带一路”倡议推进偿付能力监管的国际合作、加大偿付能力专业人才的培养力度，进一步深化“偿二代”的实施。

3.3 中国保险市场对全球保险行业的意义

2016 年，全球保险业直接保费收入为 47 331 亿美元，同比增长 3.1%，较上年减少 0.7 个百分点，而中国原保险保费收入增幅达 27.5%，远高于全球保险保费收入增幅。全球保费收入增速放缓的主要原因是发达市场直接保费增长率的大幅下降。中国从 2000 年世界第 16 大保险市场发展成为世界第三大保险市场，市场规模与第二大保险市场日本（4 710 亿美元）相差无几，但仍远低于美国（1.35 万亿美元）。

全球寿险保费收入与非寿险保费收入相当，寿险占比约 55%，非寿险占比约 45%。而中国寿险保费收入与非寿险保费收入差距悬殊，寿险保费收入约占总保费收入的 70%，非寿险只占 30%。与国际比较，中国非寿险仍有巨大发展空间。

3.3.1 中国是全球寿险保费增长的主要动力

2016 年，全球寿险直接保费总收入达到 26 170 亿美元，实际增长率为 2.5%。其中，发达市场的实际保费收入为 21 100 亿美元，增长率同比下降了 0.5%，延续了发达市场长达 10 年的寿险保费增长停滞状况。

新兴市场则成为全球增长的主要动力。2016 年，新兴市场寿险保费收入达 5 070亿美元，增长 17%。中国寿险保费收入增长 31.72%，远高于整体新兴市场保费收入增速，在中国寿险保费收入高速增长的推动下，亚洲新兴市场的增长情况良好。如果剔除中国的影响，新兴市场整体的寿险保费增长率将显著降低，可以看出，中国推动了全球寿险保费增长。在 2016 年全球寿险保费 2.5% 增长水平中，中国贡献了 2.4 个百分点。其余的 0.1 个百分点为其他所有市场的合计贡献率。亚洲新兴市场、西欧、非洲、中东和中亚对全球寿险保费增长有所贡献，大洋洲、亚洲发达市场和北美洲表现疲软，拉低了全球增长率。

3.3.2 中国助力全球非寿险保费增长

2016 年，全球非寿险保费收入为 21 150 亿美元，同比增长 3.7%，增幅较 2015 年降低 0.5 个百分点。发达市场的非寿险保费收入增速为 2.3%，较 2015 年下降 1 个百分点。其中亚洲发达市场的保费增长陷入停滞，增长率仅有 0.3%，同时其他市场也受到经济增长减速和价格疲软的影响。

新兴市场的非寿险保费再度强劲增长，2016 年的增长率达到 9.6%。中国 20% 的增长率又远高于新兴市场整体非寿险保费收入增长率，剔除中国的影响，新兴市场保费增长率仅有 1.7%。除中国外，其他亚洲新兴市场国家保费收入也呈高速增长态势，非寿险保费增长了 7.7%。

2016 年，发达市场和新兴市场对非寿险保费实际增长的贡献大致相当。中国再度扮演了重要的角色，对全球非寿险保费的增长贡献了 1.7 个百分点。

3.3.3 中国对世界保险市场意义重大

中国自改革开放以来几十年的飞速发展，使得世界都将焦点转向中国，中国经济的腾飞给世界带来了更多的发展机遇和合作机会，是世界经济增长的重要稳定器和推进力量。中国保险市场是世界保险市场的重要组成部分，中国的发展离不开世界，同样世界的发展离不开中国。2016 年，中国已经成为仅次于美国的世界第二大经济体，经济增速依然保持在 6.5% 左右的平稳水平，保险业在中国经济中发挥的作用日渐重要，但保险深度和保险密度等指标水平与世界发达市场的数据间还有着不小的差距，依然需要继续提高，加强保险在经济生活中的地位和作用。在看到不足的同时，我们应该把差距看成是发展的潜力和方向，学习国外先进的保险技术，拓宽我国保险发展渠道，丰富保险产品种类，增强我国保险保障水平、风险管控水平、偿付能力水平。

3.4 本章小结

近几年，中国保险市场在总资产规模和原保险保费收入方面都呈现出良好的增长趋势，保险深度和保险密度呈现向上态势。中国从 2000 年世界第 16 大保险市场逐渐成为世界第三大保险市场，与第二大保险市场（日本）相差无几，但发展水平仍远低于第一大保险市场（美国）。目前，全球保费收入增速放缓，中国成为全球保费增长的主要动力。

财产保险与人身保险齐头并进；再保险行业取得一定的成绩，但是相对于财产保险和人身保险来说起步较晚，制度发展还不成熟；保险资金运用受复杂多变的市场环境影响较大，收益率处于波动状态。总体来说，我国保险市场发展迅速，取得了不错的成绩，为我国经济发展和国计民生提供了更坚实的保障。当前，保险行业向着“保险回归保障”的方向发展，将更加注重保险的保障功能，以市场需求为导向进行产品创新，不断扩大保险保障范围，提供更方便快捷高效的服务。

4 保险中介模式存在和发展的理论依据

4.1 保险中介存在和发展的理论依据

4.1.1 保险中介的起源和市场条件

（一）保险中介的含义与分类

保险中介是一种介于保险人与投保人（被保险人）之间或保险人之间，提供展业、风险管理、理赔等专业性保险服务的自然人或法人机构（乔小明，2017）。具体地讲，保险中介接受保险公司或投保人和被保险人委托，专门从事保险业务咨询与招揽、风险管理与安排、价值衡量与评估、损失鉴定与理算等中介服务活动，并从中依法获取佣金或手续费（崔惠贤，2000）。保险中介，起源于保险业发达国家，是保险人与被保险人之间关系的纽带，是保险市场不可或缺的重要组成部分，其产生和发展与保险市场的发展和完善紧密融合。

保险中介可以分为保险代理人、保险经纪人、保险公估人三种，他们之间的区别主要在于代表的利益不同、在保险市场中占据的立场不同。保险代理人与保险人订立代理或授权契约，代表保险人为保险人招揽业务，并依法向保险人收取代理手续费。保险经纪人代表投保人选择合适的保险人，同保险人洽谈保险合同条款，促进双方合同的订立并依法收取手续费或佣金。保险公估人以公证人身份居于保险人与投保人之间，接受保险人或被保险人的委托，进行保险标的的查验、估价及保险事故的认定、估损、理算等业务，并向委托方收取合理费用（崔惠贤，2000）。

下面将分别阐述保险代理人、保险经纪人、保险公估人三种保险中介模式的起源及其形成与发展的市场条件。

（二）保险代理人制度的起源

保险代理人是最早出现的保险中介人，其历史几乎与保险业等长。现代保险业

起源于西欧的海上保险。1347 年，热那亚商人乔治·勒克维伦为一艘从热那亚到马桥卡的货船承保（唐金成和唐思，2017），从而出现了迄今为止发现的世界上第一张保险单。海上保险刚刚兴起时，由于信息沟通手段及渠道的落后，保险市场供需信息流通性较差。所以保险公司并不是由自己直接销售海上保险，而是与国内商人们建立起合作关系，由国内商人代他们销售。久而久之，这些国内商人逐渐承担起为保险公司介绍保险业务的职能，并最终发展成为保险代理人。截至目前，保险代理人在西方发达国家已有数百年的发展历史。

由此可见，保险代理人制度与保险业一样都起源于海上保险，是为了解决保险市场上保险人与投保人之间的信息沟通交流问题而产生的。

（三）保险经纪人制度的产生与发展

保险经纪人制度的产生与发展同样得益于欧洲的海上保险，其起源地为英国，英国 1575 年成立的查理德·山特勒机构为史料记载的世界上最早出现的保险中介机构。在英国海上贸易繁荣发展的时候，由于海上风险大、事故频发，没有保险公司愿意承保在一次航行中面临的所有风险，于是保险经纪人应运而生。他们具有丰富的保险专业知识、熟悉保险市场行情，可以以中间人的身份协调各方关系，将应承保的风险和保额在各个保险公司之间分摊，从而保证一次航行中的所有风险都能得到承保。随着保险业的发展，一些新险种不断涌现，保险市场和保险交易过程日益复杂，保险条款也越来越专业化。保险交易对投保人来说难度越来越大，于是投保人开始借助保险经纪人代其进行保险交易，当这种行为成为保险市场上的主流时，保险经纪人制度就形成了。

1906 年，英国颁布了《保险经纪人注册法》，对保险经纪人的市场准入条件、日常行为准则、佣金制度等作了初步规定，并依照该法成立了保险经纪人注册委员会（IBRC），不久，又建立了保险经纪人协会这一组织（唐金成和唐思，2017）。这一系列措施规范了保险经纪人的行为，促进了英国保险经纪业务的发展。此后，其他保险业发达国家也相继建立了保险经纪人制度。

保险经纪人制度起源于英国海上保险，是在海上保险发展到一定程度，为了满足投保人的保障需求、便利保险交易而产生并发展起来的。

（四）保险公估人制度发展追溯

保险公估人制度与保险经纪人制度一样发源于英国。1666 年伦敦大火之后出现了建筑物火灾保险，保险公估人制度随之逐渐兴起。早期的保险理赔由保险公司员工直接负责查勘、定损。随着火灾保险的发展，理赔工作的技术含量越来越高，保

险公司内部员工已经难以应付，需要有经验丰富且具备大量相关专业知识的理赔人员来完成，于是各行各业的专业技术人员开始加入保险公司理赔环节，协助保险公司查勘定损并提出合理的理赔建议。到了 19 世纪初，大部分财产保险公司都专门雇佣了各行各业的专业技术人员作为理赔环节的代理人，即“估价人”，这是现代保险公估人的始祖（唐金成和唐思，2017）。雇佣公估人这一做法逐渐成为习惯并被传承下来。1941 年，公估人建立了公估师协会；1961 年，该协会成为英国特许公估师学会，这是英国公估业发展史上的又一个里程碑。

此后，保险公估人制度由英国逐渐传播到其他发达国家。经过长达三个世纪的发展，保险公估人的规模从小到大，从兼业经营到专业经营，最终形成了成熟的保险公估人制度。

保险公估人制度发源于英国建筑物火灾保险，是在火灾保险发展到一定程度时，为了满足保险公司在理赔环节的查勘定损需要而产生的专业中介机构，随火灾保险的发展而逐渐走向完善。

4.1.2 保险中介模式存在的理论依据

（一）交易成本的存在提供制度根源

在探究保险中介模式存在的理论依据时，我们认为最重要的制度根源是交易成本。根据制度经济学理论，一种新制度的产生是为了节省交易费用。科斯的“交易费用理论”认为，交易费用是市场机制的运行成本，即获得准确的市场信息所需要付出的费用，包括提供交易条件的费用、发现交易对象的费用、讨价还价的费用、定理合约的费用、执行交易的费用、维护交易秩序的费用等（崔惠贤，2007）。交易费用理论中所涉及的各种费用在保险交易中均不同形式地存在，比如事前起草保险协议的费用、交易过程中谈判的费用、维护交易各方利益的费用，以及事后的各种调整和适应机制的费用。这些费用的产生是由于保险市场信息的不对称现象导致的，而保险中介以其信息优势和专业知识，充当了保险人与投保人之间信息沟通的桥梁，极大地减少了保险市场中存在的信息不对称现象，最大限度地减少了保险交易过程中的各种交易成本（崔惠贤和高宇，2007）。

所以，保险市场中投保人与保险人的信息不对称导致交易成本的产生，保险中介模式会减少这种不对称现象，从而减少交易成本。客观上对减少交易成本的需求导致了保险中介的存在，即交易成本的存在为保险中介模式提供了制度根源。

（二）经济、文化环境是制度基础和条件

除了交易成本这个首要因素，我们认为经济、文化环境也发挥着重要的基础性

作用。保险中介模式起源于资本主义发达的英国，其产生与发展取决于商业保险的发展程度，而商业保险的发展程度又取决于一国的政治制度、经济发展状况、社会保障制度等诸多因素的影响。保险中介模式产生于经济、贸易发达的英国，盛行于资本主义经济繁荣的欧美其他国家。从世界保险中介的发展历史来看，保险中介体系健全、制度完备的国家都是经济发展水平较高、商业保险发达的国家（崔惠贤和高宇，2007）。

此外，保险中介的发展还受制于既定背景下形成的风俗习惯、传统观念、社会心理、家庭模式等因素的共同作用，这些可以统称为文化环境的影响。所以，经济、文化环境是保险中介模式存在的制度基础和条件。

（三）制度的创新与变迁产生保险中介模式

保险中介的最初产生可以被看做是一种制度的创新与变迁。原有制度通过创新与变迁产生一种更有效益的制度安排。当通过制度创新可能获取的潜在利润大于为获取这种利润而支付的成本时，制度的创新与变迁就产生了（崔惠贤，2007）。保险中介最初便是产生于这样的一种制度的创新与变迁。英国海上保险发展初期，由于保险人与投保人之间信息的不完全和不对称，客观上存在着提供信息与服务这样一种潜在利润（崔惠贤，2007），于是产生了保险经纪人。随着保险业的发展，对保险中介服务的种类和内容的需求越来越多样，危害保险双方利益、扰乱保险市场秩序的不规范行为也越来越多。为了满足市场上对保险中介服务的多样化需求、规范自身存在的越来越多的不规范行为，保险中介模式开始了自身的创新与变迁，从单一的保险经纪人发展到了由保险代理人、保险经纪人、保险公估人共同组成的成熟的保险中介模式，此外还有律师、会计师、精算师等与之共同构成了完整的保险中介体系。

保险中介模式最初产生于制度的创新与变迁，而后又因制度的创新与变迁不断走向成熟与完善。

（四）保险中介的初始模式选择导致路径依赖

保险中介的初始模式选择直接影响着未来模式的存在及发展。新制度经济学认为，初始模式形成以后，会出现所谓的路径依赖现象，即原有制度会沿着原来的方向与路径继续前进，以实现自我强化，所以原有制度形成后便存在着一种惯性。把这种理论引入保险业，我们可以发现，一个国家保险中介的初始模式选择非常重要，直接影响着未来保险中介模式的发展趋势与方向。选择适当，会提高保险市场的交易效率，促进保险业的发展；选择不当，会导致保险市场资源配置效率低下，阻碍保险业的发展。

（五）保险中介模式可以通过制度移植来产生并发展

我们认为，保险中介模式可以通过制度移植来产生并发展。制度经济学理论认为，制度由正式约束和非正式约束构成，正式约束只有在与非正式约束相容的情况下才能发挥作用（崔惠贤和高宇，2007）。一些正式约束尤其是具有国际惯例性质的正式规则，可以从一个国家移植到另一个国家，从而降低制度创新与变迁的成本；而非正式约束，如意识形态、文化习俗等由于内在的传统性和历史积淀，可移植性较差。保险中介模式属于一种正式约束，所以保险中介新兴国家在进行保险中介模式的制度创新时，可以借鉴甚至直接移植保险中介发达国家的成熟做法，以减少制度创新过程中的弯路与成本。所以我们认为，一国的保险中介模式可以通过从他国移植产生并不断发展。

但是移植也必须考虑到当地的历史、文化及社会环境，必要时要做适当的修正与摒弃，不能生搬硬套地移植，因为一种文化背景下形成的约束在另一种文化背景下未必适用。

4.1.3 保险中介模式的先进性

（一）缓解“市场信息不对称”，降低交易成本，提高保险市场交易效率

保险市场中，保险人与投保人之间存在着明显的信息不对称现象，这增加了交易风险，也降低了社会福利。而保险中介能在保险人与投保人之间形成有效的信息传递机制，提高了市场信息的透明度和整个社会的福利水平（邹茵，2017）。保险中介的出现解决了投保人保险专业知识缺乏的问题，帮助客户获得适合自身需要的保险商品，降低了保险人的经营成本，因为缓解了市场信息的不对称而降低了交易成本，提升了保险市场的交易效率。

（二）激活保险需求，拓展保险市场，促进保险资源优化配置

保险业发展到一定阶段，必然需要更明细的社会分工、更专业的技能以及更完善的服务，社会分工是保险业发展的必然趋势。正是社会分工产生了一大批集专业、渠道、信息优势于一身的保险中介。它们极大地缓解了保险人与投保人之间的信息不对称，有效地激活了保险需求，帮助保险人拓展保险市场，优化保险服务，实现保险业上下游资源有效利用和合理配置（邹茵，2017）。

（三）风险管理专业化，提升保险业的防灾防损和风险管理功能

保险业的发展使保险人承保责任和标的物范围不断增加，保险人缺乏专业人才

及对投保人所面临的全面风险管理的经验，这制约了保险人传统意义上的风险管理职能。而保险中介凭借其专业的服务化体系和风险管理人才，可以在前端承保环节为保险人控制其业务风险，同时能够为投保人在风险评估、防灾防损、投保方案设计以及购买等方面提供一站式服务（韩亚男，2014），使保险人原本具有的风险管理职能更加专业化，提升了整个保险业的防灾防损和风险管理职能。

（四）理赔市场化，使保险业的损失补偿职能进一步完善

在保险市场中，保险中介参与理赔环节，并将理赔业务从保险人处彻底分离。保险中介凭借其信息优势、业务经验以及对法律法规的熟知，在理赔业务方面能够比保险人做得更为精准，极大地避免了“理赔难”的问题，作为独立第三人而有效地减少了保险人与被保险人之间的理赔纠纷，帮助保险业提升行业形象，同时使保险业的损失补偿职能进一步完善，有利于未来保险业的长远发展。

（五）借助互联网转型升级，利用信息平台实现服务创新

现今保险业在互联网金融的大潮下开始进行各种销售渠道以及服务的创新，作为直接接触客户的进行售前售后服务的一线，保险中介也在借助互联网整合资源、创新服务。许多保险中介开始通过微信公众号、官方微博等互联网新媒体进行宣传营销，有的还搭建了网站在网上进行产品销售（迟翔，2016）。而这种通过新媒体做宣传仅仅是转型升级的一个开始，未来的发展趋势是将传统的线下销售与服务，扩展到线下与线上相结合，通过网络将中介、客户、保险人时刻连接在一起，促进线上线下业务水平的共同提升（周晓颖，2017）。此外，当前一些大型保险中介公司，大都以企业的电子化、信息化有效促进管理效率、服务效率，并降低经营成本，不惜重金开发集供应链管控、电子商务、风险管理职能于一体的信息平台，促进经营与服务“更专业、更快捷、更低成本”目标的实现，依靠技术进步提高组织管控效率与市场效率并创新服务方式（陈功和阎国顺，2017）。

（六）产销分离模式促进保险业向集约化发展，提升保险服务水平

保险中介模式的存在将保险人的营销职能剥离并转移给保险中介承担，实现了保险业的产销分离，充分利用保险中介的专业、信息、渠道优势，降低了保险人的经营成本，缓解了市场信息的不对称而降低了交易成本，提升了保险市场的交易效率，促进了保险资源优化配置，使保险业向集约化发展。

此外，产销分离还能大幅度地提升保险业的服务水平。保险人将减少的成本支出用在核心业务和关键运营环节上，如新产品开发、市场差异化研究以及资金运用等，将保险销售工作交给集专业、信息、渠道优势和成本优势于一身的保险中介机

构，而把更多精力放在发展核心业务上以增强市场竞争力。保险中介凭借自身在保险、法律等其他方面的专业素养及风险分析和评估技术为投保人提供“定制”服务（韩亚男，2014），同时让投保人不再处于信息劣势地位，由保险中介作为投保人的代理人与保险人交涉，提升了投保人在保险市场中的交易地位。

4.2　保险专业代理机构存在和发展的理论依据

4.2.1　保险专业代理机构的含义与特征

（一）保险代理人的含义与分类

保险中介主要包括保险代理人、保险经纪人、保险公估人三种。保险代理人是出现最早的保险中介，是指根据保险人的委托，向保险人收取佣金，并在保险人授权的范围内代为办理保险业务的机构和个人（郑涛，2010）。

关于保险代理人的含义，各国和地区保险立法均有所界定。我国《保险法》第一百一十七条规定：“保险代理人是指根据保险人的委托，向保险人收取佣金，并在保险人授权的范围内代为办理保险业务的机构或个人。”

根据国际惯例，基于从业性质的角度，保险代理人又可以划分为专业代理人、兼业代理人和个人代理人三种。专业保险代理人是指专门从事保险代理业务的保险专业代理机构，代理范围广，专业性较强，经保险公司授权后，可代理推销保险业务、洽谈保险合同、收取保费、代理理赔勘察定损等业务。兼业保险代理人是指受保险人委托，在从事自身业务的同时为保险人代办保险业务的单位，其代理业务主要是销售保单和代收保费。个人保险代理人是指根据保险人的委托，在保险人授权的范围内代办保险业务并向保险人收取代理手续费的个人（余一君，2016）。个人保险代理人又分为保险代理从业人员和保险营销员。我国的保险营销员是指与保险公司签订代理合同的个人代理人。

（二）保险专业代理机构的含义与特征

保险专业代理机构于1999年引入我国保险市场，2002年实行市场化准入制度后迅速发展，现如今已经成为专业保险中介机构中数量最为庞大的一个群体（温燕，2009）。下面我们来详细地探讨保险专业代理机构的具体含义及其特征。

保险专业代理机构，即专业保险代理人，是指专门从事保险代理业务的保险代理公司，经保险公司授权后，可代理推销保险业务、洽谈保险合同、收取保费、代

理理赔勘察定损等业务，代理范围广，专业性较强。中国保监会发布的《保险专业代理机构监管规定（2015 年修订）》中指出，保险专业代理机构是指根据保险公司的委托，向保险公司收取佣金，在保险公司授权的范围内专门代为办理保险业务的机构，包括保险专业代理公司及其分支机构。

我们对保险专业代理机构的几点特征总结如下：

1. 保险代理业务具有独立性

保险专业代理机构在保险公司的授权范围内，有独立从事代理行为的权利，以自己的独立行为完成合同约定的各项工作，可以自主决定向哪些投保人推介哪些保险产品，也可以自主选择为哪些保险人代理（余一君，2016），可以同时独立地为多家保险公司代理保险业务。

2. 业务内容和水平具有专业性

保险专业代理机构凭借其专业的服务化体系和风险管理人才，在前端承保环节为保险人控制其业务风险，同时能够为投保人在风险评估、防灾防损、投保方案设计以及购买等方面提供专业化的“一站式”服务。同时，保险专业代理机构凭借其信息优势、业务经验以及对法律法规的熟知，在理赔业务方面能够比保险人做得更为精准，作为独立第三人有效地减少保险人与被保险人之间的理赔纠纷。

3. 形成与保险人和投保人的“双向委托—代理”关系

保险专业代理机构作为代理人的一种机构形式，是保险人的利益代表，接受保险人的委托，这是一种显性的委托—代理关系，是以签订代理契约为基础的委托—代理，于保险人而言是一种供给的后向延伸。此外，保险专业代理机构作为一种以客户为导向的追求长远利益的专业性中介机构，实际上接受了投保人的委托，这是一种隐性的、以交易发生为依据的委托—代理，于投保人而言是一种需求的前向延伸。所以从保险专业代理机构的角度来看，这实际上形成了一种“双向委托—代理”关系。

4. 在保险市场中形成一种产销分离模式

从整个产业链的角度出发，保险市场的主体可分为再保险公司、保险公司、专业中介以及消费者。再保险公司为保险公司提供保障，保险公司是保险产品的生产商，同时进行保险资金投资及提供理赔服务。在保险专业代理机构模式下，保险公司在生产出保险产品后，将专业的保险产品销售交给专业代理机构去做，专业代理机构作为只负责销售保险产品的独立法人，不再归属于保险公司。这种保险专业代理机构模式，将保险产品的生产与销售分开，在保险市场中形成了一种产销分离模式。

4.2.2 保险专业代理机构存在的理论依据

（一）降低保险交易的成本

科斯的“交易费用理论”认为，企业从一个专业化的交易经济中出现的主要原因是：利用价格机制是有成本的，企业的出现可以内化市场交易，降低交易成本（黄万丁和孔月红，2012）。“交易费用理论”中涉及的各项费用在保险交易中均不同形式地存在着。保险专业代理机构以企业的形式内化的主要是保险产品销售和售后服务的部分环节，在很大程度上降低了保险交易的成本，其作用过程与信息处理密切相关。

首先，保险专业代理机构方便了搜寻过程。搜寻过程中包含不确定性因素，投保人不清楚如何合理地购买以及如何识别产品的品质，保险人也不清楚顾客在哪里以及如何将产品精准地出售给他们。而保险专业代理机构作为兼具专业性和双向性的信息中转站，可形象地比作可筛选和分类保险产品的“超市”，降低了投保人和保险人的各种不确定性，缩短了双方的搜寻过程。此外，保险专业代理机构减少了交易次数。有专业代理机构存在的集中化交易系统的供求双方的主体数量和交易匹配的次数要远远小于在保险人与投保人直接进行交易的分散系统中的次数，交易次数的减少直接促成了交易成本的降低。

（二）提高保险市场的效率

企业产生的原因不仅仅是交易成本的节省，低交易成本并不能解释企业进一步发展的具体轨迹。发展保险专业代理机构的理论依据还在于，其对保险市场有着重要的正面影响——提高保险市场的效率（黄万丁和孔月红，2012）。

首先，保险专业代理机构使市场交易规范化。保险专业代理机构的专业性以及其自身盈利性，使得其在产品选择和投保人选择上趋于谨慎，在交易流程和自身体制建设上追求规范化，这使得市场行为的可持续性大大增强，市场的效率也因此得以提高。此外，保险专业代理机构还可助推保险行业的转型。我国保险行业传统的“人海战术”销售模式、金字塔式的组织管理架构和利益分配模式导致了路径依赖现象，为保险业的转型发展造成桎梏。而保险专业代理机构绩效型的销售模式和保障性较高的用工体制将会助推保险行业的转型。

4.2.3 保险专业代理机构的先进性

（一）保持代理业务的独立性，帮助投保人客观选择保险产品

保险专业代理机构在保险公司的授权范围内，有独立从事代理行为的权利，以

自己的独立行为完成合同约定的各项工作。可以自主决定与哪些保险公司合作，自主决定向投保人推介哪些保险公司的哪些保险产品，可以同时独立地为多家保险公司代理保险业务，而不隶属于任何一家保险公司。保险专业代理机构对于自身的代理业务具有自由支配权，可以客观公正地帮助投保人选择最符合需要、最经济实惠、性价比最高的保险产品，为投保人量身定制服务，提升了保险服务水平。

（二）自觉提高专业能力和服务水平，更好发挥保险职能

作为保险公司的下游企业，保险专业代理机构面临着来自保险公司自身营销队伍、兼业代理机构、保险经纪公司等多方面的竞争，竞争程度日渐激烈。保险专业代理机构，作为单纯的保险产品销售者，而不是生产者，如何采取措施才能最大限度地降低自身的可替代性就显得尤为重要。这激励着专业代理机构自觉提高自身的专业代理能力和保险服务水平，强化自身的专业、信息、渠道优势，引进专业化高素质的风险管理人才、理赔技术人员以及其他各类保险从业人员，实现产品的筛选、整合和创新，充分发挥保险业的风险管理功能、防灾防损功能、损失补偿功能，从而更好地发挥保险业职能。

（三）产销分离模式使保险业向集约化发展，促进保险资源优化配置

在保险专业代理机构模式下，保险公司在生产出保险产品后，将专业的产品销售交给专业代理机构去做，专业代理机构作为只负责销售保险产品的独立法人，不再归属于保险公司。这种保险专业代理机构模式，将保险产品的生产与销售分开，在保险市场中形成了一种产销分离模式。这种产销分离模式充分利用专业代理机构的专业、信息、渠道优势，降低了保险人的经营成本，缓解了市场信息的不对称而降低了交易成本，提升了保险市场的交易效率，促进了保险资源优化配置，促使保险业向集约化发展。

（四）借助互联网平台实现转型升级，提升保险服务水平

在互联网金融大潮下，保险专业代理机构开始通过微信公众号、官方微博等互联网新媒体进行营销宣传，有的还搭建了网站在网上进行产品销售，利用互联网最大限度地解决了信息问题，即提高信息传播速度，提升信息交互效率，促进信息对称等，最终通过互联网提升了营销效率。此外，保险专业代理机构正在探索将传统的线下销售与服务扩展到线下与线上相结合，通过网络将中介、客户、保险人时刻连接在一起，促进线上线下业务水平的共同提升。

当前一些大型保险专业代理机构，开始利用互联网信息平台提升管理效率、服务效率，并降低经营成本，不惜重金开发集产品丰富、交易快捷、成品高性价比优

势于一身的电子商务平台，促进经营与服务“更专业、更快捷、更低成本”目标的实现，借助互联网平台实现转型升级，提升保险服务水平。

（五）将保险科技作为新竞争点，推动自身走向专业高效

2017 年上半年，保监会批复的 21 张保险中介牌照中，阿里、腾讯、百度等流量巨头的身影闪现，预示着保险科技将成为未来中介发展新的竞争重点。新一代的保险专业代理机构，将在“专业高效”上做文章，吸收互联网巨头们的先进技术经验，更好地利用保险科技使自身走向更专业更高效。

专业代理机构未来的发展方向是利用大数据、云计算、人工智能、机器学习等各种互联网技术手段深入分析客户数据，通过对客户的保险需求进行精准分析，从而进行精准营销、实现产品的精准投放，使其变现为保费收入。此外，还可通过承保、理赔数据的积累和综合分析，筛选优质客户，降低道德风险，提高理赔效率，改善客户体验，提升服务水平。

4.3 本章小结

本章从起源、市场条件、理论依据等角度分析了保险中介模式，提出保险中介模式在多个方面具有先进性，包括缓解“市场信息不对称”，降低交易成本，提高保险市场交易效率；激活保险需求，拓展保险市场，促进保险资源优化配置；风险管理专业化，提升保险业的防灾防损和风险管理功能；理赔市场化，使保险业的损失补偿职能进一步完善；借助互联网转型升级，利用信息平台实现服务创新；产销分离模式促进保险业向集约化发展，提升保险服务水平等。

同时，本章以保险专业代理机构为例，探究它的特征、存在和发展的理论依据，并分析其在保险市场中的先进性，包括保持代理业务的独立性，帮助投保人客观选择保险产品；自觉提高专业能力和服务水平，更好发挥保险职能；产销分离模式使保险业向集约化发展，促进保险资源优化配置；借助互联网平台实现转型升级，提升保险服务水平；将保险科技作为新竞争点，推动自身走向专业高效等。

5　保险中介模式的发展现状与趋势

保险中介作为保险消费链上提供中介服务的专业化中间商，在保险市场上具有帮助投保人实现效用最大化、提高保险交易效率、降低保险交易成本和降低保险公司面临风险的作用，在各国保险市场中均扮演着极为重要的角色。各国保险中介模式彼此间差别较大，对不同国家保险中介行业现状进行分析，可以有效展望保险中介行业未来的发展趋势。

5.1　保险中介模式在欧美发达市场的发展现状与趋势

历经百多年的发展，欧美保险中介已经建立起较为成熟稳定的行业模式。近年来，信息化的浪潮和崛起的新兴市场，对现有模式构成了有力的冲击。研究现有的欧美保险中介模式，并观察欧美保险中介模式的变化趋势，对我国保险中介行业的发展有着重要的借鉴意义。

5.1.1　保险中介模式在欧美发达市场的发展现状

在欧美发达市场中，保险中介是保险公司展业的重要渠道。各国保险中介的发展历程不尽相同，也呈现出不同的行业模式，下将从市场发展、监管制度以及代表机构三方面进行介绍。

（一）保险中介市场较为成熟稳定

欧美保险中介市场中，各险种的中介渠道已较为成熟，相关法律法规也明确界定了各市场主体的业务范围，这使得欧美保险中介市场保持了长期稳定的发展态势，各国之间差异也较为显著。美国保险中介市场中保险代理人所占市场份额较大，保险经纪公司主要承接大额中介业务；英国保险中介市场则是以保险经纪人为核心，保险代理人多代理寿险业务。

1. 市场主体业务界定清晰

（1）保险代理机构业务

美国保险代理人萌芽于19世纪初，最初由英国保险商引入。20世纪中期以后，伴随着美国经济的腾飞，保险市场的不断壮大以及相关法律制度的健全，使得美国保险代理机构快速扩张并日臻成熟。当今美国保险中介市场中，保险代理机构，特别是专业代理机构，占据了较大的市场销售份额。据统计，2013年美国个人保险市场中来源于保险代理渠道的业务超过80%。美国保险代理制度的高效运转，与其清晰的业务分层密不可分。美国分层次、多种类的保险代理人体系为保险公司提供了多种销售方式选择，保险公司可根据自己的需要与不同的保险代理人签订代理协议。大致看来，美国的保险代理机构可以分为机构代理制和无机构代理制。机构代理制与无机构代理制的区别是：机构代理制中保险公司需要承担培训责任和办公费用开支，而无机构代理制中保险公司不承担这些开支，而只需向个人业务总代理人或经纪人提供有关产品的目标市场、法律解释和税收优惠等方面的信息。机构代理制中，又可细分为普通代理制、多险种代理制和上门服务代理制。

①普通代理制

包括总代理制和分公司制。总代理制是由总代理人作为独立的合同方与保险公司签代理合同，在合同界定的地区和范围内办理代理业务，除非原代理合同允许，一旦代理合同签订，保险公司不能改动总代理人的活动范围，总代理人自己负责财务管理，承担经营中的管理费用，享受公司支付的费用津贴。总代理制下的分代理人与总代理人签合同，过去分代理人的佣金由保险公司经总代理人给以支付，现在多为公司直接按销售额支付给分代理人。分公司制是通过保险公司在各地的代理处开展业务，代理处的办公费用全部由公司提供，代理经理负责财务管理，保证开支在预算之内，超支部分要申请公司批准，代理处经理下设经理助理、办公室经理、培训经理、办事员等辅助管理岗位，这些岗位负责监督及处理日常事务。

②多险种代理制

代理人是独立合同方而不是公司雇员，他们将寿险、健康险、财产和意外伤害险等险种一并提供给客户，采取市场导向型的销售策略。

③上门服务代理制

指代理人在客户家中收取保费提供服务，承保手续简单，保费按周、双周或月缴，保单死亡保额一般不超过2 000美元。

欧洲保险代理制度已经有数百年历史。1986年，英国《金融服务法》出台，将英国的保险代理人分为公司代理人和兼职代理人，任何一种代理人都只能依附于

一家寿险公司并为之代销寿险产品。公司代理人必须经过注册登记方可进行代理，可代理销售产品、收取保费等服务。而兼职代理人则是在做好分内工作的基础上，把业务介绍给保险公司。虽然兼职代理人可以是银行、修理厂经营者、旅行社等机构或个人，但他们必须熟悉保险基本业务，从而方便办理投保等业务。由于英国的保险中介制度以保险经纪人为中心，保险代理人渠道销售的保险产品主要集中在寿险领域，保险代理人在其他险种上所发挥的作用相对有限。

（2）保险经纪机构业务

保险经纪人发端于英国，最初的目的是为了方便海上保险的承保风险在各保险公司间分摊。保险经纪机构基于投保人的利益，代向保险人恰订保险合同，能有效解决投保人与保险人之间存在的信息不对称问题，因此其逐步成为中介市场的重要组成部分。1906 年，英国颁布《保险经纪人注册法》，并先后成立了保险经纪人注册委员会（IBRC）、保险经纪人协会等机构。通过这一系列举措，英国建成了世界上最发达的保险经纪市场，现有 3 200 多家独立的保险经纪公司，是保险公司的 4 倍，有近 8 万名保险经纪人。业务划分上，英国保险经纪人一般分为寿险经纪人与非寿险经纪人、经手客户保费经纪人与不经手客户保费经纪人、一般保险经纪人与劳合社经纪人等。值得注意的是，劳合社内各种保险合同的签订及成立的相关事项必须由保险经纪人来安排，即由经纪人代投保人投保、缴纳保费并处理赔款等事项。

美国保险经纪机构与独立的保险代理机构的区别并不显著，2004 年出台的《保险服务提供商许可法案》取消了对保险经纪与保险代理的监管区别，均将其作为保险服务供应商来看待。由于保险代理人占据了美国个人保险市场的多数份额，美国保险经纪机构主要招揽大企业和大项目的保险经纪业务，这对其规模提出了较高要求，也催生了诸多大型保险经纪机构。美国大型保险经纪集团如达信（Marsh）、怡安（Aon），可以在世界范围内为工商业巨头提供保险经纪和风险管理咨询服务。

（3）保险公估机构业务

保险公估机构是办理保险标的查勘、鉴定、估损以及赔款核算等业务，并向委托人收取费用的机构。1941 年英国公估师协会成立，并于 1961 年成为英国特许公估师学会。虽然如此，英国公估人的市场准入门槛较低，任何人都可以从事保险公估行业。但公估人若要取得保险公司的信任，除了需要不断提升自身专业素质，一般还必须参加特许公估师学会以及学会组织的等级考试。在这一特殊管理体制下，英国保险公估人一直维持着很高的职业水平，并对世界保险公估业发展有较大影响。

美国保险公估人体系较为多元化，分为独立理赔人、理赔事务所和公共理赔人，公估人可以是个人或者机构。独立理赔人和理赔事务所代表所有保险公司，而非依附于某一家保险公司，进行查勘定损、处理理赔案件；而公共理赔人是基于被保险人的利益由被保险人自己聘请的，参与查勘定损理赔过程，以示公正，并由被保险人按赔款金额的一定比例支付其手续费。美国法律明确规定，保险公估人需要通过资格考试方可领取执照，这点与英国保险公估人的准入要求有区别。

（4）综合型保险中介模式（MGA）业务

MGA，即授权承保代理（Managing General Agent），是一种特殊的保险中介机构，是由保险公司指定的具有承销权的中介人，集核保、暂保、承保、支付、收取保费、对账、理赔管理等功能于一体。MGA 兴起于美国西部大开发时期，当时美国东部保险市场较为发达，而西部相对落后。西部大开发给美国西部保险业带来了一系列机遇，创造出巨大的需求空间。然而相较于东部保险公司的保险机构和人才队伍，西部地区的人力资源十分欠缺。况且美国地域差异较大，东部保险公司的专业团队难以适应西部地区的环境与需求，定价模型、理赔模式、服务需求、代理渠道等也都存在着较大差异。出于方便，东部保险公司授权当地的授权承保代理机构全权运作开展业务，以期最大化资源配置效率，减少开发新市场带来的资源浪费。

由于 MGA 模式能有效发挥中介机构的专业优势，美国现已有超过 1 000 家授权承保代理机构，最近五年授权承保代理机构保费增长速度可观，高达 11.6%，远高于市场平均增速。MGA 模式于 1985 年被介绍到英国，截至 2014 年 5 月，劳合社共有 3 835 家授权承保代理机构，其 30% 的保费收入来源于授权承保代理业务。

与传统保险中介相比，MGA 有诸多不同。首先，它既是中介人又是保险人，既能接受保险公司的委托，替保险公司销售保险、承保业务，又能执行保险人的职能，进行核保核赔。其次，MGA 能够专注于细分业务领域，提供小众、新型、个性化的保险产品，从而推进保险业务链的纵深化发展。现阶段西方国家 MGA 发展相对成熟，具有强大的业务与资源的整合能力，可以提供销售、承保、核保、出单、理赔以及风险管理等完整的服务功能，满足不同区域的差异化需求。

2. 不同险种中介渠道有别

（1）寿险以代理渠道为主

欧美发达国家寿险市场较为相似，均是以保险代理人为主要销售渠道。据统计，英国 80% 的寿险业务是由保险代理人完成的，美国也有超过 50% 的市场份额归属于保险代理渠道，保险代理从业人员有 100 余万名。但在保险代理的范围界定

上，英美两国存在着不小的差异。美国寿险代理市场上，独立代理人和专属代理人占据了主导地位，前者可以同时为多家保险公司代理业务，而后者只能为一家保险公司代理业务。据统计，2013 年美国寿险销售额中，约有 50% 来源于独立代理人渠道，另有 40% 来源于专属代理人渠道。值得注意的是，独立理财规划师在年金产品销售中起到了重要作用。2013 年美国年金销售额中，独立理财规划师渠道与独立代理人渠道合计占比达 71%，专属代理人渠道仅占比 21%。相比之下，英国推行两极化原则，即中介人必须在经纪人与代理人中任选其一，不能兼任，由于寿险业务要求双方有着密切联系，代理人便成为寿险业务的营销主体。此外，英国还规定任何一种代理人都只能依附于一家寿险公司并为之代销寿险产品。欧盟其他国家则有着较为发达的银行代理网络。

（2）非寿险以经纪渠道为主

非寿险业务按照保险标的不同分为商业非寿险业务（或称公司非寿险业务）和个人非寿险业务。前者主要包括企财险、责任险等；后者主要包括家财险和车险。美国的独立保险代理机构（也可作为保险经纪机构）因其专业化、自主化及规模化的经营模式，在商业非寿险的营销上具有绝对的优势。数据显示，2013 年美国商业非寿险业务中，独立代理渠道销售占比超过 80%。此外，由于美国保险经纪机构规模普遍较大，因此更注重为大公司提供保险经纪服务。个人客户更容易通过专属代理人接触并了解保险产品，这使得专属代理人成为个人非寿险业务的主要销售渠道。由于英国对保险代理和保险中介有着严格的区分，英国保险经纪机构便占据了财险市场 60% 以上的市场份额，并包揽了再保险业务与劳合社业务。商业业务中，独立的保险中介机构市场占比达到 64.8%，而专业代理人在个人业务中占比超过 40%。

（二）政府监管结合行业自律

欧美发达国家通常采取政府监管和行业自律相结合的模式对保险中介市场进行监管，但大部分国家更倾向于通过建立各种行业组织，发挥行业自律组织的作用以进行有效的自我管理，确保市场的稳定发展。欧美国家的实践也证明了行业自律是一种行之有效的辅助监管方式，中介行业协会以及其他行业组织均可以发挥重要作用。行业自律组织作用的发挥，与这些国家保险中介机构高度市场化的现状密不可分。面对激烈的市场竞争，职业保险中介人都会自觉约束自身行为，以获得更多发展机会。与此同时，行业自律组织的出现也提高了市场的准入门槛，有效减少了非正当市场行为的发生。

美国对保险中介的监管可以从横向与纵向两个维度进行考察。从纵向来看，美国监管由最初的各州分散监管逐渐演化为当今联邦与州政府的混合监管。出于历史原因，美国保险业监管长期由各州政府独立施行，对保险中介的监管也不例外。美国各州监管条例多有不一致之处，这给保险中介机构开展业务带来了很大不便，要求联邦政府进行统一监管的呼声也长期存在。20 世纪 80 年代，大批保险公司的破产潮促使美国保险监督官协会（NAIC）颁布一系列法律规范各州政府的监管行为，这有效减少了各州之间的不一致性。金融危机后，《多德—弗兰克法案》建立了财政部下属的联邦保险办公室（FIO）、金融稳定监管委员会（FSOC），旨在统筹监管全国市场。横向层面上，与其他发达国家类似，美国同样注重发挥行业自律组织对保险中介机构的监管职能。美国的保险中介自律组织，如全国人寿保险协会、美国保险代理人协会、特许金融顾问协会、全国注册代理人和经纪人协会等，都从业务水平、职业道德和日常行为规范等方面制定了行业自律准则，对保险中介人进行管理。

英国保险经纪机构对英国保险业有着重大影响，因此保险经纪机构相应成为监管的重点。英国主要通过三个机构来实施对保险经纪机构的监管，即英国皇家保险学会、保险经纪人注册理事会和劳合社。其中，英国皇家保险学会属于事前监管机构，该学会负责为通过保险经纪人专业考试的人员颁发从业资格认证，是对保险经纪人在从业前的一种监管。保险经纪人注册理事会是法定的独立监管机构，也是这三个机构中监管范围最广泛的机构。该理事会依据 1977 年出台的《保险经纪人注册法》而建立，并行使该法律赋予的监管职能，具体监管内容涉及保险经纪人的独立性、专业知识技能和财务实力，以及对保险经纪人进行随时检查、监督和及时处理、制裁。劳合社主要依据 1988 年出台的《保险经纪人细则》对社内保险经纪人实施监管，监管所涉内容较保险经纪人注册理事会的监管内容更为详细和严格。相比于对保险经纪人的严格监管，英国政府对寿险代理人的监管相对宽松，主要依靠保险代理人协会施行行业自律，并无特别的规定限制寿险代理人销售非寿险产品。英国保险公估业务在法律上不属于保险监管范围，受一般的代理法管制，并由英国特许公估师学会监督管理。

（三）“保险中介 + 科技”助力行业发展

欧美保险中介为了维持自身的专业水平，积极运用互联网科技，有效提高了工作效率和业务质量。欧美保险中介对技术的运用主要呈现出以下特点。

1. 以提高效率为导向

欧美保险中介机构十分重视自身的工作效率，力求将常规流程时间压缩到最短，以抽出更多时间追踪市场情况和客户需求的变化。因此，其对互联网技术的运用以提高效率为基本目的，欧美保险中介大都采用了自动化控制系统，对开户、交易和结算等业务进行自动化处理，从而节省下往常所需的人力成本。此外，欧美保险中介机构也基于对以往数据的分析，制定出适当的执业准则，从而使得中介人员能够迅速熟悉并开展相关业务。

2. 以业务支持为主体

对于欧美保险中介而言，“保险中介＋科技”的内涵不是将线下业务线上化，而是运用互联网科技为自身业务的开展提供必要支持。从近年各公司的发展情况来看，以线上销售保险等业务为主业的保险中介机构净利润出现了持续下滑，以传统业务为基础并辅之以必要技术支持的保险中介公司经营成本和净利润展现出良好势头。这一情况表明对新科技的运用应以“提速降费”为主要目的，而不是单纯地变换业务载体。

3. 以灵活多变为特征

虽然信息科技的运用将欧美保险中介机构的诸多业务变得更加机械化，但这并不影响保险中介灵活多变的工作特征。欧美保险中介机构大都开发了个性化设计系统，其可以根据不同客户的需求状况，给予相关业务建议，这使保险中介人员能更好地根据实际情况的变化开展相应业务。

（四）欧美发达市场现状的启示

1. 产销分离保证专业性

从销售情况来看，欧美发达市场呈现出鲜明的产销分离特征，保险中介渠道对保险公司展业而言至关重要，直销渠道仅占据了很小的市场份额。销售环节主要由保险中介机构开展，而保险公司可以专注于产品开发与风险控制。应该看到，产销分离可以从两方面提升全行业的专业水平。一方面，以独立代理人为代表的保险中介机构与保险公司保持着一定距离，这意味着其必须采取需求导向型的销售策略，客观公正地开展销售工作，以更好地满足客户保险需求。另一方面，保险公司能够将主要精力转向产品领域，在需求分析、精算定价以及风险监控等方面投入更多人手，以提升自身产品的竞争力。因而，产销分离既能使保险中介机构的销售工作满足客户所需，又能提高保险公司的产品质量。欧美发达市场上的产销分离现象，有效保证了保险业务全流程的专业性，实现了各方利益最大化。我国保险行业当前仍是以保险公司直销为主要销售渠道，大多数保险代理人必须依附于特定保险公司，这不利于保险销售业务专业性的提升。施行产销分离，推动保险代理人独立运作，在我国有着广阔的发展空间。

2. 层次分明保证高效性

欧美保险中介机构彼此间有着明确的界定，各险种也有着相对固定的销售渠道，这对于整个保险市场的高效运转有着重要意义。对投保人而言，寿险销售中，独立代理人可以综合不同保险公司的产品，为投保人推荐更为合适的产品组合；非寿险销售中，保险中介机构的独立性有力保障了自身的专业水准，也有利于服务细分市场客户。而对于保险公司而言，相对固定的保险中介渠道，使得保险公司可以与某几家保险中介机构保持长期合作关系，简化了产品推广流程。由于我国保险中介行业起步较晚，尚未形成较为清晰的市场定位，对于以何种形式的保险中介作为市场主体没有统一认识。笔者在此认为，鉴于我国中小保险公司销售渠道较为匮乏，展业成本较高，倘若能建立一批高水准的独立保险代理公司，由这些公司统一代理中小险企的产品销售，不失为一条有效路径。

3. 双重监管保证合规性

欧美保险中介机构大都受到政府机构与行业自律组织的双重监管，这有效保证了保险中介业务的合规性。政府机构有关规定的主要目的是保证业务的合法性，行业自律组织的规章制度则是为了保证业务的规范性。在双重监管下，保险中介市场秩序井然，保障了投保人利益，管控了不正当行为。我国当前保险市场尚未发展成熟，监管部门难以面面俱到。在这种情况下，建立健全行业自律组织，发挥行业自律组织的自我管理职能，对保险中介行业乃至整个保险业的稳健发展，能起到重要推动作用。

4. 互联网科技保证时效性

欧美保险中介机构能够占据保险销售渠道的主要份额，与其自身积极运用信息技术密不可分。借助智能系统，保险中介人员能在短时间内处理大量常规业务，从而能够专注于跟踪客户需求变化。大数据挖掘技术让欧美保险中介人员能从海量信息中筛选出有效信息，从而根据市场情形变化开展相应业务。沟通软件的广泛使用，也使得从业人员可以及时与客户取得联系，实时反馈机制对中介服务的创新发展也尤为重要。

5.1.2 保险中介模式在欧美发达市场的成功案例

欧美保险市场的差别不仅体现在市场占比上，而且在机构形式上同样明显。美国未对代理人与经纪人进行严格界定，独立代理人和专属代理人在保险中介市场

中，特别是个人保险中介市场中有着突出的地位，而英国保险中介机构多以经纪人为主。下面将深入微观视角，选取美国保险中介机构中的成功案例和创新案例，以及英国保险中介模式的典型案例进行介绍。

（一）美国保险中介机构成功案例——LPL金融集团

1. LPL金融集团简介

LPL金融集团（LPL Financial）是美国最大的独立财务顾问公司，其前身Linsco公司创建于1968年，1989年与Private Ledger公司合并成立LPL金融集团，2010年集团在纳斯达克上市。LPL集团主营业务为个人金融顾问服务，此外还提供退休计划独立顾问服务。作为全美最为成功的独立金融中介，LPL集团开创了中介机构经营的另一模式，并成功运转至今。LPL集团本身并不提供金融产品或直接为客户服务，它服务的主要对象是独立理财师。其商业模式是通过搭建提供代理和咨询服务的综合平台，一端与金融机构和金融产品代理商对接，一端与其下属的独立理财师对接。LPL集团首先与金融机构和金融产品代理商合作，以获取各类金融产品的代理权，在此基础上为独立理财师提供多样化的产品和服务选择。当理财师售出产品或得到服务费用时，LPL集团可以参与抽成，这构成了集团收入的主要来源。2016年，LPL集团为14 000余名独立财务顾问提供平台支持，参与提供了超过46 000个退休计划，总营收40.5亿美元，税前利润为2.98亿美元。2017年上半年，LPL集团总营收20.01亿美元，税前利润为1.88亿美元，同比增长14.4%，净资产收益率14.2%。

2. LPL金融集团保险中介业务介绍

LPL金融集团业务中，保险中介业务占比最大，2016年营收达8亿美元，占到集团总营收的24%。LPL集团的保险中介业务具有鲜明的平台化特征，其平台上集合了众多保险公司和保险产品，独立代理人可以从中挑选合适的产品，来满足客户的人寿保险需求。LPL集团可提供所有类型的寿险产品，包括定期寿险、终生寿险和变额寿险等。此外，独立代理人还可以从其附属保险机构获取一整套保险方案，并进行相关咨询。

LPL集团平台的突出优势在于能为独立代理人提供全流程服务：前端经理和承销商支持团队将帮助独立代理人设计方案，选择运营商和产品，并审查政策；后端团队将为独立代理人提供保单并执行其他后续业务，包括提出体检和其他承保要求。这一机制提供了以下便捷服务：①有竞争力的佣金支付，代理人可从定期寿险业务中得到全部佣金，并从变额寿险业务中得到100%奖金；②精简处理，代理人可在同一个平台中知晓保单状况和历史记录，不再需要登录运营商网站；③在线工具，代理人可以在线比较产品，发现拓展业务范围的机会，并以电子方式提交申请。

3. LPL 金融集团互联网端业务平台介绍

为了满足独立代理人不断变化的业务需求并提高其业务能力，LPL 金融集团搭建起完善的互联网端业务平台，这主要包括三方面内容：集成化技术支持、全面化结算服务以及实用化管理程序。

集成化技术支持是指公司搭建基于服务器的并可在互联网端访问的集成平台，向独立代理人提供技术支持和相关服务。这一平台旨在让独立代理人高效管理其业务，并及时响应客户的新需求，其可以自动完成耗时较多的工作，诸如开户、执行交易和账户平衡，从而提高独立代理人工作的效率和准确度。

全面化结算服务是指公司搭建自动结算平台以提供托管和结算服务，帮助独立代理人加快业务进程。自动结算平台不仅有益于独立代理人的业务开展，还能使公司更好地掌控用户数据，为平台开发和相关服务开展提供颇有价值的参考信息。

实用化管理程序是指公司为帮助独立代理人取得更好业绩而制定的业务准则，这些准则源自公司基于互联网端业务平台开展的批量测试，并根据不同代理人的实际情况进行了修正。

（二）美国保险代理机构成功案例——布朗公司

1. 布朗公司简介

布朗公司（Brown & Brown）始建于 1939 年，是一家多元化的保险代理、保险经纪、保险计划和服务机构，主要销售财险、意外险和员工福利等保险产品和服务，以非投资保险合同、定制风险管理产品和服务为主要形式。公司主要营收来源是保险公司支付的佣金，还有部分客户直接支付的费用。其佣金收入来自以下几个方面：①零售部门业务佣金；②国家计划部门和保险经纪部门代发保单的佣金；③服务部门提供的保险相关服务，包括第三方索赔管理、综合医疗服务、医疗保险服务和其他索赔服务。2016 年，布朗公司总营收 17.7 亿美元，税前利润 4.24 亿美元，净资产收益率为 11.98%。2017 年上半年，布朗公司总营收 9.31 亿美元，税前利润 2.19 亿美元，同比增加 3.5%，净资产收益率 5.77%。

2. 布朗公司优势业务介绍

布朗公司可划分为四个业务部门：零售部门、国家计划部门、保险经纪部门以及服务部门。四个部门中，零售部门和国家计划部门经营着布朗公司的传统优势业务，下面将详细介绍这两个部门。

零售部门面向商业部门、公共组织和个人客户提供保险产品和服务，主要销售财产保险、意外保险、责任保险和信用保险等保险产品，雇佣了约 4 000 名员工。2017 年上半年，零售部门营收 4.78 亿美元，为公司总营收的 51%，其中佣金收入占 85.7%。布朗公司零售部门的最大特点在于营收来源的分散化，即不依赖于单一或少数几个客户，2016 年最大客户佣金仅占零售业务总收入的 0.3%。除此之外，零售部门还为客户提供广泛的相关服务，如风险管理和损失控制分析、保险和索赔咨询。国家计划部门是 MGA，通过全国范围内的独立代理网络为保险公司代发保单，占到公司总营收的 25%。该部门与 40 多个资深运营商合作，提供超过 50 个计划。这些计划大致可分为五大类：①专业计划；②箭头保险计划；③商业计划；④公共组织计划；⑤国家洪水计划。

（三）美国保险代理机构创新案例——易康公司

1. 易康公司简介

易康公司是一个私人医疗保险交易机构，主要销售各类医疗保险和辅助医疗保险计划。个人、家庭和小型企业可以通过浏览其网站或电话咨询客户服务中心，来比较各大保险公司的医疗保险产品并在线购买。易康公司可以通过电商手段向医疗保险公司提供消费者的医疗保险申请，借此简化了传统的纸张密集型医疗保险销售流程。2016 年，易康公司总营收为 1.87 亿美元。2017 年上半年，易康公司总营收为 1.07 亿美元，净利润为 1 616 万美元，同比下滑 7.9%。

2. 易康公司线上业务介绍

作为一家新兴的互联网保险代理公司，易康公司可分为医疗保险和个人、家庭和小企业服务两个业务部门。医疗保险部门在 Medicare 电子商务平台上推出了多种医疗保险计划，消费者可以通过电子商务平台和电话登记功能比较和购买这些保险计划，公司借此从医疗保险公司获取佣金收入。个人、家庭和小企业服务部门在电子商务平台（www.eHealth.com 和 www.eHealthInsurance.com）上销售个人和家庭医疗保险和小型企业医疗保险计划，并从医疗保险计划运营商处获取佣金收入。此外，该部门还销售各种辅助产品，包括但不限于牙科保险、视力保险和残疾保险。这些辅助产品不仅提供给投保人，还单独出售给外部客户。除了核心业务的佣金收入，易康公司还从在线广告、技术许可和牵头转介业务上获取部分非佣金收入。

（四）欧洲保险中介模式成功案例——劳合社

1. 劳合社简介

劳合社（Lloyd's of London）是从 1688 年伦敦泰晤士河畔开设的一家咖啡馆发

展起来的，后来逐渐成为英国保险业的中心机构之一。1871 年，英国议会通过立法，赋予劳合社以法人资格，但经营范围仅限于海上保险。1911 年，英国议会取消对劳合社的业务经营限制，批准其经营一切保险业务。2016 年，劳合社保费收入 298.62 亿英镑，税前利润 21.07 亿英镑，综合成本率 97.9%，净资产收益率 8.1%。2017 年上半年，劳合社保费收入 188.81 亿英镑，税前利润 12.16 亿英镑，同比下滑 16.8%，综合成本率 96.9%，净资产收益率 8.9%。

2. 劳合社经营模式

劳合社目前由三大类市场主体组成：①成员（Member），即出资人，主要包括英美保险公司、有限责任合伙公司等；②辛迪加（Syndicate），即劳合社的承保单元，由独家或多家成员组建；③管理代理公司（Managing Agent），即辛迪加的业务经营机构，是拥有承保技术和经验的专业公司，可以管理一家或多家辛迪加。在此基础上，保险资本、人才、技术等要素以单独或组合的多种形式流入劳合社可选择成员、成员 + 辛迪加、成员 + 辛迪加 + 管理代理公司（LIV，即一体化劳合社）三种模式。此外，劳合社建立了自身独特的分销体系，包括经纪人、承保代理人（Coverholder）和服务公司（Service Company）等。根据规定，投保人不能直接在劳合社市场投保，而是必须通过劳合社经纪人或其他中介机构，向劳合社市场上的辛迪加和管理代理公司办理相关业务。因此，保险中介机构作为其中重要的一环，对于劳合社业务的顺利运行，有着至关重要的作用。其中，承保代理人是承保人雇佣的、经劳合社认可的专业代理人，在一定权限内拥有直接承保权。这些专业代理人弥补了劳合社承保人足不出户的局限，目前已有数千名代理人遍布在全球各地。服务公司是由管理代理公司成立的专业代理公司，这类机构对其专门服务的管理代理公司和辛迪加理解透彻、展业精到。

3. 劳合社对保险经纪人的监管

一直以来，劳合社对作为其中枢环节之一的保险经纪人都有着严格的管理。劳合社经纪人要受到英国政府和劳合社的双重监管，其中劳合社的监管尤为严格。劳合社在 1990 年《保险中介附则》及《保险中介监管附则》中制定了一整套规章制度，涉及申请成为劳合社经纪人所需具备条件水平要求等方面。例如，要申请成为劳合社保险经纪人，首先就要在劳合社理事会申请并获得认可，其要求申请人无论是在知识储备，还是个人素养和品德、财务能力等方面都需达到标准。劳合社对保险经纪人除了要求达到以上标准，还会监督和指导他们的行为，帮助他们理赔，签订保险单，收集共同海损退还金，并对行业资料进行整理、收集、学习，帮助出版劳合社刊物。劳合社对经纪人的最低资本金要求也做出了细化和提高，经纪人最低

资本必须满足“拥有不低于75万英镑的资产”，这相对于一般的25万英镑要高很多，其职业责任险基本数额也非常高，审查经纪人的工作经验和能力方面尤其严苛。英国保险经纪人注册理事会对于违规的保险经纪人采取的是除名的惩处方法，一旦被理事会除名，无论是何种组织形式的经纪人，均不得再以保险经纪人的身份进行有关经纪的工作。劳合社在除名的基础上，还制定了包括警示、处罚罚金直至取消资格等从轻到重各种严格的惩处方式。

（五）欧美保险中介成功案例的启示

欧美保险中介的实践为我国保险中介业务的发展提供了宝贵经验，在机构层面、业务层面、员工层面、创新层面以及市场层面上都可以得到诸多启示。

1. 机构层面：保持自身独立

欧美保险中介机构多独立于保险公司，自主开展业务。LPL金融集团集合了大批独立代理人，为他们提供来自不同保险公司的保险产品；布朗公司和易康公司则分别从线下和线上两个渠道开展独立代理业务。保险中介机构保持自身独立性，既有利于其基于投保人利益开展业务，保证业务质量，也能对保险公司施加压力，促使保险公司开发更符合市场需求的保险产品。这无疑会推动保险中介行业乃至整个保险业的健康发展。

2. 业务层面：建立行业壁垒

欧美保险中介的成功与自身坚实的行业壁垒密不可分，这一特点在布朗公司等独立保险代理机构和劳合社经纪人上尤为突出。布朗公司建立了国家计划部门，与诸多资深运营商合作，代理发行保险公司保单。劳合社则规定，投保人不能直接在劳合社市场投保，而必须通过劳合社经纪人或其他中介机构，向劳合社市场上的辛迪加和管理代理公司办理相关业务。高质量的中介业务能增加用户黏性，形成良性业务循环。

3. 员工层面：重视自律管理

欧美保险中介市场中，行业自律组织发挥了重要的作用。行业自律组织对保险中介从业人员的资格认定、业务流程以及道德准则做出了一系列规定，有效提升了从业人员的专业素养。美国保险中介公司制定了严格的员工招聘准则，并开展诸多员工培训，以保证员工工作的高水准。劳合社对自身经纪人的管理也颇为严格，大幅提高了准入门槛以及业务操作要求，这对经纪人专业素养的提升发挥了积极作用。员工较高的专业素养，使得保险中介机构平稳而高效地运营。

4. 创新层面：深入结合科技

当今时代信息技术不断发展，欧美保险中介机构也大都结合大数据挖掘等新兴互联网科技，进行了一系列技术创新。LPL金融集团所搭建的互联网端业务平台让独立代理人的工作更加高效，也更加能满足客户所需。全流程自动控制免去了代理人不少烦琐工作，从而可以更加专注于自身的核心业务；平台所搜集的用户信息也为捕捉用户需求变化，及时跟进用户所需提供了宝贵参考；基于大数据挖掘得出的最佳业务准则对代理人提升自身业绩大有裨益。

5. 市场层面：拓展新兴市场

从市场开发的角度来看，欧美保险中介机构均十分注重新市场的开发，包括区域新兴市场如中国、印度，行业新兴市场如互联网行业、新兴产业。布朗公司针对网络等新兴产业销售相应责任保险产品，易康公司则是借助网络平台销售医疗保险产品。而劳合社经纪人遍布全球一百多个国家，非本土业务占到总营收的85%。广阔的业务范围既可以增加业务收入，又可以分散公司的收益来源，降低了单一领域的经营风险，从而保证了保险中介机构的持续经营。

5.1.3 保险中介模式在欧美发达市场的发展趋势

（一）中介市场发展趋势：拓展细分市场

经过百多年的发展，欧美保险市场和保险中介市场已非常成熟，各类保险中介所占据的市场份额也相对稳定。在这种大环境下，细分市场便成为保险中介业务拓展的重要目标，其中高新技术产业的地位尤为突出。劳合社市场往往会对风险较高的尖端产业抱有较大兴趣，与此相适应，劳合社经纪人也积极在高新技术领域拓展业务。而作为全球保险经纪巨头的达信、怡安等公司，本身便与大型跨国公司有着密切的业务联系，其积极拓展细分市场业务也显得水到渠成。然而细分市场情况往往较为复杂，进入门槛相对较高，这使得传统保险中介机构的业务开展面临不小的阻力。这种情况下，MGA形式的保险中介便能发挥自身专业优势，更好地进行展业。MGA对自身所处的市场环境、行业风险和监管要求都更为熟悉，也有着雄厚的人才队伍，这能给他们开展业务带来便利。保险公司与MGA合作，能够较快进入细分市场，并且成本相对较低，因而许多保险公司愿意将自身的核保、承保、定损以及理赔等业务权利授予MGA，以更好地拓展业务规模。

（二）中介监管发展趋势：管控日益复杂

2008年国际金融危机后，欧美国家开始对金融业进行全面整顿，保险中介市场也不例外。通过一系列法案，欧美国家建立了众多监管机构，并对保险行业的风险管控提出了更高要求。英国在原有基础上，更加强调对混业经营下金融企业整体风

险的监管。欧盟保险偿付能力标准Ⅱ将风险评估作为新标准的基础，并针对不同风险的保险机构提出差异化的偿付能力监管要求。2010 年，美国通过了《非许可和再保险改革法》，试图在保险市场和再保险市场设立全国统一的标准，明确监管职责，填堵监管漏洞和解决多重监管问题。

（三）中介业务发展趋势：结合互联网科技

欧美保险中介机构十分注重自身业务与互联网科技的结合，互联网科技在前端、中端和后端均给予中介人员有力支持。自动化控制系统让保险中介人员能在短时间内处理大量常规业务，从而能够专注于跟踪客户需求变化；大数据挖掘技术让欧美保险中介人员能从海量信息中筛选出有效信息，从而及时发现市场情况变化；沟通软件的广泛使用，也使得从业人员能及时与客户取得联系，从而实现业务的实时反馈。可以预期，人工智能、区块链等技术的涌现，将使“保险中介 + 科技”这一趋势更为显著。

（四）中介公司发展趋势：注重风险咨询

经济全球化和监管复杂化的趋势有力支撑了保险中介公司风险咨询业务的开展。当前，诸多跨国公司希望在新兴市场拓展业务，市场环境的差异难免会给其业务开展带来很大的不确定性。为了有效规避风险，跨国公司往往进行缜密的业务咨询，保险中介机构，特别是大型保险经纪公司，便以此为突破口开展风险咨询服务，以帮助跨国公司降低经营中的风险。可以预期，随着跨国公司业务的进一步开展，风险咨询业务将有很大的发展空间。此外，日益复杂的监管环境对经济业务的开展带来了不小的风险，针对监管环境的风险咨询便成为保险中介机构的又一业务增长点。大型保险中介公司往往会借助其庞大的业务网络，广泛搜集信息，以更好满足客户需求。

5.2　保险中介模式在中国的现状与趋势

5.2.1　保险中介模式在中国快速发展

自 1992 年美国友邦保险公司进入我国保险市场以来，我国保险中介市场开始起步。到 21 世纪初，我国出现首批保险经纪人与公估人，保险中介市场初步建立。近年来，我国保险中介市场不断发展，形成了一系列保险中介模式，在此基础之上，我国关于保险中介的监管模式也有所发展与革新，主要分为内部和外部环境两大促进因素。

（一）监管政策促进中介模式的科学发展

1. 相关政策

为了推动保险中介模式在中国合规、合理、科学发展，中国保监会多次召开专题会议，并下发多项通知，对保险中介模式的发展进行政策性引导。表 5.1 为近五年来中国保监会涉及保险中介市场和模式的主要会议及文件汇总。

表 5.1　涉及保险中介市场和模式的主要会议及文件一览

发布时间	文件名称	主要内容
2018. 02. 09	《保险经纪人监管规定》（保监会令〔2018〕3 号）	规定了保险经纪公司应当具备的条件、对经纪公司股东资格的限制，保监会在经纪公司业务申请后的职责，保险经纪公司经营区域和分支机构的满足条件，进行公开信息披露的内容，高级管理人员和从业人员的任职资格，经纪公司可经营的具体业务和经营规则以及监管检查、市场退出和行业自律要求
2018. 02. 09	《保险公估人监管规定》（保监会令〔2018〕2 号）	规定了公估人员的经营条件，即业务备案、从业人员资质、高管人员要求以及经营规则、市场退出机制、行业自律以及监督检查内容，明确提出了保险公估机构的法律责任
2017. 05. 26	《中国保监会关于公布保留的行政审批中介服务事项清单的通知》（保监发〔2017〕46 号附件）	规定保监会行政审批中介服务事项并规范各监管机构不得增加审批事项，针对各中介服务事项给予了设定依据和收费依据，使得监管科学化、规范化
2017. 03. 21	2017 年全国保险中介监管工作会议	继续坚持和把握保险中介改革发展和监管工作所积累的经验和做法。要坚持正确方向，服务经济社会和保险业发展大局；坚持底线思维，积极防范中介行业风险；坚持问题导向，着力规范市场秩序；坚持市场化原则，锐意改革创新；坚持制度建设，夯实发展基础
2016. 09. 29	《中国保监会关于做好保险专业中介业务许可工作的通知》（保监发〔2016〕82 号）	包括：（1）股东出资自有真实合法；（2）注册资本实施托管；（3）职业责任保险足额有效；（4）商业模式合理可行；（5）公司治理完善到位；（6）风险测试符合要求

续表

发布时间	文件名称	主要内容
2015.09.17	《中国保监会关于深化保险中介市场改革的意见》（保监发〔2015〕91号）	培育一批具有专业特色和国际竞争力的龙头型保险中介机构，发展一大批小微型、社区化、门店化经营的区域性专业代理机构，形成一个自主创业、自我负责、体现“大众创业、万众创新”精神的独立个人代理人群体；建成功能定位清晰、准入退出顺畅、要素流动有序的保险中介市场体系；形成主体管控有效、行政监管有力、行业自律充分、社会监督到位的四位一体保险中介监管体系，促进保险中介更好发挥对保险业的支持支撑作用，服务保险业又好又快发展
2015.08.03	《中国保监会关于保险中介从业人员管理有关问题的通知》（保监中介〔2015〕139号）	取消保险销售（含保险代理）、保险经纪从业人员资格核准审批事项，切实贯彻保险中介从业人员资格核准审批制度改革工作，在放开前端的同时，严格管控后端，做到无缝对接
2014.04.24	全国保险中介监管工作暨保险中介市场清理整顿动员会议	坚持稳中求进、改革创新总基调，着力加强监管、防范风险、深化改革、推动转型，进一步提高保险中介监管效能、增强保险中介内生动力、提升保险中介服务能力，建立统一开放、竞争有序、诚信守法、监管有力的现代保险中介市场体系，促进经济社会及保险业持续健康发展
2013.05.02	《中国保监会关于19家保险公司落实监管要求加强中介业务整改情况的通报》（保监中介〔2013〕406号）	要扎实完善中介业务管理制度，在实现制度科学、有效、合理的基础上，保证各项内控制度之间的严密衔接。中国保监会将按照“严监管”思路，继续深入开展保险公司中介业务检查，严肃查处中介业务违法违规行为，不断加大检查投入，进一步严格处罚措施，推动保险公司与保险中介建立真实、合法、透明的合作关系
2013.01.31	2013年全国保险中介监管工作视频会议	坚持稳中求进的工作基调，持之以恒地“抓服务、严监管、防风险、促发展”，不动摇、不折腾、不浮躁，坚定不移、积极稳妥地推进营销队伍职业化、兼业代理专业化、专业中介规模化、保险公司中介业务规范化，有力、有序、有效地逐步解决保险中介市场的主要矛盾和突出问题，促进保险中介市场持续健康发展
2012.06.12	《关于进一步规范保险中介市场准入的通知》（保监中介〔2012〕693号）	除保险中介服务集团公司以及汽车生产、销售和维修企业、银行邮政企业、保险公司投资的注册资本为5 000万元以上的保险代理、经纪公司及其分支机构和全国性保险代理、经纪公司的分支机构的设立申请继续受理外，暂停其余所有保险专业中介机构的设立许可

续表

发布时间	文件名称	主要内容
2012.04.16	《关于保险公司落实监管要求强化中介业务管理情况的通报》（保监中介〔2012〕437号）	各保险公司要把加强规范中介业务经营管理作为转变发展方式、实现持续健康发展的重要内容，要把建立健全中介业务管理制度机制作为强化管控、精细管理、提高公司经营效益的有力手段，要把落实监管要求作为举一反三、彻底整改、建章立制的有利契机，从制度、内控、执行、问责等多方面着手，切实提高公司中介业务合规水平
2012.01.09	《关于开展2012年保险公司中介业务检查和保险代理市场清理整顿工作的通知》（保监发〔2012〕3号）	应在清理整顿中推动代理市场的规范经营和结构调整，依法严格管控兼业代理机构，引导、推动兼业代理机构，特别是汽车销售和维修企业等兼业代理机构逐步转型成为专业代理公司；严格控制区域性代理公司的审批，在清理小、差、散、乱代理机构的同时，要对全国性代理（销售）公司予以政策倾斜，在分支机构和服务网点批设方面予以支持和便利；支持保险代理市场的兼并重组，加快专业化和规模化进程

资料来源：作者根据网络资料整理。

从历年政策来看，监管者对中介市场的规范化、专业化发展给予了高度重视。多年政策均强调要坚持规范市场秩序，防范行业风险，提高服务的专业化程度，并且要积极创新以推动保险中介市场的进步。

2. 监管环境分析

综合分析近五年来监管政策的核心思想，不难发现保险中介市场及市场主体所面临的监管环境主要有以下特征。

（1）风险防控始终是监管的重要目标

近年来，保险监管对于中介市场的政策几经变更，但无论是严格管控、清理整顿，还是如今以问题为导向，针对保险中介主体的风险防控始终是监管过程中的重要目标。在对于中介主体的风险防控方面，主要通过控制股东出资、注册资本运行，并加强对于商业运营模式和公司治理模式的管控达到风险控制的目的，这也对保险中介主体的出资、运营等方面提出了更高的要求。此外，保险中介主体在满足上述条件的情况下，还需要通过风险测试。尽管在政策变动过程中，监管趋于简政放权，但是对于保险中介主体的风险防控能力监管从未放松，从制度、内控、执行、问责等多方面着手，切实提高公司中介业务合规水平。

（2）强化制度建设，加强市场规范性

纵观近五年来保险中介领域的相关监管文件和会议纪要，每年都提出要提高保险中介监管效能，强调不断推进行业组织平台、信息平台、保险中介风险承接平台的建设，形成管长治本的中介管理体系，推进包括《保险代理人监管规定》《保险经纪人监管规定》《保险公估人监管规定》等监管规定在内的规章制度建设。而强化制度建设的根本目的在于通过合理的制度引导、规范保险中介市场。此外，值得注意的是，保险中介监管制度的建设始终是动态的。在统筹规划、加强顶层设计的同时，立足现存问题、着眼长远发展，确保制度建设的系统性、整体性、协同性和前瞻性；着力解决当前主要问题和矛盾，并基于长期发展目标，制定实施的路线图和时间表，渐次推进制度完善，加强市场规范。

（3）鼓励创新发展，提高主体专业性

在保险中介市场和主体发展方面，监管机构积极鼓励有条件的地区和单位先行先试和创新变革，努力创造行业中“大众创业、万众创新”的发展氛围。鼓励保险中介主体不断推进新的服务形式，搭建创新型服务平台，以提高服务质量，加强主体专业性。在先行创新地区的中介发展较为成熟的情况下，不断总结推广改革成功经验和做法，扩大试点范围，并逐步推进行业服务形式的创新升级，从而实现培育一批具有专业特色和国际竞争力的龙头型保险中介机构，发展一大批小微型、社区化、门店化经营的区域性专业代理机构，形成一个自主创业、自我负责、体现大众创业、万众创新精神的独立个人代理人群体的目标，提高保险中介主体的服务专业性。

（二）保险中介市场发展势态良好

自 2010 年以来，保险专业中介机构注册资本一直呈上升趋势，至 2012 年达到顶峰后从 2013 年开始增长速度持续放缓（见图 5. 1）。

保险中介渠道作为营销、理赔等提供保险重要服务的主渠道之一发挥着重要的作用，保费收入逐年增加，这一渠道获得的保费收入占全国总保费收入的 3/4，年增长率在 2012 年大跳水后稳步提升。2010 年保险中介渠道实现保费收入占全国总保费的 75. 4%，2013 年中介渠道实现保费收入占比 80. 3%，同比增长 8. 5%，其中财产险4 122. 5亿元，人身险 9 714. 4 亿元；2014 年保险中介渠道保费收入占全国总保费收入比 79. 8%，其中财产险 4 721. 7 亿元，人身险 11 422. 5 亿元；2015 年保险中介渠道保费收入更是占比达到 81. 4%，其中，财产险保费收入 5 239. 5 亿元，占 2015 年全国财产险保费收入 62. 2%，人身险保费收入 14 520. 7 亿元，占 2015 年全

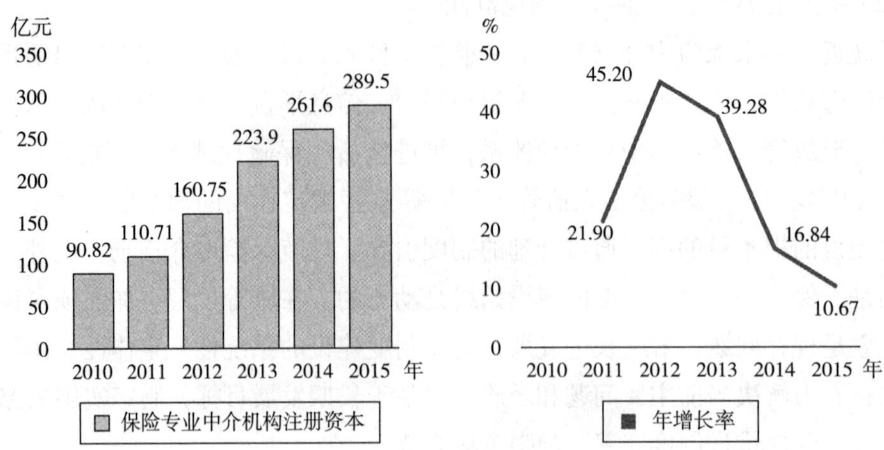

资料来源：作者根据《中国保险年鉴》（2011—2016 年）整理。

图 5.1 保险专业中介机构注册资本及年增长率（2010—2015 年）

国人身险保费收入 91.6%。但是，自 2012 年以来，中介渠道保费收入占比连续三年出现下滑。截至 2017 年第三季度，全国保险中介机构共实现保费收入 26 837 亿元、人身险保费 2 199 亿元，同比增长了 24.5%，占全国总保费收入的 87.6%①（见图 5.2）。

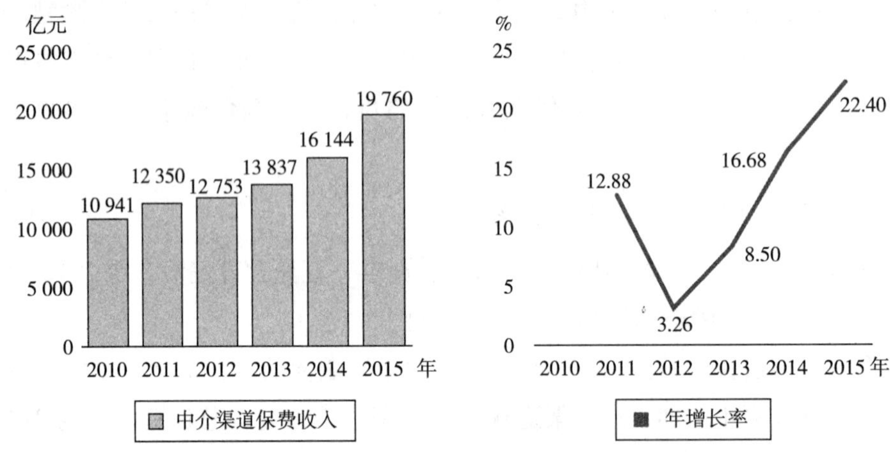

注：2011 年中介渠道保费收入数据来源于《2012 年中国保险中介市场报告》。

资料来源：作者根据《中国保险年鉴》（2011—2016 年）整理。

图 5.2 中介渠道保费收入及年增长率（2010—2015 年）

① 作者根据网络资料整理。

专业中介渠道保费收入逐年提高，2014 年专业中介渠道保费收入占全国总保费收入 7.3%，2015 年保险中介渠道保费收入比重稳定在 7% 左右，较 2014 年有 0.3% 的下降，其年增长率均在 10% 以上，2013 年年增长率达到峰值 28%，其后有所下降，专业中介渠道占比仍然非常低，对总保费的贡献比重始终难以突破 10%，其主要原因是专业机构的贡献占比下降，甚至在个别年份小于个人代理人的比率；其次是直销，以电话营销和互联网直销为主的贡献比上升（见图 5.3）。

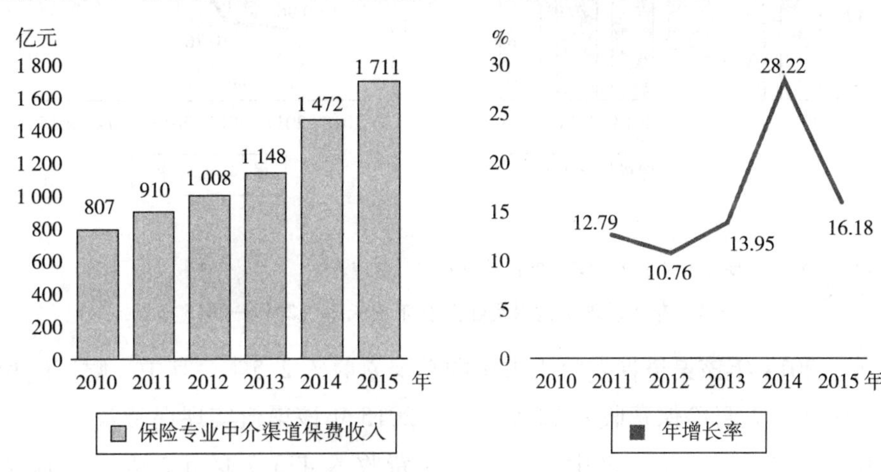

资料来源：作者根据《中国保险年鉴》（2011—2016 年）整理。

图 5.3 专业中介渠道保费收入及年增长率（2010—2015 年）

专业代理机构是保险专业中介渠道中比重最高的部分，占专业中介渠道保费收入比 50%，占全国总保费收入 4% ~5% 左右。其中，2010 年实现保费收入占全国 3.3%；2011 年专业代理机构实现财产险保费收入 388.7 亿元，人身险保费收入 141 亿元；2012 年实现财产险保费收入 448.5 亿元，人身险保费收入 138.2 亿元；2013 年实现财产险保费收入 641.4 亿元，人身险保费收入 76.7 亿元；2014 年实现财产险保费收入 441.7 亿元，人身险保费收入 74.9 亿元；2015 年实现财产险保费收入 1 064.1 亿元，人身险保费收入 87.6 亿元。其保费收入逐年递增，增长率起伏较大，在 2014 年增长速度最快，其后下降明显（见图 5.4）。

专业经纪机构保费收入自 2010 年以来虽一直有增无减但增长率大幅下降至 2014 年才有所回升，总体来看其保费收入增长率起伏较大但增长趋势明显。2010 年保险经纪机构保费占比 2.1%；2011 年专业经纪渠道实现财产险保费收入 307.4 亿元，人身险保费收入 62 亿元，再保险业务类保费收入 10.7 亿元；2012 年该渠道实现财产险保费收入 340.2 亿元，人身险保费收入 65 亿元，实现再保险业务类保费收入 15.8 亿元；2013 年其实现财产险保费收入 386.5 亿元，人身险保费收入

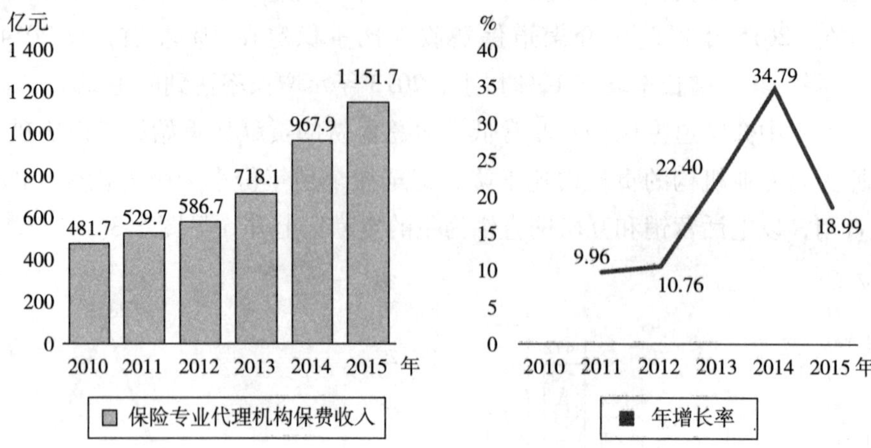

资料来源：作者根据《中国保险年鉴》（2011—2016 年）整理。

图 5.4　专业代理机构保费收入及年增长率（2010—2015 年）

43.8 亿元；2014 年该渠道保费收入占全国总保费收入 2.5%，其中，财产险保费收入 441.7 亿元，人身险保费收入 62.8 亿元；2015 年该渠道实现保费收入 559 亿元，占全国总保费收入 2.3%，其中，财产险保费收入 473.7 亿元，人身险保费收入 85.3 亿元（见图 5.5）。

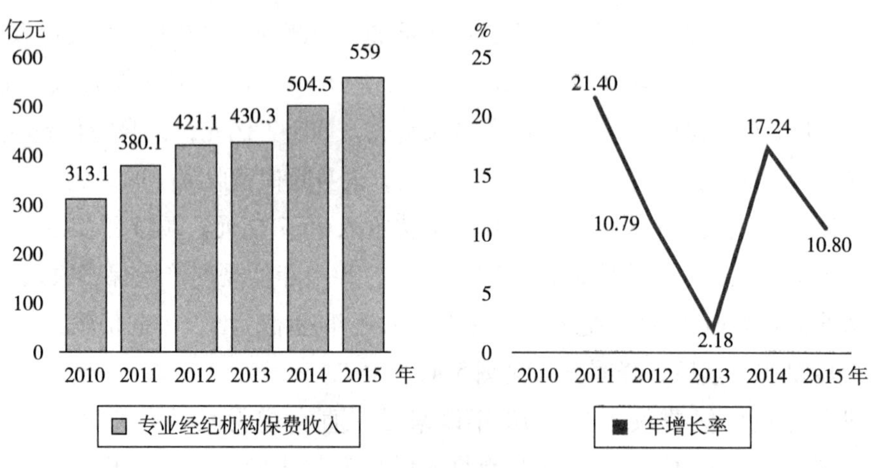

资料来源：作者根据《中国保险年鉴》（2011—2016 年）整理。

图 5.5　专业经纪机构保费收入及年增长率（2010—2015 年）

专业公估机构占专业中介渠道的比重最小，2010 年至 2014 年处于增长态势，

2010 年专业公估实现保费收入占比很小，接近于零，但 2011 年全国保险公估机构实现业务收入同比增长 12.2%，其中财产险公估服务费收入 12.90 亿元，实现人身险公估服务费收入 0.07 亿元，其他收入 0.67 亿元；2012 年同比增长 15%，其中，财产险公估服务费收入 15 亿元，人身险公估服务费收入 915 万元，其他收入 5 897 万元；2015 年稳中有降，增长率由 15% 以上降至零点以下（见图 5.6）。

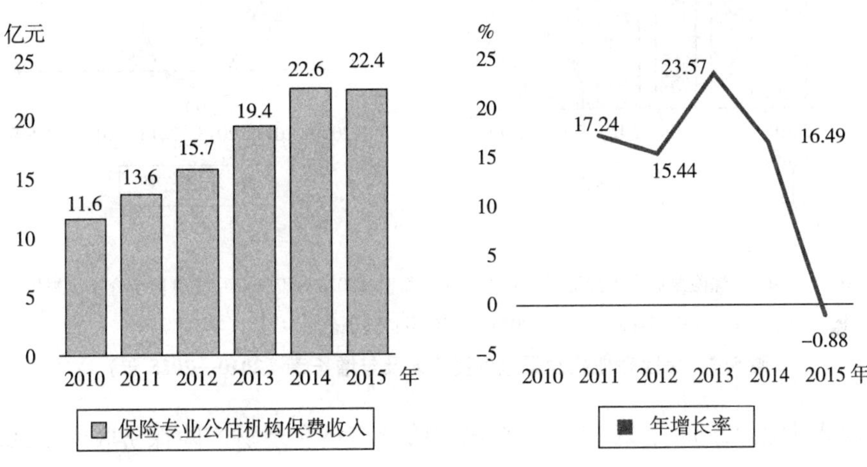

资料来源：作者根据《中国保险年鉴》（2011—2016 年）整理。

图 5.6 专业公估机构保费收入及年增长率（2010—2015 年）

保险兼业代理渠道作为保险中介渠道中占比最大的部分，占比稳步在 35% 左右；保费收入的增长率从 2011 年高达 10% 跌落至 2012 年的负增长，2013 年回升至正增长并且在 2014 年增长率达到 20% 的高点随后稳步上升，2012 年寿险保费增速下降的重要原因之一是银邮兼业代理机构的寿险保费收入下降，而 2014 年的提升同是因为寿险行业的推动。

2010 年兼业代理机构保费收入占总保费收入 37.7%；2013 年兼业代理渠道实现财产险保费收入 1 789.4 亿元，人身险保费收入 4 098 亿元；2014 年该渠道保费收入占比达到 34.6%，其中，财产险保费收入 1 898.6 亿元，人身险保费收入 5 110.3亿元；2015 年该渠道保费收入占全国总保费收入 36.2%，其中，财产险保费收入 1 982.6 亿元，占 2015 年全国财产险保费收入 23.5%，人身险保费收入 6 815.1亿元，占全国人身险保费收入的 43%（见图 5.7）。

个人代理人渠道保费收入逐年大幅提高，占中介渠道比重由 32% 上升至近 40%，且年增长率逐年提高，是增长态势最好的渠道之一。2010 年，保险营销员渠

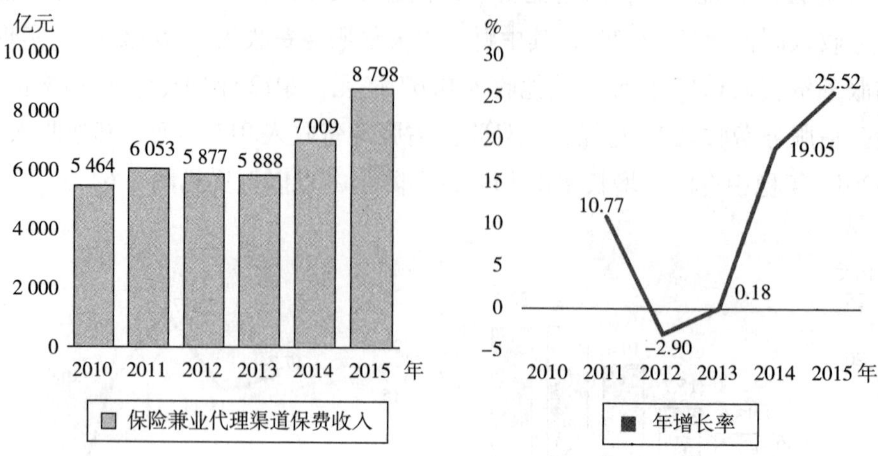

注：2011—2012 年保险兼业代理渠道保费收入数据来源于《2012—2013 年中国保险中介市场报告》。

资料来源：作者根据《中国保险年鉴》（2011—2016 年）整理。

图 5.7　保险兼业代理渠道保费收入及年增长率（2010—2015 年）

道保费收入占比 32. 3%；2013 年，全国保险营销员实现财产险保费收入 1 305. 1 亿元，人身险保费收入 5 495. 9 亿元；2014 年，该渠道保费收入占全国总保费收入 37. 9%，其中，财产险保费收入 1 488. 4 亿元，人身险保费收入 6 174. 5 亿元；2015 年占比 38. 1%，其中，财产险保费收入 1 719. 1 亿元，占全国财产险保费收入的 20. 4%，人身险保费收入7 532. 7亿元，占全国人身险保费收入的 47. 5%（见图 5. 8）。

（三）保险中介服务模式现状

截至 2017 年第三季度，全国共有保险中介集团五家，全国性保险代理公司 223 家，区域性保险代理公司 1 549 家，保险经纪公司 483 家，保险公估公司 336 家，全国银行类保险兼业代理机构 1 936 家，开展相互代理的保险机构法人机构 57 家①。

1. 专业中介机构

保险专业中介机构数量曲折下降，年增长率在零点上下起伏，波动明显。2012 年机构数回升主要归因于市场的发展，保险中介机构组织由省会拓展到地市级城市。但由于 2013 年初原中国保监会提高保险专业中介法人机构的准入门槛，即专业代理人的注册资本金由 200 万元提升至 5 000 万元；专业经纪人的注册资本金由 1 000 万元升

① 作者根据网络资料整理。

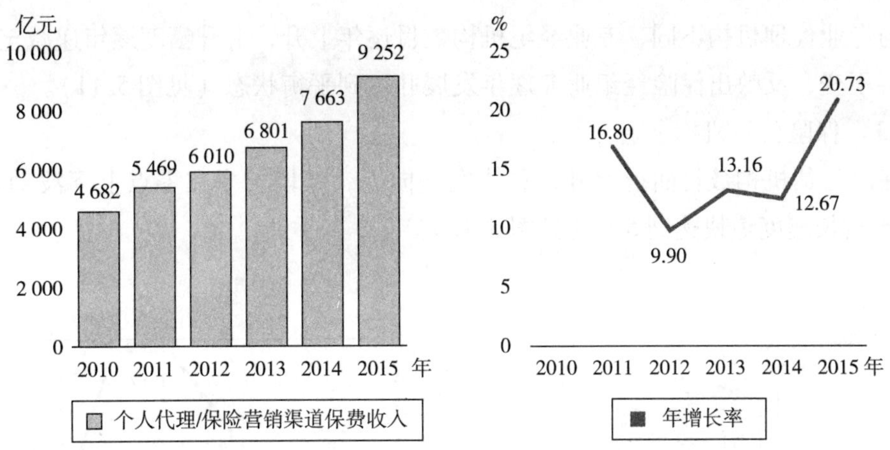

注：2011—2012 年个人代理/保险营销渠道保费收入数据来源于《2012—2013 年中国保险中介市场报告》。

资料来源：作者根据《中国保险年鉴》（2011—2016 年）整理。

图 5.8 个人代理/保险营销渠道保费收入及年增长率（2010—2015 年）

至5 000 万元，导致专业中介机构数增长疲软，下降幅度明显（见图 5.9）。

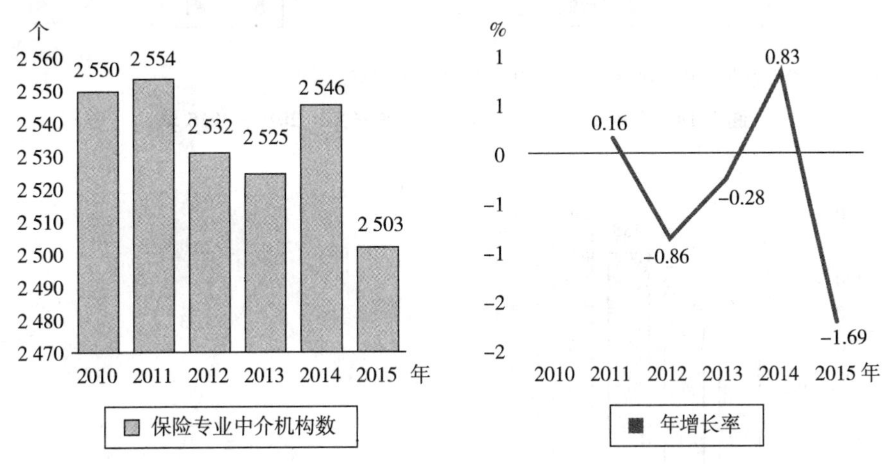

资料来源：作者根据《中国保险年鉴》（2011—2016 年）整理。

图 5.9 保险专业中介机构数及年增长率（2010—2015 年）

（1）保险专业代理机构

保险专业代理机构数目逐年降低，2010—2015 年年增长率为负，且减少幅度由大变小，2014 年后降低速度变大，侧面反映出保险监管和查处力度变大，专业代理受到兼业代理和互联网直销等方式的冲击较大（见图 5.10）。

（2）保险经纪机构

与专业代理机构不同，专业经纪机构数目逐年上升，上升幅度逐年递减至2015年保持不变，反映出保险经纪业务逐年发展并达到平衡状态（见图5.11）。

（3）保险公估机构

保险公估机构数目曲折上升，总体发展向上，年增长率在零点上下波动较大，2014年增长速度最快达到5%（见图5.12）。

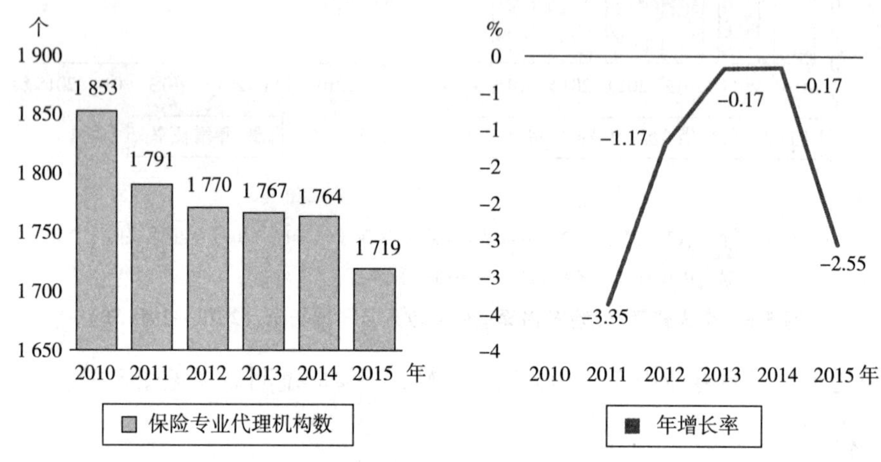

资料来源：作者根据《中国保险年鉴》（2011—2016年）整理。

图5.10　保险专业代理机构数及年增长率（2010—2015年）

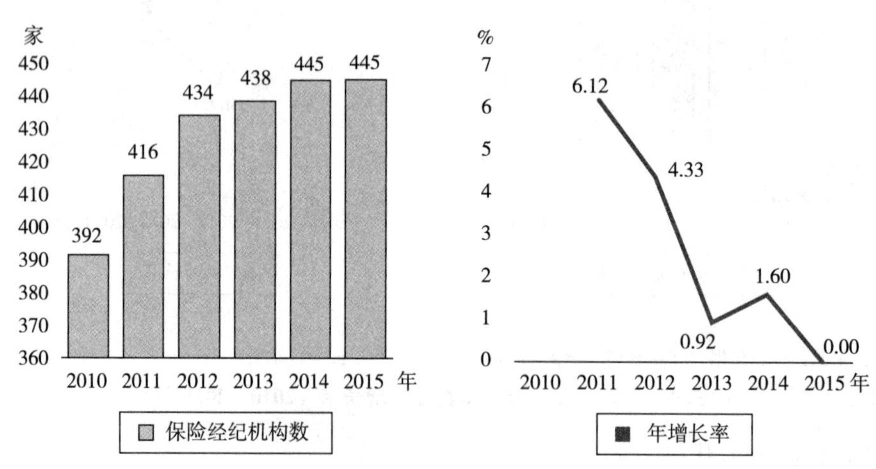

资料来源：作者根据《中国保险年鉴》（2011—2016年）整理。

图5.11　保险经纪机构数及年增长率（2010—2015年）

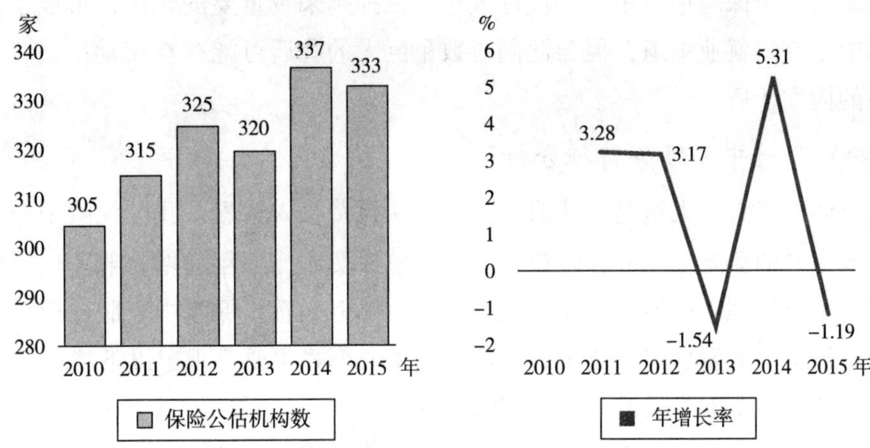

资料来源：作者根据《中国保险年鉴》（2011—2016 年）整理。

图 5.12　保险公估机构数及年增长率（2010—2015 年）

2. 兼业代理机构

保险兼业代理机构数目占比最高，自 2010 年起先上升再下降，年增长率趋势相同，2012 年上升至 5% 以上后急剧下降至 2014 年的 −2%，之后又有所回升。

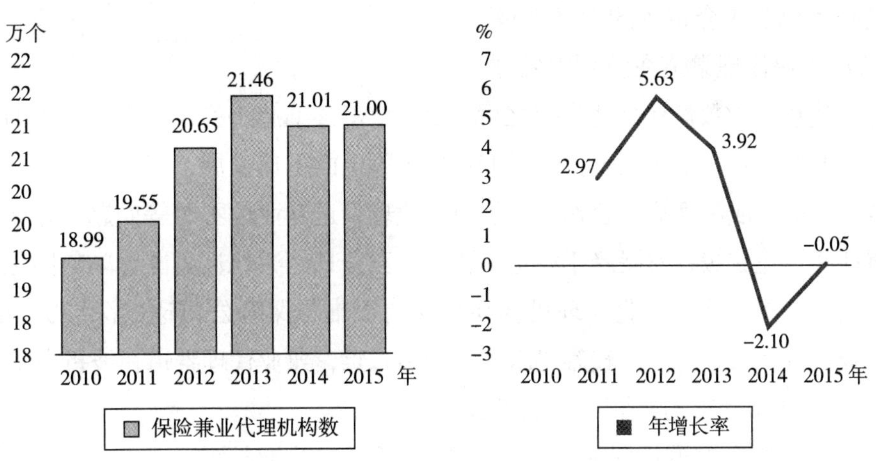

资料来源：作者根据《中国保险年鉴》（2011—2016 年）整理。

图 5.13　保险兼业代理机构数及年增长率（2010—2015 年）

3. 保险营销员

2011 年保险销售员数量 335.70 万人，2015 年发展为 600 余万人，截至 2017 年上半年，保险代理人员达 745.17 万人，较年初增加 87.89 万人。自 2010 年以来的 7 年里，保险营销员的数量增加了一倍。个人代理营销员队伍发展壮大，增长势头

十分迅猛，表明保险销售中个人代理人正在发挥越来越重要的作用，形成了保险中介市场中重要的就业渠道，但与此同时数量巨大的背后可能存在流动率高、人员稳定性差的内在矛盾。

（四）保险中介服务特征分析

从总体上来看，无论是从注册资本还是从保费收入来看，我国保险中介机构都处于稳步上升的势态。专业保险机构贡献的总保费占比逐年递增，兼业代理机构发展稳定，个人代理人渠道增长态势良好。从总体上来看，保险中介服务模式起步迅速。在总体良好的发展态势之下，中国保险中介模式主要呈现出以下特征。

（1）保险营销员仍为中介市场的中坚力量

我国保险公司一般都秉承“大而全、小而全”的经营模式，承揽了自身保险经营环节，承保、展业、防灾、理赔、定损、追偿等业务都是保险公司来经营（张秋程，2014）。在产销不分离的经营模式之下，个人代理人在保险公司的承保、展业、理赔等环节，均发挥着重大的作用。加之保险公司目前仍然停留在通过规模竞争来占据市场份额的初步竞争阶段，个人代理人规模的扩张成为保险公司提升竞争力的必要手段。由此，个人代理人队伍不断扩张，并且将在一段时间内维持这种趋势，个人代理人仍为中介市场的中坚力量。

（2）兼业代理渠道在波折中发展

兼业代理机构数量在高速发展之后，目前已经逐渐趋于稳定。个人收入的增长和保险意识的提升在一段时间内拉动了兼业代理渠道的迅速发展，然而，受限于合作程度较浅、未能形成深度战略合作关系、兼业代理渠道专业性不足等问题，兼业代理渠道在近些年增速放缓，发展趋于稳定。在渠道竞争日趋激烈且我国金融集团化进程尚在推进的前提下，预期兼业代理机构在短期内很难与保险公司达成深层次的战略合作，兼业代理在较长时间内较难寻求到新的增长点，兼业代理渠道在波折中发展。

（3）专业中介渠道需要开拓新蓝海

保险专业中介渠道长期为中介渠道提供了坚实的增长点。从近年的增速来看，2014 年是专业中介渠道的显著转折点。2014 年，保险代理渠道、保险经纪渠道和保险公估渠道的增速都显著下降。尤其是保险公估渠道，在 2015 年出现负增长。

在增速放缓的情况下，急需开拓专业中介渠道的新蓝海。结合现有发展，代理人和经纪人的发展模式已经相对成型，然而专业公估机构在我国的发展一直较为缓慢。保险公估机构具有数量少、发展缓；业务少、收入低；起步晚、体量小等特点。此外，分析目前保险公估机构的业务条线，其业务主要集中在财产险领域，而

财产险领域的业务，车险业务在行业占比保持在70%左右。我国寿险公估的业务量基本为零。

随着人均GDP的迅速增长和居民保障需求的日趋提升，我国寿险产业迅速发展。在经过多年的高速增长之后，我国出现大量的待理赔保单。从目前保险公司的经营管理情况来看，传统保险公司所具备的业务综合性使得其不得不储备大量的理赔人才，来应对日趋增长的保单理赔数量以及较为复杂的理赔情形。在这种情况下，保险公司的人力成本将极大增加，利润压力日渐加大。这将进一步压缩保险公司的产品创新动力，不利于保险公司的长期发展和形成以客户需求为导向的产品设计理念。

结合目前的市场发展环境，保险公估机构应当把握市场运行规律，协调公估机构与保险公司的对接，将复杂的理赔流程从传统寿险公司中分离出来，由保险公估机构来完成保险理赔环节，发挥其作为中立第三方的优势，在降低保险公司人力成本和业务压力的同时，有效减少寿险理赔过程中可能出现的保险纠纷。

保险专业中介渠道需要重视寿险公估这片蓝海，协调与传统寿险公司的市场分工，实现共赢。

（4）应对互联网巨头的冲击

2017年保险中介市场火热空前，在互联网巨头们的参与下中介市场布局升温。2017年，保监会共核准25家保险中介机构经营业务，其中不乏大型国有企业、互联网巨头以及保险公司等，保监会监管思路发生了转变，传统保险中介模式必须高瞻远瞩，尽快打造专业化、系统化的保险中介服务来应对发展瓶颈和新兴中介市场的冲击，适当与互联网公司开展战略合作，发挥自身优势，将保险中介市场做大做强，同时打造自身的不可替代的优势堡垒。

5.2.2 中国保险中介模式案例分析

中国保险中介行业发展迅速，目前行业内也存在着各具不同特点的保险中介机构，本小节选择近年来在整个行业中名列前茅的大童保险、泛华金融控股集团等五家保险中介机构作为案例进行详细分析。

（一）大童保险销售服务有限公司

1. 大童保险简介

北京大童保险销售服务有限公司于2008年8月1日成立，是一家专业第三方金融保险服务机构，总部设立在北京。作为中国保监会批准成立的首家全国性保险专业销售服务机构，大童服务网络已覆盖全国20余个省、直辖市。大童专注于打造中国金融保险从业者的最佳服务平台，提供线上、线下双重服务，以全面提升金融保险从业者的客户服务效率。平台服务项目包括产品采购、专业培训、合同签约、后援运营、技术支持、制度设计、财务结算等。自成立以来，大童已经建立起数千名诚信、专业、高效的代理人用户队伍，与140余家供应商签约超过千款优势产品。凭借其自身互联网科技平台“快保”，大童拥有百余款短期险及长期寿险。2017年一年内，大童新单客户数量增长70万人，意外险保额超过1 000亿元，重疾险保额400亿元，财险业务和团险业务达到10亿元规模；寿险的新单期缴保费突破20亿元，续期保费预计超过12亿元；高端医疗险规模在1亿元左右，2017年全年总体销售规模达到45亿元。大童保险的主要销售领域依然是保障型产品，10年期以上的保费占比超过95%，基础保障产品共占56%。大童13个月的继续率目前超过95%，为历史高点。

2. 大童保险模式与制度

大童保险通过“个人创业+企业平台”的模式，降低创业难度，形成合力共谋发展。为了解决独立代理人身份尴尬的问题，大童提出身份“双双轨”的职业定位，围绕师徒推荐利益世袭制、客户资源继承制、续期服务递归制三大核心制度，保障创业的事业产权的归属。若在大童平台上退休养老，则依然可以保有事业的所有权，续期及团队也可根据个人事业处理权选择交付对象。

（1）“个人创业+企业平台”模式

大童保险提出“个人创业+企业平台”的运营模式，在解决代理人自由度问题的同时，也解决了业务安全性问题，个人与平台之间合理分工，达到效用最大化。“个人创业+企业平台”的运营模式可以保留个人创业自主经营和市场销售灵活程度高的优势，同时通过全国性的企业平台把个人创业的所有痛点全部解决。平台可提供线上线下贯通销售、全国优势品牌的支持、优势产品的供给、个人商业模式的设计、统一制定的分配制度、市场开拓的技术指导和支持、人文精神的创业环境以及后援强大平台的长期租用、政策环境的集中维护等一系列个人创业难以拥有的资源。个人代理人在平台上做生意，并且通过人员的集合形成庞大的集采规模，从而获得更优的产品议价权。

（2）扁平化制度特点

大童保险制度具有扁平化的管理架构特点，该架构符合中国保监会提出的营销员制度改革的方向，打破了传统保险中介机构代理人金字塔模式的利益格局，实现了独立代理人个人业绩回报的提升。大童保险代理人在个人业绩利益分配的时候不

存在繁复的组织层级分流利润，从保险代理人的角度将有效优化代理人激励机制，提高代理人展业效率，从保险中介机构角度则增强了团队业务主动性，提高企业长远发展动力。

（3）事业三大价值

大童保险在代理激励方面不局限于短期的业务绩效激励制度，通过提出事业的三大价值理念，公司构建了代理人员的长久性激励制度。事业三大价值分别为事业价值资本化、交易价值最大化以及退出价值制度化，其中事业价值资本化意味着当大童员工参与到保险中介行业、企业的发展与创业过程中时，其可在企业进入资本市场的过程中，共享企业的部分资本价值，从而实现事业价值的资本化。交易价值最大化则将重心放在对销售过程中获得每一笔交易的最大化利润分配，并将分配机制以制度的形式树立为企业长期激励标准，避免了激励制度在短期后失效。退出价值制度化则解决了代理人退出保险中介行业时的价值回报，作为对代理人数十年从业价值的认可，代理人将以货币的形式获得其价值回报。

（4）三大核心制度

大童保险提出的事业三大价值中的退出价值制度化在具体实践中细分为三大核心制度：师徒推荐利益世袭制、客户资源继承制、续期服务递归制，作为公司的退出保护机制，大童通过将创业成果资产化，使得资产私有化、代理人利润最大化。公司代理人在离开代理平台后可以保留对事业产权的所有，对于其事业资源及其他个人事项的对接交付等一系列流程均掌握主动性，这一机制是事业资本化的延伸，实现对代理人事业整体的激励效果。

（5）“双双轨”制度

“双双轨”制度即个人销售与团队经营双轨并行，代理人制度与员工制度双轨并行的制度，在大童，独立代理人既可以享受代理人制度的高佣金，同时享受员工的现金制度，这不仅避免了高额的税收，同时平台实现利益最大化。个人销售系列包括普通销售系列与精英销售系列，其中代理制下的普通代理人享受基本法销售利益，而员工制下的理财规划师则在普通代理人待遇的基础上享受社会福利及税收优惠。团队销售系列则通过师徒一对一或一对多的定向培养模式培养大童合伙人团队，实现平台利益的最大化。

（二）泛华金融控股集团

1. 泛华简介

泛华金融控股集团有限公司成立于 1998 年，是一家独立第三方 O2O 综合金融

服务公司，于2007年10月31日在美国纳斯达克主板上市。2017年前三财季，泛华金控共盈利3.22亿元人民币，同比增长290.96%；营业收入35.71亿元人民币，同比增长12.56%。

泛华金融控股集团在保险服务领域全资拥有泛华保险销售服务集团、泛华博成保险经纪公司、泛华保网电子商务有限公司，控股泛华保险公估有限公司；在金融服务领域投资参股了泛华金融服务集团，泛华普益基金销售公司；在互联网保险服务领域则拥有掌中保、保网（www.baoxian.com）、e互助（www.ehuzhu.com）等线上平台。

截至2017年3月31日，泛华旗下有31家保险代理公司，两家保险经纪公司及三家保险公估服务公司；地面保险销售及服务网络覆盖29个省份，销售及服务网点达959个。拥有超过1 300多名公估师及超过28万名保险代理人。

2. 泛华模式与制度

（1）互联网科技平台覆盖领域全面

泛华于2014年起逐步搭建全方位的互联网线上服务平台，其中掌中保是面向代理人的移动交易平台，通过移动终端为代理人提供全面的保险产品信息及交易平台。保网则是直接面向终端消费者的健康险与意外险销售平台，有超过30家保险公司的健康意外险及旅游险在售。e互助是网络互助平台，通过会员互助的形式为会员提供低成本避险方案。而泛华部分控股的车童网则为其车险公估领域提供了有利的平台支撑。

（2）线上平台+线下实体

泛华对其所有保险产品分为不同类别，将其中的消费型保险直接交由互联网保险公司进行销售，而对于储蓄型保险产品以及纯投资型保险产品，泛华采用了线上平台拓展客户+线下实体咨询的模式，提升保险中介服务效率，降低客户咨询成本，形成了“线下创业计划”+“线上创业计划”+“懒掌柜个人创业计划”的系统性业务架构。

（三）明亚保险经纪股份有限公司

1. 明亚简介

明亚保险经纪股份有限公司于2004年11月经中国保监会批准成立，总部设在北京，是一家全国性综合性保险经纪公司，注册资本额7 560万元。2016年明亚营业收入达9.3761亿元，同比增长42.77%，利润总额达9 903万元，同比增长112.43%。

明亚率先将经纪人机制引入国内个人寿险业，是国内首家涉足个人寿险业务的保险经纪公司。目前明亚已签约寿险公司近30家，财产险公司40家，签约在售产品上千个，30%的经纪人拥有国家认证的理财规划师资格。截至2017年4月，明亚已开设省、市级分公司16家，营业部11家，服务遍及中国东部、东南部及中部大中型城市。

2. 明亚模式与制度

（1）人员专业性保证需求个性化

明亚提出其保险经纪人要凭借自身专业知识，并借助明亚自主研发的以客户需求为导向的保险资讯系统，为客户提供个性化的保险购买方案。在客户购买保险产品，尤其是寿险产品时，专业知识的欠缺往往会阻碍其选择出合适的产品，而明亚保险经纪人的专业性则可以很好地弥补这一不足，为此明亚提出“以一换八”的理念，保险经纪人每天花费8个小时学习相关专业知识，而客户支付1个小时的佣金费用，实现双方效率的提升。

（2）销售功能向咨询功能转变

明亚保险经纪强调保险经纪人的专业咨询能力，而这建立在适当客户数量的基础上。公司会建议经纪人入职后在最短的时间内积累起足够的已成交客户资源，但在积累到100~200人时则应将重心从拓展新客户转移到留住老客户，提高专业咨询质量，从而真正关注客户的真实需求。在公司的发展中拒绝“挣快钱”的诱惑，坚持长期发展，是明亚一直以来坚持的理念。

（3）互联网拓展O2O模式

对于公司经营模式与互联网科技的结合方式，明亚选择了三位一体的O2O模式，实现自线上到线下的定制化保险咨询服务。公司首先通过线上平台提供B2C简单工具模型完成第一阶段的客户获取与需求收集，之后通过呼叫中心实现对客户的线上与线下对接服务，最后通过线下一对一的专业咨询服务实现最终的保险经纪服务。由于保险产品的需求分析十分复杂，明亚通过线上线下相结合的模式，避免了单一线上平台所增加咨询成本，优化了整体咨询质量。

（四）永达理保险经纪有限公司

1. 永达理简介

永达理保险经纪公司于2011年5月经中国保监会批准设立，总部设于北京，是一家全国性综合性保险经纪公司。2016年，永达理注册资本额8 000万元。目前公司在北京、深圳、上海、江苏、浙江等地共成立13家分公司，并于昆山、常州等地设立营业部，2017 年分公司及营业部总计达 37 个。

2016 年永达理新增契约 8.0 亿元，同比增长 200%；百万圆桌俱乐部（MDRT）会员人数达 627 人，同比增长 190%；业务主管人数达 2 868 人，同比增长 139%；公司盈利 7 800 亿元。2017 年永达理新契约预计有 22 亿元的规模，主管人数与百万圆桌俱乐部（MDRT）会员人数预计将分别达 7 000 人与 1 400 人。

2. 永达理模式与制度

（1）公司发展品牌化

永达理保险经纪公司自 2012 年在中国大陆市场开展业务起，始终坚持依靠品牌进行营销，凭借其自身独具风格的品牌特点在市场中取得了良好的口碑。永达理在据点开发过程中提出“1 + 12”的区域细分模式，不采用人海战术，而是当人才储备足够充实时再成立相应据点。与此同时，在产品推广中坚持客户细分的原则，在营销中以高端客户为战略根本，最终构建公司鲜明的品牌特点。

（2）行业定位高端化

永达理在发展过程中坚持以高端化作为其行业定位，而 MDRT 会员比例则成为其高端化衡量的重要标准，从公司创立之初的 3 位 MDRT 会员到 2016 年共 627 名会员，永达理的高端化定位将其打造成国内 MDRT 比率最高的公司之一，MDRT 文化不仅为保险经纪客户带来有保障的专业性服务，更为从业人员带来国际化视野，将职业定位提升到一个新高度。

（3）团队培训专业化

永达理保险经纪公司在品牌化的过程中塑造的超级营销员形象与其专业化团队培训密不可分。通过专业的培训平台，永达理向销售人员传授市场销售技巧，同时也传递其公司价值观与经验。系统而科学的培训设计使得销售人员具备了专业化技能，公司新人 13 个月留存率达到 82% 以上。

（五）盛世大联保险代理公司

1. 盛世大联简介

盛世大联保险代理公司成立于 2007 年 5 月，是一家专注于汽车售后市场服务，以车险产品代理销售为主营业务的专业保险代理公司。盛世大联依托呼叫中心、互联网和移动互联网平台代销车险产品，并在中国保监会监管许可下开展代理收取保费业务和车险业务的现场损失勘察和理赔业务。同时，公司为车主提供车管家服务，主要通过与机构客户打包签约的方式为机动车车主提供汽车金融、洗车、酒后代驾、二手车、非事故车道路救援等一站式汽车服务解决方案。2014 年，盛世大联

在新三板挂牌上市，是第一家在新三板上市的保险行业企业。目前，盛世大联已进入北京、上海、南京、苏州、成都、杭州、武汉、福州、南宁、昆明、广州、西安、无锡等城市开展业务，洗车业务也已进入全国370多个城市。2017年上半年，盛世大联的收入共3.42亿元，同比增长46.86%；毛利率23.88%，同比下降6.63%；管理费用率3.74%，同比下降1.68%；销售费用率6.33%，同比下降2.10%。2017年上半年其保险代理、车管家服务、融资租赁收入分别为2.04亿元、9 902万元、3 942万元，占整个营收中的59.54%、28.94%、11.52%。2018年1月16日，盛世大联与百度地图签订了合作协议，双方拟在汽车清洗服务项目领域深入合作。

2. 盛世大联经营模式

（1）业务模式

盛世大联业务可大致分为三个板块：一是以车险为主体的保险代理业务，由盛世大联与各大保险公司签署专业保险代理合同，公司依托呼叫中心、互联网和移动互联网平台面向机动车车主代销保险公司的车险产品，这占到公司营收的62%；二是车管家服务，由盛世大联依托自身建立的供应商平台，为机动车车主提供涵盖汽车全程代办（包括代办年检验车、代办违章处理、代办补换机动车号牌、代办补换机动车行驶证）、现场救援、汽车清洗、美容、检测，酒后代驾，机场专车接送在内的一系列服务项目，这占到公司营收的30%；三是近年新创立的汽车金融等融资租赁业务，这占到公司营收的8%。除此之外，针对公司具体业务应用以及日常工作需求，盛世大联建设了一套客户关系管理系统，可支持垫付保费与非垫付保费两种业务模式。盛世大联针对大系统、大行业、集团性客户提供规模性的保险代理及顾问服务，并依托“互联网+”的商业模式，得到客户、保险人、政府部门及监管部门多方面的支持。

（2）发展模式

盛世大联车险代理销售业务的盈利模式主要是依托呼叫中心、互联网和移动互联网平台及经营积累的客户数据，进行精准营销，大量拓展机动车保险业务用户，获取保险公司的代理佣金；同时通过各种营销手段，增强客户黏性，提高续保比例。车管家服务盈利模式是通过与规模较大的机构客户签订打包服务合同，为机构VIP客户提供汽车服务，同时盛世大联利用自身业务量建立起规模庞大的供应商平台，向机构VIP客户提供汽车相关服务，凭借集中采购和优秀的供应商管理能力，将汽车服务资源进行整合并与机构客户的需求对接，取得相应收益。汽车金融融资租赁服务则试图通过与汽车企业进行合作，从源头对用户提供服务，以取得持续收益。在可预见的将来，随着“互联网＋”商业模式的普及，盛世大联的互联网车险和车管家服务有望保持高速增长。全国性保险代理牌照和汽车金融服务的进一步开展，将有助于盛世大联车险代理业务的推广。此外，良好的发展预期也将推动盛世大联加速在全国范围内的业务拓展。

（六）中国保险中介案例启示

1. 业务层面：依托“保险＋科技”模式

五家公司均在业务拓展过程中引入了“保险＋科技”模式，通过移动互联网平台实现保险产品的线上销售。随着互联网的逐步普及，加之网上平台销售成本在逐步降低，保险中介公司通过互联网平台完成的业务量比例正在不断增加，无论是大童、泛华还是永达理、盛世大联，均将线上互联网平台建设作为发展重心，其中大童保险利用互联网平台将其与自身代理员优势进行有效结合，进一步提升了公司效率；泛华与明亚则利用“线上＋线下”的经营模式，在为客户提供便利的同时保证了服务质量；盛世大联则将互联网平台与其车险领域的关联服务相结合，形成“一站式”线上平台，同样很好地将互联网作为其业务发展的有利工具。

2. 员工层面：代理人身份得到充分认可

大童保险在员工及中介代理人的激励制度方面提出了很多创新理念，通过对业绩资产化以及与其相符的有关个人事业从开始到结束的一系列制度的完善，大童保险在很大程度上减少了公司管理过程中不必要的成本损失，为员工及代理人带来了更高的激励反馈。近年来随着中国保险市场以及保险中介行业的不断发展与成熟，保险产品销售正在逐步从过去的“人海战术”向产品精准营销转变，而相应的激励机制也不应局限于过去的短期业绩激励，更应向长期的业绩激励乃至事业激励转变。

3. 市场层面：关联服务业务整合

盛世大联在其发展过程中主要专注于车险市场，与此同时并没有局限于车险产品本身的销售，而是整合与车辆保险有关的其他诸如车辆救援、清洗、检测等关联服务，形成“一站式”大服务平台。盛世大联将其在保险中介市场的资源优势扩展到核心业务周边的关联市场，在拓展企业盈利渠道的同时，关联市场的创新业务也反向改善了保险中介自身核心的中介服务质量，客户在通过中介购买保险产品的同时，其服务体验将因关联增值业务而得到有效提升。

5.2.3 中国保险中介模式发展趋势

（一）中介模式创新探索

与欧美多样化的保险中介模式相比，中国保险中介行业仍以传统模式为主，在今后应着力于探索中介模式创新。例如 MGA 在欧美已有超过一百年的历史，通过接受保险公司的委托，替保险公司销售保险、承保业务，保险中介公司可以凭借其强大的业务与资源整合能力，以及广泛的分销渠道，在某些特定的风险领域承保，拓宽风险管理范围，与此同时保险中介公司也可以扮演起保险人的角色，在细分业务领域，为市场提供小众、新型、个性化保险产品。

中国引进 MGA 的意义十分巨大，这不仅有助于增加保险业承保量，扩大承保能力，而且有助于保险中介机构接触更优质的市场，为保险公司提供更低成本的业务，进而实现保险中介与保险公司的双赢。目前国内 MGA 的发展其实远比人们想象的要快，不少地区及领域已经有了 MGA 的雏形，只是还没有发展为成形模式。在国家提出“大众创业、万众创新”，提出供给侧结构性改革，保险监管机构强调创新发展的背景下，将 MGA 作为一种全新的业务模式引入中国，可以推动保险行业价值链重构和集约化发展，助推供给侧结构性改革，促进管理模式创新和细分业务领域发展，有利于中小保险公司建立差异化的商业模式，只要控制这一过程的风险，确保保险中介公司不管理投保人资金，这一模式便拥有许多不可替代的优势，将会成为国内保险中介转型发展的新方向。

（二）市场主体层次多样

中国保险市场目前主要以全国性公司制为主，将来保险市场主体将日趋多样化，在组织形态上探索合伙、个人等其他形态，同时尝试区域性专业性保险中介公司形式。2016 年《中国保险中介市场发展情况报告》中提到，截至 2016 年，在新三板挂牌上市的保险专业中介机构已经有 26 家，同时申请挂牌的保险中介机构有 7 家，保险中介公司正在通过更多渠道解决公司治理以及融资问题。相比于目前中国保险中介公司的综合性业务范畴，欧美保险中介公司有更多的集中于细分领域的保险中介公司，通过专注于某些特定领域的风险业务，保险中介公司可以具备技术性更强的咨询能力，为特定风险领域的保险产品创新提供更多可能。

2015 年原中国保监会在《关于深化保险中介市场改革的意见》中提出要培育出具有专业特色与国际竞争力的龙头型保险中介机构，在降低行业准入门槛的同时，也使得保险中介市场竞争进入专业化及差异化阶段。2017 年全国保险中介监管工作会议上提到要鼓励再保险经纪公司、车险公估公司等专业性机构以及 MGA 模式的创新发展。今后我国保险中介市场将逐步形成多层次的市场结构，市场主体更加细分多样，业务领域更加专业。

（三）风险管控规范化

1. 进一步规范市场秩序

中国保监会自 2014 年起开展“两个加强，两个遏制”专项检查行动，提出“加强内部管控、加强外部监管、遏制违规经营、遏制违法犯罪”的专项行动口号，数年来对保险中介市场的经营以及违法违规行为进行了规范，但保险中介市场目前仍然存在不同形式的违法违规行为。2017 年，中国保监会副主席黄洪在全国保险中介工作会议上指出，保险中介行业存在的灰色地带以及潜规则一直受到诟病，部分保险中介公司不依靠做业务谋求发展，而是依靠为其他保险公司虚挂业务、过单套费洗钱等违规违法行为获利。目前保险中介行业内部存在违法腐败现象，保险中介公司成为部分公司高层腐败资金的藏匿渠道，严重破坏了保险中介市场乃至整个保险市场的市场秩序。

2017 年全国保险中介监管工作会议提出，要健全制度机制，形成长远的保险中介管理体系，中国保监会在未来将出台《保险代理人监管规定》《保险经纪人监管规定》和《保险公估人监管规定》三项规章制度，后续的相关监管制度规则也将会逐一出台。2018 年 1 月 22 日在京召开的全国保险监管工作会议上也指出，要加大防范化解风险力度，力争用三年时间，有效防范化解处置保险业各项风险，聚焦重点领域、重点公司、重点环节，开展专项检查，坚决整顿市场乱象，而中介市场、互联网保险均在“重点领域”之列，可见保险中介监管方对未来市场秩序规范化的重视，随着监管制度的健全与规范，市场秩序将进一步得到规范。

2. 进一步管控市场风险

随着中国保险中介市场规模的逐步扩大，一些新的市场风险逐步显现，中国保监会副主席黄洪在 2017 年全国保险中介监管工作会议上也提到，一部分保险中介公司为了扩大机构规模，在盲目扩张的过程中忽略了对风险的管控，一味追求分支机构及销售人员的数量，无形中增加了公司经营风险；与此同时，部分保险中介公司在自身风险管控能力不够、市场经验不足情况下，大量通过互联网等渠道销售未经批准的风险较高的创新金融产品，使得机构在远期所面临的市场风险增加。保险中介机构在追求公司效益最大化的同时，也应当注意随之而来的未知风险，保险中介公司在为短期增加业务量而与其他运营商、平台合作时，更应防范域外风险的

转移。

未来保险中介市场将对专业机构出资人、保险中介法人、保险中介从业人员三方面加强风险控制，确保保险中介出资资本属于合法自有资金而非负债，避免保险中介机构成为向保险市场传递外部风险的渠道。将检查、追责、处罚等一系列行动的终端放在保险中介法人上，营造守规守法的健康市场环境。取消保险销售人员资格考试，加强对保险中介公司明星代理人的关注，从而进一步完善对保险中介市场的风险管理。

（四）保险产品产销分离

保险公司作为保险产品的生产者，在整个保险产品供应链中扮演着保险产品设计、产品定价、产品销售以及产品维护等一系列角色，而其中销售环节对于保险公司而言会导致产品销售链过长，架构变深，服务流程变长等一系列问题，同时保险公司采用的保险销售员“人海战术”式的分销渠道具有较高的成本，但由于自产自销的形式会导致消费者在一定程度上的不信任，其实际销售效率相对低下，服务质量也难以得到保障。

产销分离模式将保险产品的生产与销售分到两个主体，其中保险公司依然负责保险产品的设计、定价以及相关产品评估，而保险产品的销售则由独立的第三方保险中介承担。产销分离使得保险公司可以整合优化其业务流程，将更多经费投入到保险产品设计以及产品服务改善中。与此同时作为第三方的保险中介也得以利用规模经济优势，集中资源提高销售效率与销售质量。而在此过程中消费者同样得以从更好的分销服务及更低廉的分销价格中受益。

（五）保险销售员向独立个人代理人转变

中国目前保险销售人员仍然大量集中在专属于特定保险公司的保险销售员，然而在美国保险市场，保险分销的从业人员身份更多体现为独立于保险公司的独立个人代理人。有别于保险销售员专属于一个公司，局限于销售一个公司的保险产品，专业代理人并不专属于任何一个保险公司，相应地其也具有对于保险产品的选择权，只要该保险公司与代理人签约，代理人就可以选择销售该公司产品，但对于最终销售哪家公司产品，独立个人代理人享有充分的选择权。

目前中国保险市场已经度过简单粗放式的初期发展阶段，投保人科学合理的保险理念已经初步确立，在产品选择方面具有了一定的自主判断。与此同时保险中介行业已产生了第一批具有丰富销售经验、掌握较高技术的优秀代理人，从供给侧与需求侧两个方面均具备了保险销售由专属保险销售员向独立个人代理人转变的基础条件。

北京市保监局于2015年3月提出探索实施独立代理人制度，而中国保监会于2015年8月发布的《关于保险中介从业人员管理有关问题的通知》中正式取消保险销售（含保险代理）、保险经纪从业人员资格核准审批事项，改变了过去保险销售员与保险公司捆绑的局面，为保险销售员向独立个人代理人转变提供了制度基础；而原中国保监会于2015年9月发布的《关于深化保险中介市场改革的意见》中则明确提出要形成一个自主创业、自我负责、体现“大众创业、万众创新”精神的独立个人代理人群体，为这一趋势提供了政策指导。可以预见未来独立个人代理人将成为保险业务拓展渠道中的重要组成部分。

（六）保险中介平台化发展

在具有独立代理人性质的保险中介从业人员数量不断增加的同时，整个保险市场对于这些以个人为单位开展业务的独立代理人来说并没有提供一个良好的生存环境，单独个体无论在保单配套服务还是客户信息管理等方面都难以与专业保险中介竞争，同时也难以控制其高昂的管理成本，这使得其很难完全凭借个人主体在市场中生存。

尽管如此，由个人保险销售人员向专业代理机构保险从业人员转变的趋势仍是保险中介行业未来发展的方向，因此独立代理人的运作模式是整个行业发展过程中回避不开的一个问题。而统一的平台化支持则成为有效的解决方案之一：通过独立第三方为专业保险中介机构从业人员提供统一的第三方服务平台，代理人可借助企业平台的力量为客户提供全面的功能性服务，同时又不需要为此支付大量的管理费用。平台化的规模经济特点使得其整合了更加优质的平台资源、控制了平台成本，与此同时为代理人提供了充分的自主选择权，保持代理人的自主性。

因此未来保险中介行业将出现从业者事业高度自主化、从业人员业务高度自由化，并且中介支持平台高度技术化、客户服务管理高度集中化的特点。在代理人擅长的展业领域给予代理人最大限度的自主权，并在代理人难以独立完成的领域给予最大限度的平台支持，降低管理成本、提高分销效率。

（七）寿险公估业一片“蓝海”

现阶段中国保险中介市场中保险公估公司仍处在初期发展阶段，市场主体少、公司规模难以与其他类别保险中介相比较。与此同时，我国保险公估公司目前绝大多数均以非寿险公估作为公司主要业务，极少有公估公司开展寿险公估方面业务。可以说寿险公估行业目前在我国仍处于起步阶段。

由于我国保险市场较西方国家出现更晚，市场结构仍不够合理，加之寿险类保险产品的产品周期长，多为数十年的长期保险，故在我国保险市场初期没有产生足够的寿险保单公估需求。相比之下在欧美发达的保险市场中，寿险公估与非寿险公估均占有相当的比重。随着中国保险业的不断发展，最初发行的长期寿险产品正逐渐接近其保险期限，因此寿险业的公估需求在未来时期内预计将迅速增加。然而在寿险公估需求不断增加的同时，寿险公估供给侧却仍没有形成应有的规模，除大童保险公估有限公司将业务主要放在寿险公估领域外，专业性的寿险公估公司寥寥无几。这反映出我国寿险公估业仍存在巨大发展空间，作为保险市场中的“蓝海”，寿险公估行业在未来将得到长久发展。

（八）“保险＋科技”——互联网平台创新

最近几年互联网在中国发展迅速，与互联网有关的技术，如云计算、大数据、物联网，正在逐渐对众多传统行业产生着颠覆性的改变。人们的消费方式、思维模式变化使得传统保险中介行业曾有的一些优势不复存在，保险中介公司的持续经营面临着严峻的挑战，如何在互联网的冲击下重获发展新动力已然成为当下保险中介公司的重要议题。以下将从传统保险中介受到互联网的影响与保险中介公司相应的应对措施两个角度进行分析。

1. 互联网颠覆传统保险中介行业

（1）提供保险信息获取新方式

最初保险中介公司的产生与保险市场的信息结构是分不开的，由于保险市场具有信息不对称的特点，保险人难以准确掌握投保人与被保险人的全部特征与行为，与此同时投保人又难以全面了解保险市场上的全部产品信息并从中做出最优决策。在这种情况下保险中介公司作为第三方机构可以有效解决信息不对称问题，为保险合同双方均提供更加全面的信息，从而为保险公司与保险人带来信息上的补充（瑞士再保险公司，2014）。

然而互联网的发展在很大程度上解决了用户的信息检索以及保险公司的信息收集问题，如今投保人可以直接在单独的比价网站或者保险公司网上销售中心获得关于产品的第一手资料，并以此做出更加合理的购买决策。瑞士再保险公司于2012年发布的《2012欧洲保险报告》显示，在选择保险产品时所面对的所有建议来源之中，欧洲消费者对互联网的信任程度最高（瑞士再保险公司，2012）。互联网为保险市场解决信息不对称问题提供了一个新解决思路，为保险合同双方的需求满足提供了一个新渠道，而这个渠道在很大程度上与传统的保险中介渠道功能重合，相比之下保险中介的竞争力还十分有限。

（2）促进保险公司降本让利

在传统的保险市场中，保险公司为推销产品需要采取“人海战术”，让销售员到每个小区住户家中进行面对面的接触，然而这样的推广环节对于单一保险公司来说经济成本很高，由于保险中介在这个环节具有规模经济的特点，因此在传统保险市场中保险公司对中介的依赖程度很高。

然而随着互联网的发展，越来越多的保险公司选择与互联网公司合作，进入互联网保险领域。2016 年，全行业有 50 余家保险公司与第三方社会化云平台合作，117 家保险公司通过互联网拓展业务，实现签单保费 2 348 亿元，新增互联网保险保单 61 亿余件。随着保险公司直接通过互联网进行保险销售，中间成本大大降低，保险产品竞争力得到提升，相比之下保险中介渠道居高不下的中间价格使得中介行业面临严峻的挑战。

（3）数据分析促进精准营销

传统保险中介行业依靠专业的代理人团队或者兼业机构进行保险产品的销售，销售模式较为简单，销售的产品非价格差异化较小，“人海战术”的使用削弱了保险中介的服务针对性，最终致使保险产品千人一面、千篇一律。相比之下互联网时代的到来在很大程度上提高了保险企业自身的营销能力。通过与互联网公司的合作，保险公司凭借其自身积累的承保数据可以更好地掌握投保人消费习惯、风险偏好、信用能力、投保需求等多方面信息，从而得以更好地设计符合消费者需求的营销措施。相比之下很多保险中介公司信息化程度还远远不高，难以积累、分析足量的行为信息数据，在精准营销方面保险中介公司的竞争能力十分薄弱。

2. 传统保险中介行业应对措施

（1）发挥自身优势，提升咨询能力

尽管互联网大大降低了信息获取难度，使得消费者不再需要通过保险中介公司就可以获得关于相关保险产品的保险责任、价格等各方面的信息，却没有降低保险产品相关知识本身的复杂程度。安永公司进行的一项全球调查研究结果表明，投保人在购买人寿保险以及养老年金等寿险产品时，更依赖于专家咨询而非仅仅通过互联网检索（安永公司，2012）。相比于完全的线上投保，消费者可能会更依赖于线上了解，线下咨询购买的模式。

与此同时，互联网所提供的大量信息从另一个角度会增加投保人的信息搜集时间，部分投保人更倾向于通过保险中介公司专家咨询的手段以节省购买时间。尽管诸如车险、家财险等部分流程简单的非寿险产品已经完全实现了产品销售的网络

化，但是以寿险为主的其他保险产品仍然无法实现完全的网络化。因此保险中介公司应利用其在保险产品专业领域的技术优势，从传统保险中介的线下销售职能逐步向复杂产品的线下咨询职能转变，在复杂保险产品领域为投保人提供价值密度更高的投保建议。

（2）渠道整合，远程咨询

中国保监会在2015年发布的《关于深化保险中介市场改革的意见》中提到，要培育具有专业特色与国际竞争力的龙头型保险中介机构，大力提倡保险中介探索“互联网＋保险中介”形式，进而形成新的业务平台。事实上互联网与保险中介机构之间并不存在明确的渠道界限，传统保险中介公司在互联网时代应当进一步完善信息化建设，实现保险中介与互联网平台的渠道整合。

安永公司在2013年进行的一项调查中显示，46%的寿险公司与44%的非寿险公司认为渠道冲突是保险公司未来发展的重要挑战（安永公司，2013）。保险中介公司与其寻找替代互联网的途径，不如选择与互联网渠道进行整合，当每一个渠道的服务质量都达到了让客户满意的程度的话，保险中介与互联网渠道将形成有力的互补。事实上有研究表明不同渠道之间有效整合可以进一步改善消费者体验，进而提高消费者对保险产品的忠诚度（IBM商业价值学院，2013）。事实上互联网对保险中介自身业务也有很好的助力作用，线上、视频咨询方式同样可以拓宽保险中介机构的咨询服务覆盖面。保险中介公司应尽快完善其中介线上业务平台，简化线上业务服务流程，进而提升在互联网保险领域的渠道竞争力。

（3）整合数据分析技术，提高保险创新能力

保险公司在互联网时代成为大数据分析技术的受益者，通过对承保数据的分析，保险公司可以在公司产品领域进行更大胆的创新。瑞士再保险公司的一项研究报告表明，诸如远程信息处理技术以及大数据预测分析技术使得保险公司可以将其保费与风险进行更好的关联（瑞士再保险公司，2011），与消费者之间更加密切的接触使得保险公司可以更快了解客户的需求变动，在最短时间内进行产品、服务方面的相应调整。

保险中介公司相比于一般保险公司，在数据来源方面具有天然的优势，凭借大范围的客户群体，保险中介公司可以获得不同领域、不同公司、不同客户群体的行为数据。与此同时，保险中介机构拥有与客户直接接触的前台销售人员储备，可以更方便地拿到最真实的客户端数据。今后保险中介公司不应仅仅局限在为保险公司提供产品销售服务，应更加注重保险产品销售后的客户信息收集、反馈以及分析工作，进而为保险公司提供关于其保险产品的改进与创新建议。通过为保险公司与投

保人提供高品质的咨询服务，保险中介公司得以提高其在互联网背景下保险市场中的竞争力。

（九）保险中介：从滞后到引领

1. 保险中介市场发展空间巨大

与中国保险公司近年来的飞速发展相比，中国保险中介市场规模仍十分有限，专业保险代理、经纪、公估机构仍在初期发展阶段，保险中介行业在整个保险市场中仍处于相对滞后的地位。反观欧美等发达保险市场，保险中介在整个市场中扮演着十分重要的角色。无论在中介规模、中介数量，还是中介模式、中介地位方面，中国保险中介行业都与欧美市场有着极大的差距。然而差距的背后是极大的发展机遇，可以预见在中国保险市场逐步完善，走向成熟的过程中，保险中介行业将拥有极大的发展空间，从当下滞后于保险公司的市场形势，逐渐向欧美中介引领保险公司的局面转变。

2. 代理人身份定位问题得到解决

中国保险中介初期的缓慢发展，在一定程度上受到保险销售代理人问题的影响。大量保险销售员专属于某一特定的公司，采用“人海战术”模式实现保险销售，致使保险销售员社会认可度低、工作待遇低、事业稳定性差。保险销售员岗位的频繁流动也使得从业人员平均工作经验少、客户资源积累难，保险中介难以充分发挥其应有的作用。

随着《保险法》的修改以及保险销售员考试的取消，我国众多保险销售从业人员的身份问题正逐渐得到解决。独立代理人制度的试行，使得保险代理人获得业务主动权以及事业所有权；精准营销、专业咨询的兴起使得保险代理人从依靠销售能力向依靠专业技术能力转变，社会认可度随之提高，行业地位随之改善。不断改善的工作待遇也提升了代理人岗位的稳定性，从而使代理人团队质量进一步提高，这种正反馈效应将促使保险中介行业进入良性发展循环阶段。

3. 中介市场繁荣推动行业创新

保险中介作为保险产品的主要销售渠道之一，对于保险市场结构具有深远的影响。目前中国保险市场呈现出寡头垄断的局面，规模较大的几家保险公司占据了市场的大部分份额，在整个保险市场中占据主导地位。凭借其稳定的客户资源与庞大的公司规模，大保险公司在产品销售方面并没有承受足够的市场竞争压力，新产品的开发设计并没有在公司经营过程中占有足够重要的地位。然而随着保险产品产销分离，产品销售的话语权向保险中介转移，保险公司的产品销售情况将更多取决于

其产品自身竞争力。因此，一个繁荣的保险中介市场将营造出良好的竞争环境，促进保险公司不断推出更优质的产品，推动整个保险行业的创新。

4. 专业化中介引领技术发展

保险中介在营造良性竞争市场的同时，也将凭借自身数据来源及经验积累方面的优势，在保险产品技术创新方面发挥更主动的作用。未来保险中介开展业务时将更加注重技术性与前瞻性，在销售向咨询角色转变过程中，保险中介不仅应为投保人提供咨询服务，更应分析产品的销售反馈与市场表现，为保险人的产品设计提供有价值的咨询服务。而对于采用诸如 MGA 等创新模式的保险中介，其自身已经具备了设计产品所需要的技术储备及精算定价能力，因此其在保险市场中可以主动设计创新保险产品，再与相应保险公司合作完成产品的销售。

保险中介对于整个保险市场的发展具有举足轻重的作用，尽管目前国内保险中介市场仍滞后于整个行业，但随着中国保险市场逐渐成熟，保险中介将赶超乃至引领整个保险行业的发展。

5.3 本章小结

保险中介模式在欧美发达市场已有悠久的发展历史，在市场环境、发展模式、监管制度等方面都十分成熟。产销分离的行业模式和多层次的市场主体保证了欧美保险中介市场高效有序运作，政府监管机构与行业自律组织的双重监管模式保证了整个市场合法合规运行。未来欧美保险中介市场将向进一步拓展细分领域、加强市场风险管控、结合互联网科技、开展风险咨询等方向发展。

然而，中国保险中介市场仍处于初期阶段。随着监管层的重视，中介市场正逐步向规范成熟的模式转变。未来，中国保险中介市场将不断寻求模式创新，专注于特定领域如寿险公估、再保险经纪等细分业务；监管机构将更加重视整顿市场秩序，加强管控市场风险；保险市场产销分离模式将逐步成形，独立个人代理人制度可能取代保险代理人制度；中介管理将向平台化方向发展，同时加强互联网的应用与创新。

6 中国保险行业及中介模式存在的问题与瓶颈

6.1 保险行业存在的问题与瓶颈

近年来，我国保险业继续保持高速增长，行业总资产及保费收入延续上行态势。保险业作为我国金融业的“三驾马车”之一，在国民经济中发挥着越来越重要的作用。2017 年，保险行业原保费收入达到 3.66 万亿元，同比增长 18.16%，保费收入再创新高，增长率维持在高位；保险行业净利润大幅度提升，达到 2 567.19 亿元，同比增长 29.72%；2017 年，保险行业为全社会提供风险保障 4 254 亿元，同比增长 75%。保险行业服务社会的能力不断提升。①

保险行业取得辉煌成绩，有赖于多年科学合理的政策指引和保险工作者的辛勤耕耘。但保险行业在各个方面暴露出来的问题仍然值得关注。

6.1.1 保险行业存在的问题分析

保险行业存在的问题主要集中在监管制度、保险市场和保险主体三个方面。

（一）监管方面存在的问题

1. 保险监管制度体系有待完善

目前，我国已初步形成了以保险法为核心，以行政法规和规章为主体，以规范性文件为补充的中国保险法律制度体系（李孟刚和李文瑞，2017）。在强调简政放权这一监管基调的环境下，这一法律制度体系提供了纲领性的指引，然而我国保险监管制度在细节方面仍然存有较大的缺口，遗留下很多政策空白。不可忽略的是，部分保险公司利用监管空白和边缘地带进行操作，这不利于保险行业的

① 数据来源于保险监管工作会议。

长期健康发展。此外，监管细节和具体评价指标的缺乏不利于保险主体利用明晰的监管制度完成自我审查和自我改进。

2. 监督管理部门在监管的过程中存在缺位、越位的现象

当前监管部门在对保险行业进行监管的过程中，在某些需要监管部门去监督管理的方面监管的力度不够，涉及程度不深，而在一些超出监管部门管理的方面监管部门对其干预过度，超出监管部门的监管范围。这就形成了保险监管中的缺位、越位现象（卢荡，2017）。监管缺位使得保险主体利用监管空缺进行过激操作，违背"保险姓保"的理念，不利于行业持续健康发展；而监管越位的存在使得保险主体受到过多限制，不利于行业创新和发展动力的挖掘。

3. 全国性数据共享无法实现，监管存在区域性差异

目前，我国尚未建立全国性的数据共享平台，在相关政策出台后，常见做法是以地方为单位，利用地方性监管机构（各地保监局）作为传导媒介，推进监管政策的落实。因此，在政策落地的过程中，由于缺少全国性的信息披露和共享平台，监管力度可能出现不一致的情况。由此可能导致保险公司投机取巧，选择在监管较为宽松的地区进行业务操作。

4. 保险行业协会的职能未能充分发挥，行业自我监管能力不足

保险行业协会作为自律组织，缺乏独立性和监管的自主性，在整个监管体系中扮演的是保险监管机构和政府的"助手"角色。在法律上对其职能也没有明确的定位，没有强劲的经济基础作为支撑，在实际的保险监管中很难发挥自身的监管职能。由此导致保险行业自律和自我管理能力有限（郭乃筱，2017）。

（二）市场方面存在的问题

1. 缺乏保险知识产权保护，市场产品同质化严重

保险公司开发新产品，必须经过前期系列复杂的产品定价和市场调研等工作，对新产品的市场潜力、保费规模、赔付率和人力成本等进行预估，以确保产品符合市场需求并能盈利，需要消耗较多的人力财力成本（刘长宏、孙武军和张楚清等，2017）。然而目前保险市场缺乏必要的知识产权保护措施，保险公司在研发出新产品推向市场后，该产品一般会在短时间内被竞争对手大量模仿，使得先发公司无法通过创新创造利润，弥补前期的研发成本。特别是在目前产销不分离的经营模式下，由于缺乏知识产权保护，保险公司更多将人力财力资源运用在营销队伍的扩张上，保险产品创新原动力不足，导致保险市场缺乏新鲜血液，产品同质化严重。

2. 保险市场秩序相对混乱，行业声誉较差

虽然经过多年政策引导，我国保险市场的整体秩序有所改善，但是仍然存在销售误导、售后服务不到位等多重问题。在这种情况下极易引发保险纠纷，降低行业声誉。加之行业声誉建设的短期利润不足，保险企业缺乏协调合作机制，保险公司不愿意花费资源进行声誉建设（吕卓，2016）。在市场秩序无法得到根本性改善的情况下，保险行业的声誉改善仍然面临较大障碍。

（三）行业主体方面存在的问题

1. 保险公司的利润创造手段单一且短视

在目前现行的监管环境和市场环境下，保险公司主要依靠扩大营销队伍拉动销售量以及通过资金运用来创造利润。然而目前这种利润创造手段都较为短视，无法支持保险公司的长远发展，提高公司的内在价值。保险公司无法从消费者的本质诉求出发，细分消费者群体进行产品设计，无法挖掘深层次的保险需求。保险公司过度追求短期利润，导致保险供给与需求的双重缺口，严重限制了保险公司的进一步发展。

2. 保险公司营销队伍建设存在较大问题

在保险营销成为保险公司创造利润的重要手段的情况下，我国保险公司在营销团队的创建、培养过程中也存在诸多问题，造成了系列不良后果。由于作为保险产品营销人员的准入门槛——保险代理人资格考试取消，保险业务拓展所需营销人员缺口较大，社会上更多人员流入保险营销员队伍，造成其综合素质进一步降低（赵玉珍，2017）。此外，保险公司营销队伍的建设方式较为粗犷，缺乏系统性的培训。这导致许多营销人员对于保险原理和保险产品设计理念理解不足，进一步加剧了销售误导的存在。营销队伍建设水平成为制约各类保险公司业务发展的瓶颈，售后服务纠纷增多、客户满意度下降，甚至出现业务员违法违规等社会现象，给保险公司健康可持续性发展增加诸多负面影响。

6.1.2 保险行业发展制约因素分析

保险行业在监管方面、市场反面和主体方面存在的各类问题本质上是相互联动和影响的。追本溯源，保险行业发展受限主要是因为在现行的监管框架和市场环境下，保险公司过度重视营销手段和资金运用手段，而忽视了作为行业核心的需求挖掘、产品设计，缺乏创新原动力，造成了供给端的缺口；而在营销过程中的粗放管理方式又使得公司和行业声誉受到影响，导致消费者对行业缺乏信心，保障需求也

存在缺口。供给和需求双端缺口的存在，成为制约保险行业平稳协调可持续发展的关键。

造成供给需求双端缺口的根本原因在于目前我国保险公司产销不分离的发展模式。所谓产销不分离，是指保险产品的研发设计和市场销售均由保险公司进行。在当前的市场大环境下，由于缺乏知识产权保护机制，保险公司进行产品研发的利润激励严重不足，因此将更多的精力投注于保险营销过程。然而，保险公司在营销的专业性方面和团队建设方面又存在缺陷，导致了诸多市场乱象。

由此可见，在产销不分离的经营模式下，保险公司在产品端的创新动力和研发优势无法发挥；过度扩张营销团队、粗犷的营销模式又造成行业声誉问题。这种经营发展模式从本质上制约了保险行业的发展。

6.2 保险中介模式存在的问题与瓶颈

20 世纪末，在保险市场政策的引导下，在保险事业逐步恢复发展中，数家保险代理公司和三家保险经纪公司相继成立，它们作为保险中介市场的重要组成部分走进保险市场，经济发展、保险业的发展带动了保险中介市场的较快发展，保险中介机构规模数不断提高，保险中介集团逐步加入，与此同时，传统保险中介模式的弊端逐渐显现并制约了现代保险中介的发展。

6.2.1 保险中介模式存在的问题分析

保险中介模式出现问题的原因主要存在于各主体及其相互配合的过程中，分为外部监管环境、外部市场环境、保险中介自身等方面。

（一）监管方面存在问题

政府监管在保险中介模式发展中发挥着引领方向和及时纠正的重要作用，其问题原因主要集中在监管重前端轻后端、基础设施建设不完善、监管定位不准确、制度顶层设计与规范执行出现矛盾导致管控力度相对较差。

1. 重前端轻后端

保险中介监管前端放的较多较快，而后端监管机制建设相对滞后（陈文辉，2017）。相较于前端放权，政府监管部门对于后端管控机制建设相对不足，主要表现为：其一，证照衔接方面。现阶段，保险专业中介机构准入实行“先照后证”，一些机构以“保险代理”“保险经纪”“保险公估”字样进行工商登记注册，但出于各种原因，未及时申领相关保险中介业务许可证，这种办照不领证、无证经营问题屡见不鲜。其二，分支机构监管方面。审批制转为报告制后，保险专业中介机构大量增设分支机构，管理松散、人员不足、空壳现象等问题随之暴露。其三，相关从业人员管控方面。取消保险销售从业人员资格考试后，保险公司增员迅猛，但也带来人员素质降低等问题，不仅影响保险行业的社会声誉，更影响了保险发挥作用的机制及效果。

2. 基础性设施建设不完善

市场的有效运行离不开完备的基础性设施和高效的要素市场，中国保监会研究并提出了推进建立保险中介行业协会、保险中介责任险互助公司、保险中介云平台等，并支持行业进行相关的铺垫工作。目前保险中介行业协会筹备事宜基本到位完成，但尚待民政部审批，需要进一步协调沟通；保险中介责任险互助公司的论证、发起会员等基础性工作也已完成。整体看，这几项工作虽有进展，但尚待突破。此外，对接资产评估法规定的公估师资格考试事宜，需要政府各相关部门间的沟通协调。

3. 监管定位不够准确

保险中介监管定位多集中在保险公司身上，忽略了保险中介自身的问题和风险，从保险中介这端入手开展综合治理是监管定位的主要方向（黄洪，2017）。

保险监管机构重管机构，轻管行为，仅仅靠管审批管许可，只管机构成立时是否符合标准，对机构的成长过程和阶段忽视全程监管和引导，未对中介机构进行阶段性的评估和测评，未对中介机构形成全方位、全过程的约束，造成中介机构野蛮生长，保险销售员队伍庞大而冗杂。

4. 监管制度顶层设计与规范执行不匹配

从全国保险中介市场监管来看，简政放权力度不断加大，监管职能逐步转变，但牌照管理混乱，发放牌照之后的全程监督和检查不作为，部分监管人员甚至没有清醒的认识，认为前端审批为好，后端监管为差，行政审批不仅束缚市场活力，更阻碍监管的实际执行力，只有充分发挥市场的活力，充分调动保险中介市场各主体的积极性才能真正发挥中介模式的红利。

此外，原保监会和保监局之间缺乏监管手段的互通有无，各保监局例行检查不到位，存在监管惰性，发现问题不敢及时纠正和暴露，将问题推脱给保险公司或者政策不力，责任推诿现象时有发生导致问题无法真正得到解决。

（二）市场方面存在问题

保险中介市场中，服务模式单一，服务质量良莠不齐，中介主体素质存在较大

差异，导致出现销售误导和消费者体验差等问题，造成市场上中介模式的口碑下滑。

1. 对于互联网冲击应对不力

互联网中介平台通过线上与客户的无数电脑、手机等移动终端相连，一点匹配无穷移动着的多点，销售误导风险、非法集资风险等的影响范围和危害程度都大大增加（陈文辉，2017）。互联网作为新兴且前景看好的保险业务渠道，其虚拟化、场景化的服务正在逐渐影响着其他保险销售渠道，通过互联网买卖保险服务，投保人和保险人不需要通过实地见面便可以签订保险合同进行保险业务，这必然会增加风险波及范围和程度。互联网带来的大数据集成正有效地弥补了保险公司天然需要大数据的特点，使得买卖双方间信息更加对称更加精准。

2. 市场竞争盲目

保险中介机构盲目新增机构人员，企图以此占领更多的市场份额，不顾自身实力及内控能力，不遗余力地扩张机构和招募销售人员，甚至采取加盟制管理分支机构，一些省份一年内新增中介分支机构数百家，一些以分散收单为主要经营模式的保险中介机构增员趋势更是猛烈，这些不顾现实需求和自身能力的短视行为，更是助长了保险中介销售低质化的态势。

3. 生存模式违规违法

保险中介模式下各种问题层出不穷，2013 年的泛鑫案件背后反射出来的“把保险产品改头换面、长险短做套取佣金并承诺过高收益的这种保险中介销售乱象”（陈婷，2014）令中介模式再一次遭到消费者的质疑。另外，个别保险中介机构不当股权激励；有的保险中介机构生存发展不靠做业务，而是靠为保险公司虚挂业务、套费洗钱赚“快钱”；有的保险中介机构困于长期发展停滞困顿，难抵利益诱惑成为过单套费的工具；有的保险中介机构长期游走在商业贿赂的边缘，有的明目张胆地充当保险公司洗钱走账的通道，为保险公司和高管贪污腐败搭了桥梁。

（三）行业主体方面存在问题

1. 缺乏创新性，销售方式同质化

在从事财产险业务的保险中介机构中，大约 75% 的财产险业务集中在饱和度极高的车险业务上，而车险业务作为国家强制性险种之一透明度高，利润空间小，相反，对于一些潜力大、市场份额较低的险种较少涉及，根本原因是缺乏创新性，很难真正为客户提供多样化、个性化的保险中介服务。在业务量较大的建筑工程保险及风险管理咨询方面，消费者难以得到先进的风险管理技术服务和多样化产品（刘颖，2014），未能将潜在需求转化为实际需求，社会经济效益不明显。

同时，对比发达国家代理机构主要占据寿险市场，经纪机构主要占据财险市场等特点，我国保险中介机构未对三类业务做出有效的划分和职责分工，未按照风险控制水平及适用范围进行区别对待，中介业务分工不明显，未能发掘出中介主体间各自的优势从而更有针对性和适用性地提供中介服务。

2. 销售方式简单，销售平台单一

多年来，保险中介机构固守传统营销模式，同时受到电销、网销等模式的冲击，市场份额不断缩减，很多保险中介机构甚至寻求其他违规甚至违法的手段来获得利润收益；加之保险专业中介机构成立时间相对较短，先天不足，实际运作经验积累不足，专业服务特色尚不明显，没有形成一支专业能力很强的从业队伍。

此外，保险中介机构经营管理型、高技术型人才匮乏，具有较高的实践经验和从业技能的人才缺失，这必然会影响保险中介专业化优势的发挥，导致销售方式拘泥于传统模式未能有效更新换代。

3. 长期经营意识薄弱

以代理机构为例，保险代理机构参差不齐，行业跨度大，规模差距大，有规模大、资本雄厚的汽车销售商、运输集团，也有大量规模小、实力弱的汽车维修点等，内控规范程度和保险资源规模差异较大，管控风险的能力更是千差万别，出现了诸如保险代理人追求短期利益而忽略长期发展的弄虚作假，误导客户、隐瞒真实信息等违规经营行为，不仅导致自身发展受阻，更损毁了保险公司及行业的形象。

另外，受营销职业特性的影响，作为保险中介营销主渠道之一的保险营销人员流动性普遍较高，对行业和公司的忠诚度较低，准入门槛较低。同时，从业时间越长的保险营销员对工作的满意度越低于新人，由此不难看出，保险中介渠道短视化明显，保险中介机构长期经营的目标较难实现，由此不仅引发消费者、投保人的信任感降低，同时恶性循环，使得保险中介渠道双方的黏性越来越低，极大影响了保险中介模式效用的发挥。

4. 与保险公司未建成有效战略合作关系

相较于中国保险中介机构和保险公司业务较独立，在英、日、美等发达国家，中介人与保险公司密切合作，共同在保险市场上扮演着重要的角色，是整个保险市场体系的重要组成部分。在我国，保险公司“大而全”“小而全”的运营模式，使得其集产品开发、销售、核保理赔等所有的经营环节于一体，关注点更多投放在营销渠道建设上，形成了以销售为重点的部门、人员配备惯性。而保险中介机构依赖于保险公司的业务生存，部分业务重叠，使得中介机构与保险公司之间形成了一种

“竞争关系”。大多数中介机构倾向于代理手续费高和佣金高的业务，乐意和出价高的保险公司合作，它们往往只是浅层次的业务代理合作关系，少有深层次的战略合作伙伴关系，这往往成为保险公司之间恶性竞争的延伸（朱玉翠，2010）。

5. 对市场新兴经营主体应对能力缺乏

2017 年保险中介市场产生重大变革，蚂蚁金服和以腾讯为控股股东的微民保险代理公司分别在 9 月和 11 月相继取得保险中介拍照。百度金融也将黑龙江联保龙江保险经纪有限责任公司纳入麾下，京东金融早在 2015 年基于自己的电商平台发布新型险种。至此，BATJ 全面进军保险中介市场，给行业、公司、用户都带来了巨大的冲击。除了 BATJ 外，国美、苏宁、携程等公司，通过参与收购保险中介牌照、成立保险中介公司等纷纷涉足保险中介行业。

在“科技 + 保险”成为行业热点的当下，互联网巨头利用保险中介门槛相对较低、数据元庞大、保险科技融资难度较低等公司优势，充分利用其巨大流量，冲击着传统的保险中介市场，特别是对于“80 后”“90 后”等原生互联网用户而言，其吸引力尤为明显。

而对于传统的保险中介市场主体而言，如何应对互联网流量巨头的冲击是其亟须解决的问题。如何提升技术水平，提高营销能力和用户影响力需要其付出更多努力。

6.2.2 保险中介模式发展的制约因素分析

保险中介领域风险来源趋于多样化，对于监管的要求越来越高，监管的判断力和政策的偏向角度与取舍问题需要考虑越来越多的风险因素，主要表现在：其一，中介机构的投资主体多元化。除了专业中介机构外，集团化经营、跨行业经营的投资方不断进入中介渠道，假借保险中介名义实则非法开展 P2P 业务，利用合法的手段掩盖违法行为。其二是各大保险集团推出“大保险、大金融”综合金融模式，增大了风险在市场间、金融领域间、中介机构之间、产品间的传递效应，使得风险更快、范围更大地在保险业间传导（陈文辉，2017）。其三，互联网作为保险服务渠道之一日益以其方便、简洁、高效逐渐侵蚀保险中介在保险销售过程中的地位和作用，保险中介渠道模式占有的市场份额越来越受到互联网模式的冲击，保险营销员队伍近年来虽未大幅度缩减，但其相较于互联网销售渠道的劣势正在不断显现，未来保险销售员队伍的精简必将是保险中介精细化的发展方向。保监会副主席黄洪曾强调，在互联网浪潮下，整个保险生态也面临重构，保险公司、消费者、销售渠道之间的关系得到重塑，“去中介化”逐渐成为一种趋势，保险中介受到了重大冲击和影响，存在被边缘化的危险。其四，在现有中介模式下，制度交易成本较高导致营运成本较高，有效降低保障成本即风险定价成本和营运成本成为保险中介模式下最棘手的难题。保险公司在省地县层层设分支机构，每个机构被规定了工作场所面积和岗位配置人员数目，这些制度成本作为营运成本的重要构成大大制约了保险中介模式的发展，大陆消费者去香港购买保险等例子更是体现了这一瓶颈。加之保障成本降低是有限度的，所以要求各保险公司不断修订更新生命表、疾病发生率表，让两表更加贴近真实的风险概率，要求监管机构进行制度改革，有效降低市场主体的交易成本。

从以上制约因素可以发现，销售模式与经营模式的转变及创新是克服中介服务模式现有问题和突破发展瓶颈的关键。

6.3 本章小结

本章梳理了中国保险行业及中介模式存在的问题以及现阶段制约其发展的因素。

从保险行业的角度分析，在监管方面，我国保险行业存在监管制度体系不完善，监管部门在管理中存在缺位、越位现象，监管存在区域性差异，行业监管与行业自律能力不足等问题；在市场方面，保险知识产权保护体制缺乏导致创新能力不足，且保险市场秩序相对混乱；在行业主体方面，保险公司主要依靠销售和投资创造利润，忽略客户市场需求，且保险营销队伍管理不规范影响了行业形象。综合来看，目前保险行业发展的主要制约因素在于产销不分离的保险公司经营模式。

从保险中介模式的角度分析，在监管方面，现行的监管模式存在重前端轻后端、基础性设施建设不足、监管定位不准和监管执行违背了顶层设计等问题；在市场方面，盲目竞争加剧了市场乱象且对互联网保险的冲击应对不足；在中介公司方面，公司缺乏创新精神和长久经营的意识，销售方式简单且平台单一，未能与保险公司建立长期战略合作关系。综合来看，销售模式与经营模式的转变及创新是克服中介服务模式现有问题和突破发展瓶颈的关键。

7 中国保险行业及中介模式发展的应对措施

7.1 中国保险行业及中介模式发展的政策利好

近年来，保险行业迅速发展，中介服务模式不断更新。保险行业的繁荣发展和保险中介模式的创新前进与监管层频频释放的政策利好不无关系。

7.1.1 中国保险行业的政策利好

2014 年 8 月，国务院发布《关于加快发展现代保险服务业的若干意见》，勾勒出保险“强国梦”的发展蓝图。自“新国十条”颁布以来，保险作为支持国计民生的重要支柱，受到越来越多的重视，近几年的《政府工作报告》多次提及“保险”，此外，相关政策利好频频涌现，推动保险行业的繁荣发展。表 7.1 为自 2014 年来，中国保险行业的重要政策利好。

表 7.1　　近年保险利好政策汇总

时间	政策名称	利好政策解读
2014.08	《关于加快发展现代保险服务业的若干意见》	到 2020 年，基本建成保障全面、功能完善、安全稳健、诚信规范，具有较强服务能力、创新能力和国际竞争力，与我国经济社会发展需求相适应的现代保险服务业，努力由保险大国向保险强国转变
2014.11	《上海市人民政府贯彻〈国务院关于加快发展现代保险服务业的若干意见〉的实施意见》	加快保险业制度创新和对外开放，优化保险资源配置，细化保险业支持政策，改善保险业发展环境，使保险成为政府改进公共服务和加强社会管理的重要抓手、企业风险管理和经济提质增效升级的基本工具、居民民生保障和财富管理的主要渠道

续表

时间	政策名称	利好政策解读
2014.11	《关于加快发展商业健康保险的若干意见》	各省出台具体的实施意见，以促进当地健康险服务业持续健康发展，下一步将完善财政税收等支持政策，如研究完善城乡居民大病保险业务保险保障基金政策，落实和完善企业为职工支付的补充医疗保险费有关企业所得税政策。同时，对于促进医药、医疗器械、医疗技术的创新发展，国务院也要求在健康险的费用支付比例等方面给予倾斜支持，加快形成战略性新兴产业
2015.03	《2015 年政府工作报告》	政府工作报告中 14 次提及保险，具体包括：保险资金运用范畴拓展；养老保险制度改革；加强就业和社会保障；城乡低保标准提高；城乡居民大病保险试点扩大；推出存款保险制度；推出巨灾保险、个税递延型商业养老保险；养老保险改革；扩大出口信用保险规模；落实完善失业保险支持企业稳定就业岗位政策；降低失业保险、工伤等缴费率；落实机关事业单位养老保险制度改革措施；完善城乡居民基本医保；全面实施城乡居民大病保险制度
2015.03	《深化商业车险条款费率管理制度改革试点工作方案》	自 2015 年 4 月 1 日起，经营商业车险业务的财产保险公司可以根据该《方案》要求申报商业车险条款费率，商业车险改革试点全面落地实施
2015.06	《中国保险投资基金设立方案》	该基金由保险资产管理公司等机构共同出资设立的中保投资有限责任公司担任普通合伙人，主要投向“一带一路”、京津冀协同发展、长江经济带等战略项目，拉动力强、社会经济效益好的棚户区改造、城市基础设施、重大水利工程、中西部交通设施、新型城镇化等基础设施建设，国际产能合作和“走出去”重大项目等。负责基金设立、募集和管理。保险机构等合格投资者担任有限合伙人
2015.08	《关于全面实施城乡居民大病保险的意见》	明确部署加快推进城乡居民大病保险制度建设，筑牢全民基本医疗保障网底，让更多的人民群众受益。到 2015 年底前，大病保险覆盖所有城乡居民基本医保参保人群，大病患者看病就医负担有效减轻；2015 年，大病保险支付比例应达到 50% 以上
2015.08	《个人税收优惠型健康保险业务管理暂地办法》	将商业健康保险放在经济社会发展全局的高度来进行部署，是为了通过一定的税收优惠，撬动更多个人、机构和社会资源，来共同构建多层次的医疗保障体系
2015.12	《关于实施商业健康保险个人所得税政策试点的通知》	
2015.12	《关于印发个人税收优惠型健康保险产品指引框架和示范条款的通知》	

续表

时间	政策名称	利好政策解读
2015.10	《关于修改〈中华人民共和国保险法〉的决定（征求意见稿)》	财险方面，删除了“经营财产保险业务的保险公司当年自留保险费，不得超过其实有资本金加公积金总和的四倍”，业务量不再是制约资本的因素；寿险方面，在保险公司业务范围中加入了年金业务，并明确说明“年金业务，包括企业年金、职业年金等业务”；明确引入保险消费者概念，为保险消费者保护工作和制度建设提供了法律基础
2015.12	《最高人民法院关于适用〈中华人民共和国保险法〉若干问题的解释（三)》	着重解决《保险法》保险合同章人身保险部分在适用中存在的争议。这部司法解释对于金融消费者合法权益保护，对于保险业和金融业的健康发展，具有重要意义
2016.03	《2016 年政府工作报告》	政府工作报告中 11 次提及保险，具体包括：推出存款保险制度；拓展居民大病保险；社保推进；保险业将发挥巨大作用；建立巨灾保险制度；完善农业保险制度；增加短期出口信用保险规模；失业保险；大病保险
2016.05	《建立城乡居民住宅地震巨灾保险制度实施方案》	坚持“政府推动、市场运作、保障民生”的实施原则，采取“整合承保能力、准备金逐年滚存、损失合理分层”的运行模式
2016.05	《关于做好保险业助推脱贫攻坚工作的意见》	要求精准创设完善保险扶贫政策，创新保险扶贫体制机制，为实现到 2020 年打赢脱贫攻坚战、全面建成小康社会提供有力的保险支撑
2016.08	《中国保险业发展“十三五”规划纲要》	“十三五”时期，为了更好地服务国家发展，保险业一要坚持“保险姓保”，二要确保“险企不险”，三要实现“消费者愿意消费”
2016.10	《保险公司城乡居民大病保险投标管理暂行办法》等 5 项制度	对保险公司参与大病保险的投标管理、服务标准、财务核算、风险调节、市场退出等方面提出了明确的规范和要求
2016.10	《互联网保险风险专项整治工作实施方案》	对互联网保险风险专项整治工作进行了全面部署，专项整治将围绕规范经营模式，优化市场环境，完善监管规则，实现创新与防范风险并重，促进互联网保险健康可持续发展的目标，坚持突出重点、积极稳妥、分类施策、标本兼治，明确责任、加强协作的原则
2016.11	《关于全面推进保险纠纷诉讼与调解对接机制建设的意见》	充分发挥人民法院、保险监管机构、保险行业组织预防和化解社会矛盾纠纷的积极作用，依法、公正、高效化解保险纠纷，不断提高调解公信力，为保险纠纷当事人提供便捷、高效、低成本的纠纷解决途径

续表

时间	政策名称	利好政策解读
2017.01	《财产保险公司保险产品开发指引》	完善了产品开发监管制度，明确了政策红线，有利于引导公司强化产品管控和提高保险产品质量，对于有效释放行业发展活力，更好地保护保险消费者合法权益，推动行业提升服务能力和创新水平具有重要意义
2017.01	《财产保险公司产品费率厘定指引》	为保险公司产品开发和回溯提供了完善合理的操作流程，推动保险公司形成精算循环内控机制，防范定价风险，从而更加严密地保护消费者的合法权益，推动财险行业产品定价工作向更加专业、严谨的方向发展
2017.01	《关于进一步加强保险资金股票投资监管有关事项的通知》	推动保险公司加强资产负债匹配管理，对完善保险资金运用监管、防范金融行业系统性风险、维护资本市场长期稳定健康发展具有积极意义
2017.02	《保险业进一步参与社会治安综合治理工作的指导意见》	加大保险业综治工作落实力度，重点做好反保险欺诈、打击非法集资、加强互联网保险监管、保险纠纷多元化解、信访积案化解等任务，管控好行业风险，维护保险市场稳定运行和保险消费者合法权益
2017.03	《2017 年政府工作报告》	政府工作报告 7 次提及保险，具体包括：适当降低“五险一金”有关缴费；整合城乡居民基本医保制度；提高低保、优抚、退休人员基本养老金等标准；实现大病保险全覆盖，完善大病保险制度；拓宽保险资金支持实体经济渠道；提高保险理赔标准，完善农业再保险体系；扩大出口信用保险覆盖面
2017.04	《中国保监会关于保险业服务“一带一路”建设的指导意见》	坚持统筹推进、重点突破，在产品、资金、机构、人才等领域协同发力，提升保险业服务“一带一路”建设的渗透度和覆盖面。坚持市场运作、持续发展，增强对“一带一路”的服务和保障能力。坚持开放创新、合作共赢，在“一带一路”建设中构建更为广泛的利益共同体，不断丰富我国保险业开放合作内涵
2017.05	《关于保险资金投资政府和社会资本合作项目有关事项的通知》	为保险资金参与 PPP 项目投资提供了有效路径，有利于解决 PPP 项目公司融资难的瓶颈制约，支持 PPP 项目推进。满足了保险资金配置需求，实现行业效益和实体经济发展的双赢
2017.06	《保险资金参与深港通业务试点监管口径》	有利于在“一国两制”基础上，支持香港经济的繁荣稳定；有利于支持保险资金“南下”，充分利用内地和香港两个市场配置资源，分散投资风险；有利于拓宽保险资金境外投资渠道，稳步提升投资收益

续表

时间	政策名称	利好政策解读
2017.07	《保险销售行为可回溯管理暂行办法》	进一步约束了保险机构销售行为，针对保险销售关键环节，强化了保险机构法定“提示和明确说明义务”，将使保险销售更加透明，让保险消费更放心。进一步提升保险监管部门投诉处理能力，进而促进保险消费者保护工作水平不断提高，促进保险行业健康可持续发展
2017.07	《国务院办公厅关于加快发展商业养老保险的若干意见》	扩大商业养老保险产品供给，拓宽服务领域，提升保障能力，充分发挥商业养老保险在健全养老保障体系、推动养老服务业发展、促进经济提质增效升级等方面的生力军作用

资料来源：作者根据网络资料整理。

从总量上来看，近年来保险行业的利好政策频出，拉动了保险行业的迅速发展。从内容上来看，政策主要从加强保险行业风险管控、扩大保险行业服务范围、扩大保险资金运用范围、提高保险行业在服务国计民生中所发挥的作用、完善消费者权益保护制度等多个角度出发，引导、推进保险行业向保障范围更全面、风险管理更严格、行业制度更完善、资金运用更灵活的方向发展，不断提升保险行业发展的可持续性，加快保险行业供给侧改革，提升保险行业地位，利用社会舆论改善保险行业形象。

总的来看，保险行业的政策利好主要包括加强行业风险管控、扩大行业服务范围、提升行业社会地位、激活行业资金运用、维护消费者利益等方面。

（一）加强保险行业风险管控，促进行业可持续发展

近年来，监管政策始终围绕行业风险管控展开，从保险公司的产品设计、商业运行过程、管理人员配备、资金运作模式等多角度出发，制定保险公司的风险监管指标。确保“险企不险”，防止公司冒进扩张和非理性发展；始终坚持“保险姓保”这一方针政策，把握产品设计的本源；以合理的风险管控为把手，引导行业科学合理可持续发展。

（二）扩大保险行业服务范围，促进行业全方位发展

自“新国十条”对涉及保险行业的十大方面提出具体要求以来，各类政策纷纷落地，个人税收优惠型健康保险业务、个人税优型养老保险业务、城乡居民住宅地震巨灾保险业务、城乡居民大病保险业务等新型业务开始进行顶层制度设计并在试点落地，出口信用保险等险种的经营范围进一步扩大。由此，保险行业的服务范围更加全面完善，保险行业的体系架构更具科学性。行业服务范围的扩大，使得保险

公司在业务多样性、风险分散性、资金灵活性方面都有长足进步。

（三）发挥保险行业保障功能，促进行业地位提升

近三年政府工作报告和多项政策都在强调保险行业应当发挥表率作用，构筑保险民生保障网，完善多层次社会保障体系；而观其成效，可以发现保险行业在完善基本社会保障体系、构建大病保险体系、推进农业保险制度体系建设等方面都发挥了重大作用。保险行业在构建城乡居民基本保障体系、发挥“精准扶贫”作用方面屡屡尝试创新并取得突破，阐释了“保险姓保”的行业本质，以实际行动提高了行业地位和行业的舆论认可度。

（四）激活保险行业资金运用，促进行业灵活高速发展

保险资金作为金融资本的重要组成形式，政策对于如何引导保险资金科学流向资本市场、发挥保险资金作用一直保持着高度重视。自从“偿二代”中对于保险资金的投资范围和投资比重有所放松以来，政策有意识激活保险行业资金运用，多次出台政策支持保险资金服务“一带一路”建设，“南下”参与深港通业务，参与PPP项目，有效激活了保险行业的资金运用。保险资金运用形式的丰富一方面促进了保险行业高速灵活发展，丰富了保险投资的资产组合形式；另一方面也为国家发展战略提供了坚实的资金支持。

（五）维护保险行业消费者利益，促进行业舆情改善

近年来，政策监管不断强化保险销售管理、维护消费者利益。新《保险法》在修订过程中强化了对于消费者利益的保护，全面推进保险纠纷诉讼与调解对接机制建设，针对保险销售关键环节，强化了保险机构法定“提示和明确说明义务”，加强对于保险销售行为的可回溯管理。政策角度多管齐下，力图减少保险市场上存在的销售混乱、纠纷频发问题。科学的政策引导规范了保险公司营销和售后过程中出现的不当，维护了消费者的利益，从而从根本上实现了对保险行业的舆情改善。良好的舆论环境对于保险行业的发展将持续发挥激励作用。

7.1.2 中国中介模式的政策利好

（一）加强案件风险监管

2013年“泛鑫案件”发生后，保监会提出了加强案件风险监管的监管思路，同时印发了《保监局案件风险监管考核办法》，将从2014年1月1日起施行，从基础管理、案件风险预防与警示教育、案件报告与风险处置、督促问责与整改等四个环节，对各保监局案件风险监管工作进行全流程的量化考核评估，进一步完善保险

案件风险监管的制度体系，地方保监局在监管过程中如有瞒报案件、风险处置不当等行为，将被扣除相应的考核分。近年来，针对保险案件多发的情况，中国保监会先后出台了保险司法案件报告、保险机构案件责任追究等制度，积极防范和化解案件风险。除此之外，中国保监会将每年组织实施一次对各保监局案件风险监管工作绩效的考核。具体考核过程包括保监局自评、保监会测评与复评、集体审议与逐个反馈等三个步骤。跨监管辖区的案件，将按照案件性质、立案情况、管辖权和涉案机构等因素，计入相应保监局考核范围（吴婧，2013）。

（二）保险中介市场清理整顿

2017 年 3 月，中国保监会副主席黄洪在全国保险中介监管工作会议上指出，中国保监会已开展了历史上规模最大、力度最广的保险中介市场清理整顿，摸清了行业底数，极大地增强了行业的风险意识、问题意识，由此拉开了保险中介发展与监管改革的序幕。中国保监会针对营销员销售非保险金融产品问题和非法集资风险问题，两年三次连续出台文件，明确保险公司的法律责任和管理责任，及时给保险公司戴上了紧箍咒。

（三）完善基础设施建设

中国保监会织牢织密制度笼子，保险监管系统查补制度短板，从严强化监管，完善监管基础设施建设，推动建设行业组织平台及依托互联网、大数据、云计算等新技术的信息平台和保险中介的风险承接平台，切实提升监管能力，有效遏制了保险市场发展的不良苗头，中介市场乱象得到初步治理。

（四）构建严密有效的保险监管体系

2017 年 7 月全国金融工作会议开展以来，中国保监会在《关于弥补监管短板构建严密有效保险监管体系的通知》落实效果的阶段性评估中指出：健全监管体系已取得了明显的阶段性进展，其中包括保险中介监管体系进一步健全，具体包括加快推进《保险代理人监管规定》《保险经纪人监管规定》和《保险公估人监管规定》的修订出台，目前三部法规的送审稿已完成。强化保险中介机构股东出资真实合法性审查，进一步完善保险中介从业人员执业等级制度。上线运行保险公估业务备案系统，进一步完善保险专业中介机构非现场监管信息系统、保险兼业代理监管信息系统及保险中介从业人员执业管理系统，使得后端监管手段更加丰富、科学（赵广道，2017）。

此外，中国保监会针对保险代理、经纪、公估三种从业人员和三类业务，构建更加科学的监管制度体系，从制度上废改立，着力做实做细既有规则，加强政策可操作和可执行性，防止“牛栏关猫”（黄洪，2017）。例如，对于保险专业中介机构注册资本监管问题引入“托管制度”，有效约束了虚假出资、抽逃资本等违法违规行为，也减少了部分持有合法中介牌照却做违法行为的投机者，提高了保险专业中介机构出资质量，股东构成从个人居多转到机构居多，意味着股东结构更加稳定，保险中介机构经营更加稳定。

7.2 中国保险行业及中介模式发展的应对措施

7.2.1 中国保险行业的应对措施

针对保险行业发展中存在的各种问题，保险行业应当充分利用各类政策利好，不断完善监管制度、提高监管质量，增强市场活力、加强声誉建设，丰富保险公司利润创造模式，革新保险公司发展模式，从而突破现阶段保险公司的发展瓶颈，寻求更为广阔的发展空间。

（一）完善监管制度、提高监管质量

1. 建立健全监管制度

保险监管机构应当以问题为导向，针对目前监管过程中暴露出来的问题，在保险监管的基础法律框架之下完善监管制度，逐步减少和消除监管的空白地段。在构建和完善制度的基础上，简政放权，加强与政府其他部门、司法机关、其他金融机构等的沟通合作，推动行业协会发挥自身优势，支持新闻媒体、会计审计等社会机构发挥各自的监管作用，形成专业监管、部门协作、行业规范、社会监督的现代监管协同体系，避免监管缺位、错位和越位现象的发生。利用科技手段和大数据分析，加强保监会各部门与派出机构间的统筹协调、沟通会商和信息共享，尽快搭建全国性的监管信息共享平台，推进保险监管组织体系现代化。

2. 提高监管机构服务质量

在形成全面和现代化的监管体系基础上，监管机构还应当提高自身的服务质量，提高政策执行力度，对监管人员的约束机制以及激励机制进行科学化建设，激发监管人员的工作积极性，提高监管人员的服务质量和服务积极性（张钰青，2017）。

（二）增强市场活力、整治市场乱象

1. 建立保险知识产权保护机制，增强市场活力

完善现有知识产权法律体系和配套的知识产权审查机制，在我国现有知识产权

保护和审查体系的基础上，完善对于保险行业创新的保护，通过出台司法解释等方式，为保险知识产权保护提供有效的法律依据。除完善相应法律建设外，可以通过新险种保护期、税收激励等方式来确保保险公司新产品研发的利润空间，激发其创新原动力，从而增强市场活力（刘长宏、孙武军和张楚清等，2017）。

2. 着力整治保险市场乱象，加强行业声誉建设

在建立健全监管体制的基础上，以监管制度为根基，整治保险市场上存在的销售误导、虚假营销等问题。在此基础上，发挥行业协会的力量，引导各保险公司协同合作，良性竞争，提倡依靠产品创新、细分市场、深入挖掘保险需求作为利润创造手段，减少保险公司由于恶性竞争带来的盲目扩张销售团队、过度营销等问题，使得保险市场的发展符合消费者的保障需求，以高质量的营销、高保障性的产品获取消费者的信任，提高保险行业的声誉。

（三）革新保险公司发展模式

要想从根源上改善目前保险行业各方面存在的问题，需要革新保险公司的发展理念，转变其发展模式。需要使得保险公司从传统的产销不分离的发展模式转为以产品为核心的发展模式，将产品销售环节剥离，由保险中介市场进行产品销售。

目前，大量的政策红利释放，保险公司的业务范围和资金运用范围进一步扩大，加之政策对于行业风险的管控以及对消费者权益保护的强化，保险公司有机会也有必要进行发展模式的革新。

一方面，保险公司应当顺应政策导向，着力于新型产品的研发，充分发挥保险公司在产品端所具备的专业优势，利用国家各种政策优惠，深度挖掘消费者的保险需求，继续消费者层级细分，针对不同消费群体进行专业化设计和进行新产品设计，从而确保在新兴保险市场上的竞争力。

另一方面，保险公司可以将烦琐冗杂的保险营销环节交由更为专业的公司，减少保险公司在建设营销团队方面的人力财力花费，同时也将营销过程中的风险进行分散和转嫁，为专注产品研发、打造公司核心价值创造更多的空间。

7.2.2 中国保险中介模式发展的应对措施

（一）监管部门

对保险中介市场加大整顿力度，各地保监局规范监管人员素质、落实岗位职责，对中介市场进行全面清理不留死角。针对关于保险中介销售误导的投诉，上海

保监局曾要求各家寿险公司只要通过保险中介渠道完成的近两年内销售的期缴1万元以上、趸缴5万元以上的保单都要派人进行登门拜访，核实情况。政府转变职能，就要把更多精力转向监管，监管的首要使命就是发现问题、揭示风险，解决问题、处置风险。管住后端，首先就要去检查，要了解市场运行情况，主动去发现问题，有法必严，违法必究，将具体法条落实到如何建设身上，让法律法规有针对性、有可操作性。加强对专业中介机构出资人管理、保险中介法人管理、保险中介从业人员管理，形成有力有效的风险防控体系，彻底清理虚假挂名的保险销售从业人员，打击保险中介机构扰乱市场秩序、侵害保险消费者利益的行为，查处保险公司利用保险中介机构违法套取费用等行为，对违法违规的机构及人员依法清理彻查，加强对保险中介机构查处的深度、广度、力度。要厘清边界，坚决纠正金融监管定位偏差。监管部门的工作重点是监管，不是做大行业。要厘清监管者与监管对象的关系，明确红线、划清底线，严格监管（叶珏珑，2017）。加强问责等工作机制。保险中介监管重在管市场行为，贴近市场、快速反应非常关键，属地监管是基本分工原则，保监局务必"守土有责、守土尽责"，做到既抓监管顶层设计，又抓制度落地执行。

（二）保险中介市场

市场需要一个公平竞争的环境，这就要建立保险中介市场的预测预警机制。坚持市场化原则、改革创新，做到遵循市场规律，开阔视野、拓宽思路、持续突破。加强制度建设、夯实发展基础。

针对保险专业中介机构大量增设分支机构，管理松散、人员不足、空壳现象等暴露出的问题，保险中介市场需要建立有效监管机制，需要完善和强化后端管控约束机制，保险行业协会等行业自律性组织发挥作用，完善行业自律机制及媒体等外部监督机制，切实敦促保险公司加强对人员招聘、培训、销售过程的管理，明确职责。

中介市场发展模式可以根据不同的制度环境进行及时的调整和修正，根据具体的影响因素包括经济发展水平、人们保险意识的高低及消费习惯、保险市场的发展程度、监管类型等进行合理、科学、有效地调整保险中介业务发展方向，适应保险中介发展趋势。

科学的资格等级、职业培训制度亟待建立，不断吸收借鉴国外中介模式的优点和经验，提高中介从业人员的综合业务素质及职业道德水平，培养一支具有战略前瞻眼光、有能力的保险中介人才队伍。

（三）保险中介主体

1. 打造企业文化，培养专业人才

企业文化是一种无形的精神支持和纪律约束，对于保险中介机构的长期发展会发挥比制度约束更加稳定、持久的效果，众多百年经营屹立不倒的企业无不有着稳定、积极而健康的企业文化作为内在支撑；此外，正确的企业价值观对于培养其承担社会责任、发挥社会经济效益起着潜移默化的促进作用，对于吸引人才构建人才队伍更是发挥着不可磨灭的作用。

领导管理层不断进行政策、法规的解读和理解，与同业间互通有无经验共享，不断进行国内外先进中介实务模式培训和学习，对于保险中介未来发展趋势的把握和掌控都能够有效地引导保险中介机构走向一个正确、长远的发展轨道；保险中介机构中层则可以通过对市场形势、市场环境实际变化、政策法规的执行，切实管理好基层员工，及时发现实际经营过程中的问题，做好上层与下层的沟通；普通员工层则需要立足当下，努力学习了解保险新业务、新产品等，应用新兴的中介渠道发挥主观能动性、创新业务、拓展业务领域，积极为企业健康持续发展作出贡献而不是短视地追求自身利益最大化。

2. 加强内控机制，提高风管水平

内控机制和风险管理机制是一个企业或机构防范风险的最后一道也是最关键的一道闸门，内控机制设计合理、全面、有效，便能在机构各层级人员之间形成一道约束线，使得各级员工均能按章办事，有序高效。此外，加强外部审计的检查力度必不可少，外审和内审相结合，确保业务数据和报表的真实完整；建立和完善公司的法人治理机构，在人事、培训、薪酬等方面采取更为灵活的机制，创新管理手段，加强对决策者和管理者的监督和制约作用。保险中介机构不仅应当重视业务和营销管理，还要制定一套严格的执业、品行规范将保险中介职业道德规范化、制度化，以防追求私利、短视化现象出现。

3. 形成品牌优势，培养长期战略关系

树立保险中介品牌意识是保险中介长远发展的重要步骤。品牌对于一个机构来说是无形的约束力，提升专业化服务水平和能力，形成品牌优势，不仅能够加强社会公众对保险中介的信赖程度，增强中介机构和客户间的黏度和信任度，还能构建一个健康发展、双方和谐互利的良性生态中介圈。

中介机构和保险公司培养一种长期互利共赢的战略关系，有助于两者协同发挥作用、各司其职。保险公司专注于保险产品设计开发、精算及估价、资本管理与运作等中后端业务，借鉴西方发达国家经验开发出差异化、去同质化的保险产品，创新经营模式；而保险经纪公司、保险代理公司则需要提供产品推广、分销及承包、售后等直接与客户相连的服务，保险公估机构则需要专注于理赔案件的估损和理算，转换经营机制和思维方式。

两者的合作可以通过保险公司出资设立保险专属代理公司，探索在市场拓展、业务管理、人员培训、广告宣传、理赔服务等进行全面合作，努力实现信息系统对接，建立高效的业务处理流程和信息交流机制等。通过找准合作切入点、拓展合作层次和领域，形成更多的利益结合点，稳固合作关系，实现共赢的同时，优化保险产业服务机制（朱玉翠，2010）。

4. 创新服务模式，发展咨询模式

中介机构主体拘泥于传统中介营销模式，既不利于扩展市场、提高服务质量，更会加剧市场竞争，不利于中介市场可持续、健康发展；创新中介服务模式不仅能激发市场活力，更是一种大胆而有效的模式创新探索。一是技术创新，即运用互联网、大数据、物联网等新兴科技，推动多元的营销服务模式向咨询模式演进，咨询模式下形成的是一种主体、客体之间更加健康、公平的关系，“咨询”更加贴近中介机构的服务实质，即专业化保险购买和配置建议的提供者。二是服务平台创新，将流动性较大的个体营销员控制在机构的管理和分配下，从而解决中介各种不规范行为的问题，重视代理人的稳定性、定着性，大大有利于保险中介行业的健康、稳固发展。

5. 发挥自身优势，打造科技保险

在流量巨头进军保险业热情不减的情况下，专业保险中介必须充分发挥自身所长，汲取互联网巨头的优势和经验，打造自身的科技保险新模式。

互联网并不是保险中介的对立面，专业的保险中介需要充分考虑互联网的运作模式，利用互联网提高业务员交易效率、学习效率，提高客户信息获取效率、获得理赔效率，提高公司的管理效率。

相比互联网巨头，专业保险中介在保险理念、专业服务能力上有先发优势，其所欠缺的是用大数据、人工智能、用户画像等互联网技术手段来实现客户需求的精准分析，实现客户分级和风险控制，改善客户体验。而这正是整个保险行业的发展趋势与方向。因此，作为保险中介主体，其发展方向应为充分发挥自身专业性优势，汲取市场竞争者的先进经验，合理利用并打造属于自己的互联网平台，不断实现“科技＋保险”的运作新模式。

7.3 本章小结

中国保险行业中介模式虽然起步晚、基础薄弱，出现问题较多，但保险行业及中介模式在发展过程中利好大于积弊，进步大于停滞。中介模式不断创新发展，祛除自身顽疾，国家层面给予较多的政策扶持和法律规范，对保险行业给予了极大的支持和重视，对中介模式提出了针对性、客观而有效的发展方向引领和发展趋势的规划，政府积极参与到保险中介市场的服务和管理中来，中介市场秩序会更加规范，中介市场行为会更加透明、公平。

作为保险中介市场和行业本身，各经营主体也应当加强自律，努力开拓进取，既重视短期经济效益也要重视长期发展和社会责任，既重视规模扩大也要重视实力做强，既重视现有模式规范也要重视创新经营模式，开拓中介市场“蓝海”，积极学习西方经验，吸取教训取长补短。外部政策助推行业和中介模式发展，内部调整和创新取得切实进步，中国保险行业和中介模式的快速发展指日可待。

附　　录

附录 1

中国保监会关于深化保险中介市场改革的意见

保监发〔2015〕91 号

机关各部门，各保监局，培训中心，中国保险行业协会，中国保险学会，中国精算师协会，中国保险资产管理业协会，中国保险保障基金有限责任公司，中国保险信息技术管理有限责任公司，各保险公司，各保险中介机构：

保险中介是保险交易活动的重要桥梁和纽带，经过多年发展，我国保险中介市场已经成为保险市场重要组成部分，在销售保险产品、改进保险服务、提高市场效率、普及保险知识等方面发挥了重要作用，促进了保险市场的健康快速发展。但总体看，保险中介市场尚处于发展的初级阶段，与加快发展现代保险服务业的要求和广大保险消费者的期待相比，还存在一定差距。为进一步促进保险中介市场健康规范发展，现就保险中介市场改革提出如下意见。

一、指导思想、总体目标和基本原则

（一）指导思想和总体目标

全面贯彻党的十八大和十八届二中、三中、四中全会精神，落实《国务院关于加快发展现代保险服务业的若干意见》（国发〔2014〕29 号）战略部署和保监会深化保险业改革的总体要求，放开放活前端，管住管好后端，健全支持鼓励行业创新变革的体制机制；培育一批具有专业特色和国际竞争力的龙头型保险中介机构，发展一大批小微型、社区化、门店化经营的区域性专业代理机构，形成一个自主创业、自我负责、体现“大众创业、万众创新”精神的独立个人代理人群体；建成功能定位清

晰、准入退出顺畅、要素流动有序的保险中介市场体系；形成主体管控有效、行政监管有力、行业自律充分、社会监督到位的四位一体保险中介监管体系，促进保险中介更好发挥对保险业的支持支撑作用，服务保险业又好又快发展。

（二）基本原则

一是简政放权，放管结合。全面落实中央深化改革精神，尊重市场经济规律，加快转变政府职能，该放的大胆放、放到位、放到底，把经营自主权还给市场；该管的大胆管、管到位、管到底，不折不扣履行监管职责。

二是统筹谋划，分步实施。加强顶层设计，着眼长远发展，增强改革工作的系统性、整体性、协同性；分清轻重缓急，着力解决当前主要问题和矛盾，制定实施的路线图和时间表，渐次推进。

三是支持试点，鼓励创新。积极鼓励有条件的地区和单位先行先试和创新变革，不断总结推广改革成功经验和做法。

二、主要任务

（一）着力完善准入退出管理，建立多层次服务体系

清晰功能定位。坚持保险中介在保险交易活动中接受当事人委托、在保险合同缔结履行各环节提供服务、取得报酬的基本职能定位。坚持保险中介在保险市场上发挥畅通信息、降低成本、促进效率的重要功能。坚持发展多层次、多成分、多形式的保险中介市场体系。

改进准入管理。对专业中介机构，实行先照后证的准入程序，降低注册资本标准，实行公估机构注册资本认缴制；推行专业代理机构许可证分类制度，区分全国性和区域性机构两种类型，建立相应准入要求；适时推进专业代理和公估机构对外开放，扩大外资经纪机构经营范围。对兼业代理机构，坚持商业企业性、窗口便利性、业务兼营性和主业相关性准入标准，实施行业准入清单和代理险种目录，实行法人机构申报资格、法人机构持证、营业网点统一登记制度。对个人代理人，完善执业登记制度。

加强退出管理。完善保险中介机构市场退出标准与程序，逐步形成机构自主退出和监管强制退出有机结合的退出机制。丰富市场退出政策工具，开展经营连续性审查，规范许可证到期换发审查，强化退出标准硬约束，加强执法查处，实现应退尽退，限劣扶优。

（二）着力鼓励推动变革创新，提升中介服务能力

支持专业中介机构创新发展。鼓励专业中介机构提升专业技术能力，在风险定

价、产品开发、防灾防损、风险顾问、损失评估、理赔服务、反保险欺诈调查等方面主动作为，提供增值服务。鼓励专业中介机构走差异化发展之路，专业从事再保险经纪、人身险经纪、车险公估等业务。鼓励专业中介机构积极服务国家“走出去”战略，为“一带一路”和海外项目提供风险管理与保险安排服务。支持专业中介机构在境外设立机构。

鼓励保险销售多元化。鼓励保险公司有序发展交叉销售、电话销售、互联网销售等保险销售新渠道新模式。鼓励专业中介机构探索“互联网＋保险中介”的有效形式，借助互联网开发形成新的业务平台。按照线上线下监管一致性原则，规范电子商务平台等互联网企业开展保险中介服务行为。

推进独立个人代理人制度。坚持以有利于个人代理人职业规划、有利于保险业务发展、有利于有效监管为原则，支持保险公司和保监局大胆先行先试，探索鼓励现有优秀个人代理人自主创业、独立发展。鼓励保险公司积极改革现行个人代理人模式，缩减管理团队层级，完善以业务品质为导向的佣金制度和考核机制。

推动市场要素有序流动。鼓励专业中介机构兼并重组。支持专业中介机构通过资本市场募集资金和交易股权。允许专业中介机构在风险可控前提下，探索管理层股权、期权和员工持股计划等激励机制。

（三）着力强化自我管控，促进行业提质升级

强化专业中介机构治理内控。以全国性机构为重点，制定机构治理和内控指引，建立结构完整、责权明确、运转有效的公司治理体系，完善业务、财务内控制度。强化法人机构和高级管理人员管理责任。

强化兼业代理机构保险业务管理。建立兼业代理机构代理保险业务的内控制度和管控机制指引，明确法人的主体责任，实行书面合规承诺和合规责任人制度。

强化保险公司中介业务管理。明晰保险公司落实中介业务管控责任的监管标准和要求，推动保险公司自上而下完善管控中介业务的组织架构和规章制度。加强保单基础信息真实性监管，推动保险公司规范保单内容与格式，在保单上真实完整反映业务渠道信息。逐步实行中介费用集中支付。

强化机构信息化建设。研究提出保险中介机构经营管理信息化标准要求，推动保险中介机构与保险公司业务、财务管理系统对接和数据自动校验，加强保险公司中介业务全流程信息系统管控。

（四）着力加强监督管理，全面提升行政效能

加强非现场监管。完善专业中介机构信息登记与报告制度，建立兼业代理机构

保险业务数据报送制度，加强中介市场风险监测。改进分类监管，完善指标体系。实行保险中介机构代收保费账户和佣金账户登记备案制度。全面推行专业中介机构和兼业代理机构缴纳保证金和投保职业责任保险制度。推动建立专门的相互保险组织，专业负责保险中介行业的职业责任保险保障和风险防范。

改进现场检查。加快建立检查对象和检查人员随机抽取的“双随机”现场检查制度，开展定期综合检查、不定期专项检查和临时监管巡查。

提升监管手段。运用大数据、云计算等技术手段，开发运用新型监管信息平台，形成监管部门、保险公司、中介机构、从业人员的有效对接，在平台上实现机构人员统一、交易实时清晰、监管及时有效、服务公开透明。

完善监管制度。完善法规制度体系，全面修订监管规章，清理规范性文件，尽快建立以《保险法》为基础、以部门规章为主体、以规范性文件为补充的保险中介监管法规制度体系，构建保险中介市场发展与监管的长效机制。

强化监管机制。全面落实属地监管，各保监局对辖区内保险中介机构、人员和保险中介业务全面履行监管职责。全面加强系统联动，以保险中介机构法人所在地保监局为枢纽，健全监管信息通报共享制度，加强重大监管行动协作。

（五）着力加强组织建设，注重行业自律作用

支持发展保险中介行业组织。尽快推动成立中国保险中介行业协会，鼓励有条件、有意愿的地区根据当地实际和市场需要，成立地方性保险中介行业组织。

支持行业组织发挥作用。建立分类分层次的从业人员测试制度，开展继续教育与培训，完善全行业统一的执业登记体系。构建保险中介机构服务评价体系和独立个人代理人综合评级制度，健全完善保险中介机构和从业人员诚信记录及失信惩戒机制。

推动行业组织搭建平台。建立重大风险项目和行业人才信息平台，开发专业中介机构股权登记转让系统。

（六）着力加强信息披露，发挥社会监督效力

强化机构信息披露义务。建立健全保险中介机构基本信息定期披露和重大信息不定期披露制度，加强产品销售、理赔服务等各环节的信息披露。强化保险中介从业人员从业过程中的信息告知义务。建立经纪机构佣金收取方式和比例向客户公开制度。

完善监管信息披露制度。建立多元化的信息披露渠道和平台，加大机构概况、行业信息、行政许可、行政处罚等监管政务信息的对外披露力度，方便社会公众查

询，发挥社会监督作用。

三、保障措施

（一）加强组织领导。深化保险中介市场改革工作，涉及监管理念转变和市场机制调整，与保险业市场化改革、保险市场运行机制变革紧密相联，各单位要加强统筹，有重点、有步骤、有秩序地抓好落实和推进工作。保监会成立保险中介市场改革工作领导小组。领导小组由保监会党委委员、副主席黄洪担任组长，成员包括办公厅、财险部、人身险部、中介部、国际部、法规部、统信部、稽查局等部门的主要负责人。各保监局应根据本地区情况，成立由主要负责人牵头的相应工作机构。

（二）加强内部协作。保监会有关部门和各保监局要从大局出发，以高度的责任感、使命感和改革创新精神，切实履行职责，加强协调配合，财产险、人身险、保险中介领域改革要紧密结合，合力推进深化保险中介市场改革工作，确保改革顺利实施、取得实效。

（三）密切外部协调。严格与党中央、国务院确定的商事制度改革、行政审批制度改革的方向和要求保持一致，密切关注工商、税务等部门在商事制度、税收制度等方面的改革举措及进程，积极加强沟通协调，努力争取和谐顺畅的外部政策环境。

（四）加强宣传引导。保监会有关部门和各保监局要高度重视改革举措的宣传舆论工作，及时做好政策解读，正确引导行业预期，最大限度凝聚行业共识，形成行业改革合力，共同推进保险中介市场改革工作。

中国保监会

2015 年 9 月 17 日

附录 2

2017 年 10 月 25 日，由国内首家全国性保险销售服务公司——大童保险服务举办的“回归本源　共赢未来”2017 保险产品供应商大会在北京召开。

本次大会很荣幸地邀请到来自政府部门、近百家保险公司、保险专业中介公司、金融机构、知名企业、高校智库和主流媒体等各方人士 400 余名。嘉宾和媒体的悉数到场充分体现了社会及行业对大童高速发展的关注与认可。

大会邀请的特别来宾有国务院发展研究中心金融研究所保险研究室副主任、教授、博士生导师朱俊生，中央财经大学保险学院副院长、中财·大童保险中介研究中心主任徐晓华，北京保险行业协会秘书长陶立新，大童创始人及名誉董事长林克屏以及安永会计师事务所咨询合作人付振平。与会嘉宾在此增进了解、凝聚共识，并积极建言献策，为促进中国保险业在新时代的大发展发挥重要推动作用。

会上，中财·大童保险中介研究中心主任徐晓华先生发布《中国保险行业及中介模式发展分析报告》，首次权威公布中介市场发展情况，以下为徐晓华先生的报告实录。

首先，我想先说明一下，在数据研究的过程中，我发现全球保险市场的数据报告铺天盖地，但是有关保险中介的数据和报告却少之又少，甚至国内保险行业最权威、最核心的发布平台《保险年鉴》中关于保险中介的数据都缺失严重。2010 年之前，保监会的中介部每年发布的中介报告都会有非常详细的数据，之后的报告却越来越简略，甚至 2013 年之后不再发布中介报告。所以我们能够找到的数据和资料寥寥无几。此外，保险中介领域的上市公司屈指可数，这方面的研究基础也并不充足。整理出这份报告的确不易，希望大家能够对这份报告给予关注。目前这份报告的数据只更新到 2015 年，计划此报告会在春节前后出版，届时数据会更新到 2016 年，出版的时候会通过大童的官方微信公众号广而告之。

这份报告原本我是想用《蓬勃发展中的保险专业中介》为主题的，但是当整份报告完成之后，我将题目改为《创新发展中的保险专业中介》，因为通过数据发现，专业中介现在的发展还不够蓬勃，而也正是因为还不够蓬勃，所以当下正是发展的机遇期。

一、全球保险业市场的发展情况

从整个保险市场的总量来看，全球主要发达市场是北美洲和欧洲，占据着整个保险市场的大半壁江山。北美洲直接保费总收入 1.47 万亿美元，欧洲 1.42 万亿美元，总和占到全球保险市场将近 70%。中国在 21 世纪初居全球第 16 位，到 2016 年已经跃升到全球第三位，与第二位之间相差无几，预计 2020 年将超过日本，成为全球第二大市场。届时亚洲的保费可以占到全球保险市场的三成，与北美洲、欧洲形成三足鼎立的格局。

从 2014 年开始，新一轮的承保周期中，发达市场和全球市场寿险都是呈下降趋势，但新兴市场因为中国因素的存在，呈现加速增长的态势。国内寿险是以加速在增长，财产险非寿险相对是以降速在增长，原来财产险有 20% 的增长，而去年却只有 10% 左右。

我们专门做了中国对全球市场的贡献度的分析。2016 年全球寿险增长了 2.5%，整个亚洲发达市场和大洋洲都为负增长。而中国的贡献超过了 2.3%，也就是整个全球寿险的增长中 90% 是中国贡献的。2016 年全球非寿险增长了 4%，其中 2% 是中国贡献的，这是国内保险业从小到大、从大到强的格局反映。

新兴市场国家由于中国因素的存在，市场份额呈现递增趋势，2010 年全球市场份额仅仅只占 15%，2016 年增长至 19.7%，根据目前情况分析 2017 年将超过 20%。

通过数据，我们可以看出全球保险市场的前景基本可以归为五个方面。第一，产品创新驱动保险业增长，这是国际国内共同面临的命题。第二，数字时代推动寿险业变革，全球都关注数字技术，科技对保险行业的改变需要我们持续去关注。第三，巨灾保险弥补保障缺口，巨灾保险保障广受关注，巴菲特对未来十年以后的再保险市场相对比较看淡，原因之一是认为无论是自然灾害还是人为事故，整体的巨灾发生概率和损失程度都在持续上涨，所以再保险赚钱的概率很小，目前他已经撤出了两家欧洲再保险公司的股权，中国例外，因为中国的再保险市场不够充足，这是一个新的趋势。第四，发达市场保险业的转型。发达保险市场受到宏观经济持续低迷的影响，尽管整个全球经济已经开始复苏，但是通货紧缩周期尚未结束，可能还要再持续两年。包括中国今年的资本市场相对比较平稳的表现，也只是一个短期现象，未来两年可能还有余热，促使发达市场保险业转型。第五，新兴市场潜力巨大。

二、国内保险市场的发展现状与趋势

中国保险市场保险深度占 GDP 的比重是以圆弧形的方式在发展，2016 年已经达到 4.1%，“十三五”规划中的目标是 5%，但确实有一定的难度，目前情况来看达到4.5%问题不大。保险密度，人均支付的保险费一路上扬，主要归功于寿险业的贡献，2016年人均保费支出达到2 200元人民币。香港市民人均每年支付的保险费是4 500元美元，将近3万元人民币。列举另外一个数据，深圳市2016年人均城镇居民可支配收入是4.4万元人民币，农村人口的居民可支配收入是1.5万元人民币，国内最发达的深圳城镇居民2/3的收入相当于香港市民支付保费的开支，深圳的农村人口平均可支配收入，只相当于香港市民每年花费保险费的一半。目前我国总体上、规模上、宏观上都已经做大做强，老百姓也正处于变强的过程中，所以我非常看好保险业的前景。

2014年“国十条”发布以后，学界、业界都很兴奋、掌声雷动。很多学者认为保险业迎来了黄金10年甚至黄金20年。但是2016年保险资金受创，银保的万能险、短期险被叫停以后，很多人灰心了。但是我依然相信黄金10年的判断，我的依据简单来说分为六条。

第一，国民经济发展扩张保险需求。未来我国经济还有10年甚至30年保持中高速增长，维持6%~7%的增长率，10年以后GDP将翻一番，所以经济发展对整个保险业的需求刺激非常大。

第二，经济、人口结构转型与服务业发展。在我国整个经济结构占比当中，服务业2015年第一次超过50%，2016年达到51.36%，今年第一季度服务业的占比达到56%，所以服务业未来将成为国民经济的主要支柱及主要的发展原动力。

与保险销售有关的，我也关注了一个报告，随着经济发展，随着居民财富的增加，越富有的人对保险的需求越稳定，越依赖中介机构提供保险咨询。相反财富越少的人越依赖自己做决策，所以我国对中介市场的需求日益增长。

很多人认为今年的形势不好，短期险叫停导致银保很多的保险公司都瘫痪了，但是寿险行业实现27%的增长完全没有问题，为什么？因为有需求的烘托。

第三，保险等非银行金融股票持续增长。

第四，国家层面的各种政策红利。国家在政策上给予购买养老保险产品个人税收优惠。

第五，监管环境改善带来的行业变化。

第六，科技发展带来新机遇，大数据与互联网金融。

写这份报告的时候我与大童的领导进行了充分且深入的研讨，对保险专业代理机构的先进性做了简单的总结。

第一，保持代理业务的独立性，帮助托管人客观地选择产品。任何一家保险公司都不可能声称自己公司的产品是行业中最好的，也许某一款产品是市场中最好的，但不是全系列每个产品都是市场最好的。专业代理可以帮助消费者在所有保险产品中挑选最适合的产品，将最适合的产品“强强联合”组合在一起，这就是保险专业代理最大的优势。

第二，自觉提高专业能力和服务水平。专业化分工就是为了提高专业能力和服务水平，从而更好发挥保险职能。

第三，产销分离模式使保险行业向集约化发展，促进保险资源优化配置。

第四，借助互联网平台实现转型升级，提升保险服务水平。

国外的保险中介成功案例有很多，比如 LPL 金融集团，是美国最大的独立财富公司，它本身不提供保险产品，就是为独立代理人服务，这跟大童的战略模式完全一致。2015 年为 1.4 万名独立财务顾问提供平台支持，提供超过 4.6 万个退休养老计划，总营收 40.5 亿美元，税前利润 2.98 亿元，这是一个成功的典范。

专业代理机构是保险专业中介渠道中比重最大的部分，占专业中介渠道保费收入的 50%，但占全国总保费收入仅为 4% ~5%，并且其中财产险保费收入 1 064.1 亿元，人身险保费收入只有 87.6 亿元。我一直认为专业代理公司是以寿险为主的，但是看到数据之后，彻底颠覆了我曾经的看法，所以寿险板块的确还有很大的开拓空间。与此相应，个人代理人渠道保费收入逐年大幅提高。2015 年占比 38.1%，其中，财产险保费收入 1 719.1 亿元，占全国财产险保费收入的 20.4%；人身险保费收入 7 532.7 亿元，占全国人身险保费收入的 47.5%。（个人）代理人依然是中介市场的中坚力量。

三、保险中介主体的应对之策

我想对保险专业中介提出四点建议：

第一，打造企业文化，培养专业人才，坚持专业化发展。

第二，加强内控机制，提高风控管理水平。

第三，形成品牌优势，与保险公司培养长期战略合作关系。

第四，创新服务模式，发展咨询模式。

我认为保险营销员是寿险行业发展的基石，只是中国从 1980 年开始，改革开放国内保险业到现在将近 40 年的时间里，整个保险行业对待保险营销员是不太公平的。我认为大童为保险代理人打造了一个创业平台，让他们能够有归属感，并给予五险一金以及应有的福利待遇，这是解决营销员顾虑和提供保障的最好方式。

其实像大童这样举着大旗发展保险中介的公司，在国内整个保险行业中少之又少，所以我们应该为之喝彩。谢谢大家！

附录3

专业分工开启寿险新时代①

近日，南京迎来江苏省保险大咖秀千人盛会，专家学者就保险中介如何创新发展、转型发展、规范发展，提升保险中介服务消费者的能力畅所欲言。作为保险大咖秀主讲嘉宾，大童保险销售服务有限公司（以下简称大童保险）董事长兼总裁蒋铭的“专业分工开启寿险新时代”主旨演讲，引起与会者共鸣。

大童保险成立九年来已成长为保险中介的旗舰，见证了保险业的黄金发展和行业转型。对于回归保障本源有什么更好的路径？百度、阿里巴巴、腾讯（BAT）的介入，对行业是喜是忧？互联网是否会加大去中介化，保险中介的存在对消费者有何意义？围绕这些问题，记者对蒋铭进行了专访。

专业保险中介助力行业回归本源

前不久，百度、阿里巴巴、腾讯纷纷进入保险中介领域，业界给予很多关注。而国外保险中介又是怎样的发展模式？

对此，蒋铭引用了美国一家保险公司的数据：2017 年美国股权投资人寿公司第三季财报显示，这家成立于 1995 年、全职雇员仅 490 人的中介公司，实现净利 5 695.7万美元。而对比国内同等利润水平的保险公司，员工至少要在该公司的 10 倍以上。原因在于，美国这家企业通过 45 个全国销售组织和 2 700 名独立经纪人形成销售网络，免去了自建队伍的运营成本，实现了专业化分工，并在众多保险中介公司中脱颖而出。

在蒋铭看来，产销分离、专业化分工不仅降低了保险公司的经营成本，收获大量优质业务，中介平台更是赋予了消费者充分的选择权，促进了市场产品流通和充分竞争，使消费者享有质优价廉的产品。可以说，专业中介搭建起了消费者与保险公司之间的桥梁。

蒋铭说，保险公司，特别是近些年成立的新的保险公司，如果在资源条件有限、企业特色不突出的情况下，通过与专业中介通力合作，可以甩掉自建队伍的前期庞大投入，更加专注于产品研发等其他环节，从而有望实现弯道超车。

---

① 资料来源：蒋铭．专业分工开启寿险新时代［N］．中国保险报，2017 - 11 - 23.

从美国的经验来看，独立代理人制度推行已有 30 年，目前美国保险代理人中一半左右为独立代理人、经纪人。美国部分保险公司只专注于产品开发，并率先实现盈利。发达国家在产销分离道路的发展上已趋于成熟，保险中介灵活的平台大幅优于传统保险公司专属销售渠道，专业化分工最优的组合将带来巨大的效率变革。保险中介率先崛起，将带动其他板块的专业化分工，助力保险保障的回归。

保险中介具有“专业”“高门槛”特点

对于当前中介牌照“吃香”的现象，蒋铭分析认为，导致保险中介市场飞速发展的原因是多方面的，这与监管政策、保险公司数量增长不无关系。大量资本和优秀人才的涌入，移动互联技术的大规模运用，以及标杆性中介快速崛起的示范效应都起到了推动作用。他预测，随着互联网巨头的涌入，2018 年，中介市场竞争将会持续加剧，而保险科技将是未来竞争的重点。正是在这样的大好形势下，大童保险 2017 年全年保费规模将达 45 亿元，2018 年业务规模将达到 100 亿元。

根据他的预估，今年寿险中介新单保费市场规模会突破百亿元，这是寿险中介发展史上的里程碑——第一个百亿元。中介市场在 2013 年泛鑫事件以及保监会 2014 年整顿清理后，2015 年起行业连续 3 年实现增速 100% 以上的发展，业务品质得到持续优化，根据不完全统计，专业中介从业人员超过 40 万人。专业中介已经成为中国保险市场不可忽视的新生力量。

蒋铭认为，专业中介的专业门槛日趋提高，而 BAT 巨头加速进场进一步提高了行业的竞争准入。

对 2018 年中介市场发展趋势，蒋铭有四个预测：

第一，寿险中介的保费将保持高速增长态势。寿险作为核心业务板块，2018 年新契约的增长率将保持 50% 以上的增速，寿险中介市场保费规模将突破 150 亿元。

第二，财险中介增速稳定，日趋规范。由于税收制度、监管规范的要求，促使传统财险中介转型，专业型的中介将在财险保费增长中扮演重要角色。

第三，2018 年保险中介市场竞争会持续加剧，更多巨头会涌入这个领域。

第四，保险科技会成为中介发展的重要竞争点和分水岭。

互联网时代是挑战更是机遇

许多专家认为，互联网存在去中介化的特质，但是在蒋铭看来，互联网不会去中介化，而是推动保险中介进行升级和转变。同时，互联网也是一种“新中介”，它不受地域限制，传播速度快，信息交互对称。

蒋铭直言，大童保险在互联网的探索上曾走过弯路，曾经的大童网一直在做保险超市，投入很大，却失败了。这给大童保险的启发是，保险中介的互联网探索最重要的应该是定位准确。另外，保险中介应要弄清互联网化不是网上卖保险，对大童的思考是如何用互联网提高整个效率，提高业务员的交易效率，提高业务员的学习效率，提高客户的信息获取效率，提高理赔的效率，提高整个公司的管理效率。

据介绍，2015 年大童保险推出内部的 O2O 战略，而最重要的板块是线上互联网保险平台“快保”，这是一款基于手机移动端的服务于代理人的 APP。截至 10 月底，记者获得的数据是，“快保”用户 40 万人，保费收入达 2 亿元，服务客户 70 多万人，交易件数超 100 万件。“预计这个数字在明年还会以高速递增。”蒋铭说。

最初大童保险设计“快保”的时候，只是打算用于销售简易型保险，但是从去年开始，“快保”转型变成代理人和机构网点的服务平台。目前“快保”上可以实现从事前的计划书、事中的交易保单，事后的业绩查询、客户数据的追踪，到理赔的全流程电子化服务。此外，经过两年的发展，“快保”已经成为大童保险每一名代理人学习、培训、展业的重要支持工具。由此，大童保险实现了线上“快保”、线下营业网点的完美融合。

2017 年“快保”上线寿险“电投”、车险“电投”以及高端医疗全流程交易服务，极大提升运营效率。明年大童保险将坚持快速发展，做到所有供应商都能够享有电子化投保的服务与支持。另外，“快保”上线电子化计划书组合功能，实现了将多个公司的多款产品组合在同一份综合计划书中，成为全行业第一个可以进行跨公司、跨产品组合的软件。

蒋铭称，大童保险希望能够打造一个中介行业最领先、最智能化、最具内涵价值的运营服务平台，希望能够创办一家具有高科技感的专业化中介企业。

探索“买对赔好”，始于为客户创造价值的初心

党的十九大报告提出，中国特色社会主义进入了新时代，我国社会主要矛盾已经转化为人民日益增长的美好生活需要和不平衡不充分的发展之间的矛盾。新起点、新要求，满足人民对美好生活的向往成为我国今后发展的新目标。蒋铭认为，满足保险需求也属于人民实现美好生活的方式之一，而消费者对保险的最基本需求其实就是买得明白、赔得安心，大童保险今年向消费者提出的宣言是——“买对赔好”。

蒋铭坦言，被公众诟病的“理赔难”其源头其实是没买对。因此，大童保险首先解决的问题是“买对”，让消费者能够买到最适合的保险产品，充分享有保险的

选择权、组合权。为此，大童保险用了6年时间，研发出一套以客户为中心、以家庭为单位、以需求为导向的专业化咨询服务模式（DOSM），并获得了国家知识产权专利保护。目前，公司已对1万余名代理人进行了深入培训，将保险从推销时代推进到咨询时代，帮助客户解决购买的迷茫，从源头上改善消费者服务体验。

为了让消费者在大童可以享受“一站式”服务，为客户打造有温度的理赔平台，实现客户利益最大化，今年5月26日，大童推出“好赔”品牌，并与安心保险携手进行了理赔服务的电子化改造，实现了全流程电子化，代理人可以直接线上申请理赔，节约了流通环节，并且减少了审核工作。这是科技带来的效率革命。

据蒋铭介绍，“好赔”推出至今，大童保险处理案件共计1 610件，其中1 182位客户获得了比以往更好更快的理赔服务体验。此外，理赔的电子化显著提高了效率。自今年5月“好赔”上线后，大童保险7天平均结案率达到50%，30天结案率达到88%，近九成客户能在一个月内完成案件结算。今年10月16日“好赔”2.0升级版发布，大童保险正式推出一批专业“好赔”专员，为客户提供理赔上门代办服务，代理人线上提交“好赔”服务申请，即可对理赔服务流程清晰可见。短短不足一个月，已接单30余件，得到消费者的广泛认可。同时，大童保险明年初还将上线“保单托管账户”，为消费者进行所有保单的梳理和后续服务工作。也就是说，“买对”环节整合销售资源后，大童保险进而对理赔服务环节进行整合。

对于大童的下一步发展思路，蒋铭称，明年是大童保险成立十周年，公司已提出了百亿元销售额的目标；同时，以消费者利益为核心，深化“买对赔好”和“互联网科技”战略。除在主营业务领域努力保持领先外，大童保险还在布局上下游产业链，目前正在申请公估公司牌照，明年有望设立TPA健康管理公司，力争到2020年跻身全球前十的专业保险中介集团。

参考文献

[1] 安永．建设更美好的退休世界［R］．美国：安永集团，2014．8.

[2] CARLOS ARTETA. 2018 年全球经济为何将强劲增长？为何依然受到关注?：十幅图告诉您答案［DB/OL］．（2018－01－10）．http：//blogs. worldbank. org/voices/ch/why－2018－global－growth－will－be－strong－and－why－there－still－cause－concern－10－charts.

[3] 陈功，阎国顺．对我国保险专业中介发展问题的思考［J］．保险研究，2012（1）：96－101.

[4] 陈劲．金融科技让保险更有温度［J］．中国金融，2017（14）：54－55.

[5] 陈文辉．东南亚保险市场研究［M］．北京：中国金融出版社，2015：92－93.

[6] 迟翔．保险中介机构如何应对挑战［N］．金融时报，2016－03－16（012）．

[7] 崔惠贤，高宇．保险中介的制度经济学分析［J］．经济研究导刊，2007（11）：80－81.

[8] 崔惠贤．对我国保险中介制度的探讨［D］．天津：天津财经学院，2000.

[9] 崔惠贤．我国保险中介制度的模式选择及路径安排——基于制度经济学的视角［J］．华东理工大学学报（社会科学版），2007（4）：43－48.

[10] 崔启斌．独立代理人制化解保险营销员身份尴尬［N］．北京商报，2015－09－24（007）．

[11] 达信．全球保险市场指数［R］．美国：达信保险经纪，2018.

[12] 达信．管理您的网络风险态势：从风险转移到业务持续性管理［R］．美国：达信保险经纪，2017．3.

[13] 丁元昊．巨灾保险需求研究——基于需求行为的实证［D］．成都：西南财经大学，2012.

[14] 杜菲．责任保险市场需要全行业合力开拓［DB/OL］．（2014－10－28）．

http：//www. sinoins. com/zt/2014 -10/28/content_ 132990. htm.

［15］凤凰网财经．保监会副主席：2017 年或是保险资金运用非常困难的一年［DB/OL］.（2017 -02 -09）. http：//finance. ifeng. com/a/20170209/15186654_ 0. shtml.

［16］付秋实．一图了解 2018 年全国保险监管工作会议［DB/OL］.（2018 -01 -23）. http：//mp. weixin. qq. com/s/_ 9RdEWA -0zaktXl4JJqiyg.

［17］傅榕．我国保险中介市场发展问题及其分析［J］. 现代商业，2016（15）：30 -31.

［18］郭乃筱．我国保险监管发展现状及对策［J］. 经营管理者，2017（4）：11 -11.

［19］郭伟莹．众安保险陈劲谈十九大报告：向服务保险生态目标前进［DB/OL］.（2017 -10 -19）. http：//finance. china. com. cn/news/20171019/4414823. shtm.

［20］国际货币基金组织．世界经济展望［R］. 华盛顿：国际货币基金组织，2011—2017.

［21］国际货币基金组织．Brighter Prospects，Optimistic Markets，Challenges Ahead［EB/OL］.（2018 -01 -11）. http：//www. imf. org/en/Publications/WEO/Issues/2018/01/11/world -economic -outlook -update -january -2018.

［22］国务院．《关于保险业改革发展的若干意见》（国发〔2006〕23 号），2006 -06 -26.

［23］韩宋辉．2016 年保险业十大政策［DB/OL］.（2016 -12 -31）. http：//www. jiemian. com/article/1046239. html.

［24］韩亚男．浅析保险专业中介机构对保险业的提升作用［J］. 经营管理者，2014（1）：50.

［25］和讯网保险．2017 年保险业原保费收入超过 3 万 6 千亿 增速放缓同比下降 9. 34%［DB/OL］.（2018 -01 -22）. https：//mp. weixin. qq. com/s/gIVfO1dFx YQUqc-qBL1cJ1g.

［26］胡鞍钢，张新．2017 年中国经济亮点回眸　高质量发展迈出一大步［DB/OL］.（2018 -01 -22）. http：//finance. people. com. cn/n1/2018/0122/c1004 -29777759. html.

［27］黄万丁，孔月红．基于制度经济学的我国保险专业代理机构发展研究［J］. 上海金融，2012（7）：37 -41 +11.

［28］吉昱华．保险业在服务国家“一带一路”倡议方面大有作为［DB/OL］.（2016 -09 -23）. http：//www. financialnews. com. cn/xlbd/2016sczl/201609/t20160923_105133. html.

［29］江生忠. 保险中介创新发展是转变保险业发展方式的重要途径［N］. 中国保险报，2013 - 01 - 16（008）.

［30］江生忠，薄滂沱. 商业养老保险及其产业链延伸国际比较［M］. 天津：南开大学出版社，2015：55 - 76.

［31］焦清平. 我国保险中介市场发展改革的模式选择及路径安排［J］. 甘肃金融，2015（8）：9 - 11.

［32］寇业富，陈辉，张宁，刘达. 保险蓝皮书——中国保险市场发展分析（2016）［M］. 北京：中国经济出版社，2016.

［33］兰虹，孙蓉. 保险学基础［M］. 成都：西南财经大学出版社，2003.

［34］冷翠华，周延礼. 保险科技是保险业转型发展的核心竞争力［DB/OL］.（2017 - 11 - 21）. http：//insurance. jrj. com. cn/2017/11/21193823674302. shtml.

［35］李晨惠. 我国保险中介市场现状与问题分析［D］. 成都：西南财经大学，2013.

［36］李洁. 中国保险中介发展研究［D］. 西安：陕西师范大学，2002.

［37］李孟刚，李文锐. 中国保险产业的政府规制及其优化策略［J］. 理论探讨，2017（3）：91 - 95.

［38］联合国经济和社会事务部. World Population Prospects 2017［R］. 华盛顿：联合国，2017.

［39］刘冬姣. 保险中介价值创造能力分析［J］. 中国金融，2015（24）：51 - 52.

［40］刘颖. 论我国保险中介市场的问题及对策［D］. 郑州：河南大学，2014.

［41］刘长宏，孙武军，张楚清，等. 保险知识产权保护研究［J］. 金融纵横，2017（2）：71 - 80.

［42］卢荡. 试论我国保险行业监管问题［J］. 现代职业教育，2017（3）：191 - 191.

［43］陆定国. 我国互联网保险发展研究［D］. 成都：西南财经大学，2014.

［44］吕卓. 我国保险业声誉假设研究［D］. 大连：东北财经大学，2016.

［45］美国再保险. 你不知道的保险新玩法［EB/OL］.（2017 - 03 - 23）. http：//mp. weixin. qq. com/s/UnQ3FkJZIrn - P4ZoSLo0hw.

［46］美国再保险. 全球保险产品创新趋势——亚洲篇［EB/OL］.（2017 - 03 - 09）. https：//mp. weixin. qq. com/s/Y516dXGhFKCzdYlVPb2wpg.

［47］慕尼黑再保险. Blockchain - More than just bitcoins［EB/OL］.（2016 - 05 - 02）. https：//www. munichre. com/topics - online/en/2016/05/blockchain - more - than - just - bitcoins.

［48］慕尼黑再保险．Data analytics in the insurance industry［EB/OL］．（2017－04－13）．https：//www.munichre.com/topics－online/en/2017/04/data－analytics－in-surance－industry#furtherinformation.

［49］慕尼黑再保险．5 Q&As about the new InsurTech Hub Munich［EB/OL］．（2017－07－02）．https：//www.munichre.com/topics－online/en/2017/07/insurtech－hub－munich.

［50］乔小明．中国保险中介市场的演化与发展［J］．湖南财政经济学院学报，2017，33（01）：84－90.

［51］秦金月．中共十九大开幕，习近平代表十八届中央委员会作报告［DB/OL］．（2017－10－18）．http：//www.china.com.cn/cppcc/2017－10/18/content_41752399.htm.

［52］瑞士再保险．Can you name the“unthinkable”liability catastrophes?［EB/OL］.

［53］瑞士再保险，HERE．未来的机动车保险［R］．瑞士：瑞士再保险集团，2016.8.

［54］瑞士再保险经济研究及咨询部．Sigma［R］．瑞士：瑞士再保险集团，2011—2017.

［55］瑞士再保险经济研究及咨询部．The Future of motor Insurance［R］．瑞士：瑞士再保险集团，2016.

［56］瑞士再保险经济研究及咨询部．财产风险保障不足：弥补缺口［R］．瑞士：瑞士再保险集团，2015.1－18.

［57］瑞士再保险经济研究及咨询部．小额保险：40亿人的风险保障［R］．瑞士：瑞士再保险集团，2010.9－10.

［58］瑞士再保险经济研究及咨询部．Global Insurance review 2017 and outlook 2018/19［R］．瑞士：瑞士再保险集团，2017.15.

［59］瑞士再保险经济研究及咨询部．亚洲责任险［R］．瑞士：瑞士再保险集团，2015.4.

［60］瑞士再保险经济研究及咨询部．责任险理赔趋势：新兴风险与反弹的经济驱动因素［R］．瑞士：瑞士再保险集团，2014.29－30.

［61］瑞士再保险经济研究及咨询部．中国“一带一路”规划，及其对商业保险的影响［R］．瑞士：瑞士再保险集团，2016.17－20.

［62］瑞士再保险经济研究及咨询部．解读水运和航空保险业的最新发展［R］．瑞士：瑞士再保险集团，2013.9.

［63］瑞士再保险经济研究及咨询部．新兴市场中的健康生活：保险可助一臂之力［R］．瑞士：瑞士再保险集团，2015.17.

［64］瑞士再保险经济研究及咨询部．2014 年度世界保险业：恢复生机［R］．瑞士：瑞士再保险集团，2015．15－16.

［65］瑞士再保险经济研究及咨询部．2015 年度世界保险业：保费稳步增长，区域发展不均衡［R］．瑞士：瑞士再保险集团，2015．21.

［66］瑞士再保险经济研究及咨询部．非寿险市场产品创新："大""小"创新并存［R］．瑞士：瑞士再保险集团，2011．10.

［67］瑞士再保险经济研究及咨询部．网络时代：应对复杂风险［R］．瑞士：瑞士再保险集团，2017．13.

［68］瑞士再保险经济研究及咨询部．我们将如何提供护理？为老龄化社会寻找可持续的长期护理解决方案［R］．瑞士：瑞士再保险集团，2014．25－27.

［69］瑞士再保险经济研究及咨询部．数字化保险分销模式：一场无声的革命［R］．瑞士：瑞士再保险集团，2014．19.

［70］瑞士再保险经济研究及咨询部．新兴市场的城市化进程［R］．瑞士：瑞士再保险集团，2013．15.

［71］瑞再研究院．2016 年度世界保险业：中国增长态势强劲［R］．2017.

［72］申雪娇．周延礼：保险业是朝阳行业具有巨大的发展潜［DB/OL］．（2016－05－29）．http：//insurance. jrj. com. cn/2016/05/29121221010953. shtml.

［73］苏黎世保险．Our World Transformed：Geopolitical Shocks and Risks［R］．瑞士：苏黎世保险集团，2017.

［74］孙武军，黄唯怡．专业保险中介市场运行机制的经济学解释——基于双边市场理论的视角［J］．南京社会科学，2014（7）：20－26.

［75］泰国保险委员会办公室．**ผลการดำเนินงานของธุรกิจประกันชีวิตประจำปี**. 2558［R］．泰国：泰国保险委员会办公室，2016.

［76］泰国保险委员会办公室．Performance of the Life Insurance Business in 2015［R］．泰国：泰国保险委员会办公室，2016.

［77］泰国保险委员会办公室．**ส่วนแบ่งตลาดเบี้ยประกันภัยรับโดยตรงของธุรกิจประกันชีวิตประจำไตรมาส** : ไตรมาส 2 ปี. 2560［R］．泰国：泰国保险委员会，2017.

［78］泰国保险委员会办公室．Market Share of Direct Premiums of Life Insurance at The Quarter 2 in 2017［R］．泰国：泰国保险委员会，2017.

［79］泰国保险委员会办公室．**ส่วนแบ่งตลาดเบี้ยประกันภัยรับโดยตรงรวมทุกประเภทประจำปี**. 2558［R］．泰国：泰国保险委员会办公室，2016.

［80］泰国保险委员会办公室．Market Share of Direct Premiums of All Types for the

Year 2015 ［R］. 泰国：泰国保险委员会办公室，2016.

［81］唐金成，唐思．发达国家保险中介市场比较及经验借鉴［J］. 西南金融，2017（2）：71 –76.

［82］仝宗莉、蒋琪．2017 保险业为全社会提供风险保障 4154 万亿元 同比增 75%［DB/OL］.（2018 – 01 – 23）. http：//news. sina. com. cn/c/2018 – 01 – 23/doc – ifyqtycx2304593. shtml.

［83］汪升兰，王和．政府政策为责任保险创造巨大市场机会［EB/OL］.（2015 – 01 – 17）. http：//insurance. hexun. com/2015 – 01 – 17/172482501. html.

［84］王蕾，丁开艳．十九大报告中金融业的机会与使命——宏观经济［DB/OL］.（2017 – 10 – 18）. http：//mp. weixin. qq. com/s/vp5 – attJjY7Oat16znY7PA. 2017 – 10 – 18.

［85］魏华林，林宝清．保险学［M］. 北京：高等教育出版社，2011.

［86］魏华林，皮曙初．“风险社会”保险业的功能定位［J］. 武汉大学学报（哲学社会科学版），2008，61（4）：474 –479.

［87］魏京婷．保监会副主席陈文辉表示：保险资金运用要把握好三原则［DB/OL］.（2017 – 08 – 17）. http：//finance. ce. cn/rolling/201708/17/t20170817 _ 25062705. shtml.

［88］温燕．我国专业保险代理机构市场需求影响因素实证分析［J］. 保险研究，2009（7）：43 –46.

［89］吴继良．论我国保险中介市场的完善［J］. 商业经济，2014（21）：114 –116.

［90］星河研究院．报告—保险科技：全球格局正在改变．中国已步入第三大保险市场［DB/OL］.（2017 –11 –13）. https：//www. sohu. com/a/204099342_ 635108.

［91］徐爱荣．保险学（21 世纪金融学教材新系）［M］. 上海：复旦大学出版社，2006.

［92］徐大维．区块链技术带来保险行业的创新［J］. 时代金融，2016（30）：264 –267.

［93］许谨良．保险学原理［M］. 上海：上海财经大学出版社，2010.

［94］许闲．保险科技的框架与趋势［J］. 中国金融，2017（10）：88 –90.

［95］姚佳斌，沈健．InsurTech 发展现状概述［J］. 上海保险，2017（4）：36 –40.

［96］怡安集团（新加坡）有限公司．2017 亚洲市场报告［R］. 新加坡：怡安集团，2017.

[97] 印度保险监管与发展署. Handbook on Indian Insurance Statistics 2015 - 16 [M]. 印度：印度保险监管与发展署，2016：3 - 15.

[98] 余龙华. 发挥保险中介在消费者利益保护中的作用 [N]. 中国保险报，2013 - 01 - 09 (008).

[99] 余一君. 保险独立代理人制度实施建议 [D]. 北京：对外经济贸易大学，2016.

[100] 张楚莹. 指数保险的原理及应用 [J]. 金融博览，2017 (6)：58 - 59.

[101] 张芳洁. 保险业发展的路径、影响要素、绩效研究 [D]. 天津：天津大学，2004.

[102] 张晋维. 专业保险代理机构服务营销策略谈 [J]. 黑龙江金融，2006 (7)：43.

[103] 张奎. 我国保险业发展规律的分析 [D]. 武汉：武汉大学，2004.

[104] 张源. 保险专业代理机构发展方向研究 [J]. 现代商贸工业，2015，36 (7)：71 - 73.

[105] 赵雅馨. 对保险中介违规生存模式的思考 [J]. 保险理论与实践，2017 (5)：51 - 59.

[106] 赵玉珍. 新形势下我国保险营销人员队伍建设存在问题与对策 [J]. 淮北职业技术学院学报，2017 (3)：116 - 118.

[107] 郑秉文. 中国养老金发展报告 (2015) [M]. 北京：经济管理出版社，2016：165.

[108] 郑涛. 保险中介对市场效率的提升作用研究 [D]. 吉林：吉林大学，2010.

[109] 周晓颖. 浅谈保险专业中介在互联网时代的机遇与挑战 [J]. 现代商业，2017 (8)：179 - 180.

[110] 周延礼主编. 中国保险年鉴 [M]. 北京：中国保险年鉴社，2016.

[111] 朱玉翠. 我国保险中介市场的现状与发展研究 [D]. 大连：东北财经大学，2010.

[112] 朱志超，李致鸿，赵萍. 中国保险业发展趋势报告 2017 (上)：2016 年保险业发展“八大关键词” [DB/OL]. (2016 - 11 - 29). http：//money. 163. com/16/1129/05/C7128TBE002580S6. html.

[113] 祝伟. 保险中介渠道的作用与监管——美国市场的经验 [J]. 中国保险，2015 (5)：19 - 23.

[114] 庄红韬，赵爽. 保监会副主席陈文辉：保险业助力扶贫由“输血”变“造

血”［DB/OL］.（2017－07－08）. http：//money. people. com. cn/n1/2017/0708/c42877－29391890. html.

［115］邹琪慧．“新国十条”下保险专业代理机构发展前景分析［J］. 上海保险，2015（2）：11－14＋36.

［116］邹旭芳．关于我国保险中介履行社会职能的思考［J］. 现代经济信息，2017（10）：341.

［117］邹茵．保险中介市场的发展与完善［J］. 湖北经济学院学报，2017，14（1）：40－42.

［118］中国保监会，财政部．关于加强保险资金运用管理支持防范化解地方债务风险［DB/OL］.（2018－01－18）. http：//www. circ. gov. cn/tabid/5171/InfoID/4096473/Default. aspx？type＝Apply.

［119］中国保险行业协会．商业健康保险国别研究报告［M］. 北京：中国金融出版社，2015：20.

［120］孙悦．保险与镖局［DB/OL］.（2012－11－13）. http：//roll. sohu. com/20121113/n357490861. shtml.

［121］北京日报．我国大病保险覆盖超 10 亿人　逾 5 亿人拥有家庭医生［DB/OL］.（2017－12－18）. http：//www. sohu. com/a/211291989_ 198066.

［122］中国保险报．中国保险报图解 2018 年全国保险监管工作会议，你要了解的都在这里［DB/OL］.（2018－01－23）. http：//mp. weixin. qq. com/s/SJLMz64zDf1TYqrH9bexqw.

［123］胡达闻．2017 年保险市场发展稳中向好服务实体经济能力增强［DB/OL］.（2018－01－22）. https：//baijiahao. baidu. com/s？id＝1590302798118234138&wfr＝spider&for＝pc.

［124］任国省．2017 保险业偿付能力评估结果出炉［DB/OL］.（2017－01－25）. https：//baijiahao. baidu. com/s？id＝1590545986466949412&wfr＝spider&for＝pc.

［125］Allianz. Blockchain technology successfully piloted by Allianz Risk Transfer and Nephila for catastrophe swap［EB/OL］.（2016－06－15）. https：//www. allianz. com/en/press/news/commitment/sponsorship/160615－blockchain－technology－successfully－piloted. html.

［126］KPMG，LLP. The chaotic middle：The autonomous vehicle and disruption in automobile insurance［R］. U. S：KMPG，2017. 20.

[127] Lloyds. ICMIF Meeting of Reinsurance Officials (MORO) Keynote speech [EB/OL]. (2016-06-07). https://www.lloyds.com/news-and-insight/press-centre/speeches/2016/06/icmif-meeting-of-reinsurance-officials.

后 记

本书由中财—大童保险中介研究中心负责编写。中财—大童保险中介研究中心成立于2016年，由中央财经大学和大童保险服务合作设立。现任研究中心主任为中央财经大学保险学院副院长徐晓华副教授。研究中心致力于保险中介研究。

大童保险服务的李晓婧、曹璞、范杨对本书的写作提供了宝贵意见和鼎力支持，在此表示衷心的感谢！在大量资料的收集整理、报告撰写等工作中，有许多保险专业的研究生和本科生参加了这项工作，他们为本书的完成付出了艰辛繁杂的劳动，主要有：赵建川、薛雨、江晨宇、赵雅聪、王阔、杨阳、吴雯雯、许书缘、宋佰秩、杜尚隆等，在此对他们的付出表示感谢！

虽然我们在信息的搜集整理、报告的撰写等方面付出了很大的努力，但是本书中的不足和疏漏之处在所难免，请各位专家和读者不吝赐教，为我们未来的研究提供宝贵参考。

作者

2018年7月